Couvertures supérieure et inférieure manquantes.

LA
QUESTION D'ORIENT
AU XVIIIE SIÈCLE

L'auteur et les éditeurs déclarent réserver leurs droits de traduction et de reproduction à l'étranger.

Ce volume a été déposé au ministère de l'intérieur (section de la librairie) en février 1889.

DU MÊME AUTEUR

Histoire diplomatique de la guerre franco-allemande, 2 vol. in-8°, E. Plon, Nourrit et C¹ᵉ, éditeurs. *Épuisé*.

Essais d'histoire et de critique, 1 vol. in-8°, E. Plon, Nourrit et C¹ᵉ, éditeurs.

Précis du droit des gens, 1 vol. in-8°, en collaboration avec M. FUNCK-BRENTANO. 2ᵉ édition. E. Plon, Nourrit et C¹ᵉ, éditeurs.

Le Traité de Paris du 20 novembre 1815, 1 vol. in-8°, GERMER BAILLIÈRE, éditeur.

Recueil des instructions données aux ambassadeurs et ministres de France en Autriche, 1 vol. in-8°, ALCAN, éditeur.

Montesquieu, 1 vol. in-18. HACHETTE ET C¹ᵉ, éditeurs.

L'Europe et la Révolution française. PREMIÈRE PARTIE : *Les Mœurs politiques et les traditions.* 2ᵉ édition. 1 vol. in-8°. DEUXIÈME PARTIE : *La Chute de la royauté.* 1 vol. in-8°. E. PLON, NOURRIT ET C¹ᵉ, éditeurs.

(Ouvrage couronné par l'Académie française, grand prix Gobert, 1887 et 1888.)

En préparation :

L'Europe et la Révolution française. TROISIÈME PARTIE : *La Convention*, 1792-1795.

PARIS, TYP. DE E. PLON, NOURRIT ET C¹ᵉ, RUE GARANCIÈRE, 8.

LA
QUESTION D'ORIENT
AU XVIIIe SIÈCLE

LE PARTAGE DE LA POLOGNE ET LE TRAITÉ DE KAÏNARDJI

PAR

ALBERT SOREL

DEUXIÈME ÉDITION, REVUE PAR L'AUTEUR

PARIS
LIBRAIRIE PLON

E. PLON, NOURRIT et Cie, IMPRIMEURS-ÉDITEURS

RUE GARANCIÈRE, 10

1889

Tous droits réservés

AVANT-PROPOS

Dès qu'il y eut des Turcs en Europe, il y eut une question d'Orient, et dès que la Russie fut une puissance européenne, elle prétendit résoudre cette question à son profit. Pour devenir une puissance européenne, il lui fallut compter avec la Prusse; pour résoudre la question d'Orient, il lui fallut compter avec l'Autriche. C'est ainsi que la Prusse, qui n'avait point d'intérêt direct dans les affaires orientales, fut amenée à y jouer un rôle souvent prépondérant, et que, l'Autriche étant mêlée à toutes les grandes affaires de l'Europe, il n'y eut point d'affaire européenne qui n'exerçât une influence en Orient ou ne subît l'influence des complications orientales.

Les ambitions de la Prusse et de la Russie ne se contrariaient point : ces deux États s'allièrent, et, durant plus d'un siècle, ils demeurèrent presque constamment alliés. Il y avait antagonisme entre l'Autriche et la Prusse en Allemagne, entre l'Autriche et la Russie en Orient. On vit tour à tour l'Autriche combattre les ambitions de ses deux rivales et y associer les siennes. De là, une alliance à peu près permanente entre la Prusse et la Russie, des alliances intermittentes, tantôt entre l'Autriche et la Russie, tantôt entre les trois États. Je me propose de montrer ici comment s'est formée, en 1764, l'alliance de la Prusse et de la Russie, et comment l'Autriche, après s'y être d'abord opposée, a été conduite à y accéder.

Les circonstances dans lesquelles ces événements se sont produits, les caractères des personnages qui y ont été le plus activement mêlés, sont assez singuliers pour attirer l'attention. Il m'a paru, d'autre part, qu'il n'était pas non plus sans utilité de définir nettement quelles étaient, à la veille de la Révolution française, les mœurs politiques des trois cours qui eurent une part si considérable dans la prétendue croisade que les monarchies entreprirent contre cette révolution. La Russie fut, des trois, la plus ardente à prêcher cette croisade; la Prusse, la plus pressée de l'entreprendre; l'Autriche, la plus persévérante à la soutenir. On a beaucoup dit, à l'étranger et même en France, que la Révolution française et Napoléon Ier avaient bouleversé le droit des gens de l'ancien régime, et substitué à une sorte d'âge d'or de la diplomatie, où le droit régnait sans partage, un âge de fer, où la force a primé tous les droits. Pour juger avec équité l'œuvre de la Révolution française et celle de Napoléon, pour apprécier dans quelle mesure ils ont détruit, innové, imité ou exagéré, il est indispensable de savoir comment, à la fin de l'ancien régime, les gouvernements qui représentaient le plus complètement ce régime en usaient entre eux, quelle était leur manière d'entendre le droit et de pratiquer la diplomatie, tant avec leurs compétiteurs qu'avec leurs alliés. Je crois que les événements exposés dans ce livre sont les plus propres à fixer les idées sur ce point.

Je me suis renfermé dans le cadre que j'avais choisi. Je n'ai pas étudié en détail la politique de la France dans la crise qui est l'objet de ce travail. Dans la première édition de ce volume, je renvoyais, pour cette partie, le lecteur aux *Études diplomatiques* du comte de Saint-Priest : tome I, *le Partage de la Pologne*. Peu de temps après, la seconde partie du livre de M. le duc de Broglie, *le Secret du Roi*, a paru ; cet ouvrage a jeté une éclatante lumière sur la politique de Louis XV dans la question d'Orient et dans le partage de la Pologne. J'y ai fait de nombreux renvois. La publication des *Instructions*, entreprise par la commission des Archives diplomatiques, m'a permis de compléter, sur bien des points, mes indications. Je me suis efforcé, sans modifier les proportions de mon étude, de la mettre au courant des travaux qui ont paru depuis qu'elle a été publiée, c'est-à-dire depuis le mois de mai 1878.

Le lecteur verra que mon récit est à peu près entièrement composé avec les correspondances et les documents diplomatiques. Ces documents, les plus confidentiels et les plus surprenants peut-être qui aient été tirés des archives, ont été, dans ces dernières années, publiés tant à Vienne qu'à Pétersbourg et à Berlin. On peut dire que nous avons sur le premier et principal épisode de la question d'Orient au dix-huitième siècle, la version de l'Autriche, celle de la Prusse et celle de la Russie [1].

[1] Voici les titres des principaux ouvrages dans lesquels j'ai puisé mes documents. Ce sont :

Pour l'Autriche :

Arneth : *Geschichte Maria Theresias*, t. VII et VIII. Vienne, 1877. — *Maria Theresia und Joseph II*. Vienne, 1867.

Arneth et Geffroy : *Correspondance entre Marie-Thérèse et le comte de Mercy-Argenteau*. Paris, 1874.

Beer : *Die erste Theilung Polens*. Vienne, 1873. — *Die orientalische Politik OEsterreichs seit 1774*. Vienne, 1883.

Pour la Prusse :

OEuvres de Frédéric le Grand. Berlin.

Duncker : *Aus der Zeit Friedrich's des Grossen*. Leipzig, 1876.

Ranke : *Die deutschen Maechte und der Fürstenbund*. Leipzig, 1872.

Correspondance de Frédéric II et du comte de Solms, 1767-1772. Pétersbourg, 1883.

Pour la Russie :

Publications de la Société d'histoire de Russie. Pétersbourg, 1875-1888.

Martens : *Traités de la Russie*. Pétersbourg, 1875-1888.

Herrmann : *Geschichte des russischen Staates*. Gotha, 1867.

Rambaud : *Histoire de la Russie*. Paris, 1878.

Pour la Turquie :

Comte de Saint-Priest : *Mémoires sur l'ambassade de France en Turquie*. Paris, 1877.

Zinkeisen : *Geschichte des osmanischen Reiches*. Gotha, 1863.

Hammer : *Histoire de l'Empire ottoman*, traduite par Hellert. Paris, 1839.

La Jonquière : *Histoire de l'Empire ottoman*. Paris, 1881.

LA QUESTION D'ORIENT

AU DIX-HUITIÈME SIÈCLE

CHAPITRE PREMIER

L'ALLIANCE DE LA PRUSSE ET DE LA RUSSIE.

(1756-1764.)

L'année 1756 vit une révolution complète dans le système fédératif de l'Europe. Le traité du 1er mai, que le chancelier autrichien, le comte de Kaunitz, considérait, avec raison, comme son chef-d'œuvre politique, suspendit le cours d'une rivalité séculaire entre la maison de France et la maison d'Autriche. Il y substitua une alliance dirigée contre les adversaires respectifs de ces deux maisons : l'Angleterre et la Prusse. La Prusse avait pris le parti de l'Angleterre ; elle la soutint dans sa guerre contre la France et l'Espagne. La Russie se tourna contre la Prusse. Les deux impératrices, Élisabeth et Marie-Thérèse, se liguèrent contre Frédéric II. « Le repos de l'Europe, disaient-elles, ne pouvant jamais être assuré, à moins qu'on ne parvienne à ôter au roi de Prusse les moyens de le troubler, Leurs Majestés

Impériales feront tous leurs efforts pour rendre ce service à l'humanité[1]. »

On décida de réduire la Prusse à l'impuissance, et l'on fit de ses dépouilles un grand marché qui changeait la carte de l'Europe.

Louis XV promit à Marie-Thérèse la Silésie et le comté de Glatz; la Saxe reçut en attribution Magdebourg et Halberstadt; la Suède, la Poméranie. L'Autriche promit à la France une partie des Pays-Bas; le reste, à l'infant de Parme; elle se dédommageait avec le duché de Parme. Ces arrangements, conclus en 1757, furent annulés en 1758 : les deux alliés ne se garantirent plus que leurs conquêtes éventuelles. L'Autriche s'engagea à fournir à la France un équivalent au cas où elle obtiendrait « quelques avantages considérables aux dépens du roi de Prusse ». Quant à la Russie, elle se fit promettre par l'Autriche la cession de la Prusse orientale, la province prussienne par excellence, celle qui avait donné son nom à la monarchie[2].

Les trois plus grandes puissances du continent s'étaient coalisées contre Frédéric. Il tint tête à l'orage. Il avait été jusqu'alors audacieux, heureux et habile; mais il y restait du parvenu dans ce conquérant sans scrupules et du cynique dans ce philosophe couronné.

---

[1] Art. VI de la convention du 22 janvier 1757, entre l'Autriche et la Russie. MARTENS, t. I, p. 207.

[2] Traité du 1er mai 1757 entre la France et l'Autriche, publié par Frédéric MASSON, *Mémoires de Bernis*, t. I, p. 469. — Traité du 30 décembre 1758 entre la France et l'Autriche. MARTENS, *Traités de la Russie*, t. I, p. 226. — Traité du 31 décembre 1758 entre la France et l'Autriche, *Instructions*, Autriche, p. 388, note. — Traité du 21 mars 1760 entre la Russie et l'Autriche. MARTENS, *id.*, p. 253.

Par sa constance dans la défaite, par les merveilleuses ressources que déploya son génie dans cette lutte inégale de sept années, le roi de Prusse força l'admiration de ses contemporains; pour ses amis comme pour ses ennemis, il devint le grand Frédéric. Cependant arriva un moment où il se sentit perdu. Les Russes avaient conquis la Prusse orientale, c'est-à-dire le lot qui leur était attribué dans le partage. Frédéric n'avait que 30,000 hommes; son frère, le prince Henri, n'en avait guère davantage, et le pays était absolument ruiné en hommes, en chevaux, en argent et en vivres. « Si tout secours venait à nous manquer, malgré l'espérance que nous avons, écrivait Frédéric, le 9 janvier 1762, au prince Henri, je vous avoue que je ne vois pas ce qui pourra éloigner ou conjurer notre perte. »

L'espérance qu'il conservait, c'était une diversion des Turcs. Il se trompait; M. de Vergennes, alors ambassadeur de France à la Porte, travaillait contre lui, et les Turcs ne marchèrent pas. Le secours vint d'ailleurs, et du lieu certes où Frédéric l'attendait le moins. Dix jours après qu'il écrivait à son frère cette lettre alarmante, le 19 janvier, il apprit que la tsarine Élisabeth était morte. Pierre III, le nouveau tsar, était un admirateur fervent du roi de Prusse. A peine fut-il maître du pouvoir, qu'il retira ses troupes de la coalition, restitua à Frédéric la province qu'Élisabeth lui avait prise et signa avec lui un traité de paix et d'amitié avec promesse d'alliance, le 5 mai 1762[1].

La défection de Pierre III avait sauvé Frédéric. L'alliance qui, sauf de courtes intermittences de rivalité et quelques conflits transitoires, devait, pendant

---

[1] Martens, *Traités de la Russie*, t. VI, p. 367 et suiv.

plus d'un siècle, unir la Prusse et la Russie, était fondée. Elle avait des causes plus sérieuses que les caprices d'un souverain ou les exigences passagères d'une combinaison politique. Elle était la condition nécessaire du succès des vastes desseins que leurs ambitions parallèles inspiraient à la dynastie des Romanof et à celle des Hohenzollern. Ce qu'un prince fantasque avait établi, la politique devait le maintenir, et l'on en eut bientôt la preuve. Il y eut un coup d'État, ou, comme on disait alors, une révolution de palais à Pétersbourg. Pierre III fut arrêté, enfermé, déposé par l'ordre de la tsarine, et assassiné par ses complices. La nouvelle de cet attentat fut accueillie à Vienne avec la joie la plus vive. « Je m'incline devant la divine Providence qui a veillé sur l'Autriche, l'empire de Russie et la chrétienté », écrivait Marie-Thérèse à son ambassadeur en Russie, le 29 juillet 1762. « Cette nouvelle fut un coup de foudre pour le roi », rapporte Frédéric dans ses Mémoires. La tsarine s'était, en effet, montrée fort hostile à l'alliance prussienne. De part et d'autre, on se hâtait trop, et l'on comptait sans Catherine II. Elle répondit fort poliment aux pieuses félicitations de Marie-Thérèse, et ne changea rien au traité de Pierre III avec le roi de Prusse[1].

C'est que Catherine, qui couvait un très grand règne, avait bien vite discerné qu'elle ne pouvait alors trouver qu'en Prusse le point d'appui dont elle avait besoin.

La guerre de Sept ans était finie. La France traita avec l'Angleterre à Paris, le 10 février 1763; l'Autriche traita avec la Prusse à Hubertsbourg, le 15 du même mois. Cette sanglante échauffourée laissait l'Europe

---

[1] MARTENS, t. VI, p. 2.

dans le plus profond désarroi. « La paix que nous venons de faire n'est pas bonne ni glorieuse », disait Louis XV. La France se sentait affaiblie et humiliée. Une antipathie invincible éloignait Louis XV du roi de Prusse. Avec l'Angleterre, c'était une rivalité nationale toujours flagrante, des velléités de revanche, une haine séculaire attisée sans cesse par les blessures d'amour-propre. L'Angleterre était l'*ennemie héréditaire*; les publicistes du temps comparaient ses rapports avec la France à ceux de Rome avec Carthage, entre la seconde et la troisième guerre punique. « Elle a adopté le même principe de ne pas nous laisser relever, de veiller sans cesse sur nos ports, sur nos chantiers, sur nos arsenaux, de guetter nos projets, nos préparatifs, nos moindres mouvements, et de les arrêter tout court par des insinuations hautaines ou des démonstrations menaçantes [1]. » Avec la Russie, c'était une hostilité latente, à peine dissimulée sous les dehors de la courtoisie officielle. « Cette princesse, écrivait Choiseul en parlant de Catherine II, cette princesse qui, à la honte du siècle, après les forfaits les plus inouïs, gouverne tranquillement, et j'ose dire insolemment un empire, soit par ses alliances, soit par son personnel, est notre ennemie jurée. L'éloignement des États est le seul motif qui empêche que l'inimitié réciproque ne fasse une sensation éclatante [2]. »

Le traité de 1756 assurait à la France la neutralité de l'Autriche sur le continent, en cas de guerre maritime avec l'Angleterre; c'était quelque chose, sans doute, mais ce n'était pas assez, et l'on venait de le voir. Par-

---

[1] *Mémoire sur la politique étrangère*, remis au roi en 1773, par le comte de Broglie, et rédigé par Favier. BOUTARIC, *Correspondance secrète de Louis XV*, t. II, p. 183.

[2] Choiseul à Kaunitz, 18 juillet 1766. ARNETH, t. VIII, p. 539.

tout ailleurs, en Allemagne, en Italie, aux Pays-Bas, en Pologne, en Orient, c'est-à-dire dans les plus grandes affaires du continent, le traité assignait à la France un rôle subalterne, en l'obligeant à concilier sa politique avec les intérêts de l'Autriche, qui étaient presque partout en opposition avec les siens. Le traité était, au contraire, tout à l'avantage de l'Autriche. Cette cour renonçait à soutenir contre la France les prétentions coloniales de l'Angleterre; elle laissait Louis XV lutter seul, à ses risques et périls, sur les deux Océans; moyennant cette concession, qui était une ironie, elle gagnait une entière liberté d'action dans le reste de l'Europe. La France promettait de ne point prendre parti contre elle, et s'engageait à la soutenir de ses armes si elle se trouvait attaquée. Garantie dans la possession de ses territoires, sûre de n'être plus sérieusement contrariée dans ses entreprises par la diplomatie française, la cour de Vienne vit dans le traité de 1756 un moyen de reprendre en toute sécurité, avec de plus grandes chances de succès, l'exécution du plan de domination qu'elle poursuivait depuis longtemps.

La Prusse était sortie victorieuse et intacte de la guerre de Sept ans. La coalition, qui devait la détruire, n'avait eu pour résultat que de la consacrer et de lui assurer définitivement son droit de cité en Europe. Si elle n'était encore qu'un État secondaire par l'étendue et les ressources de son territoire, elle s'était placée au premier rang des puissances par le prestige de ses armes et le succès de sa politique. Mais l'édifice prussien, si haute qu'en fût l'apparence, n'avait encore qu'une façade. L'intérieur, à peine ébauché, avait été dévasté par l'incendie. « On ne peut, a dit Frédéric, représenter cet État que sous l'image d'un homme criblé de blessures, affaibli par les pertes de son sang et près de succomber sous le poids de ses souffrances; il lui fallait du régime pour se remettre, des topiques pour lui rendre sa vigueur et des baumes pour consolider ses plaies. » Frédéric ne songeait qu'à réparer les désastres causés par la guerre, à réformer les lois, à rétablir le gouvernement, surtout à refaire l'armée qui avait perdu sa consistance et sa discipline. « Si jamais on négligeait l'armée, c'en serait fait de ce pays », écrivait-il à son frère. Il était vainqueur, mais il était isolé. Il était bien décidé à ne plus se mêler des querelles coloniales des Français et des Anglais : « Il n'y a qu'à ne se point allier à ces peuples et les laisser faire; que nous importent la merluche et le cap Breton [1] ? »

C'était parler sagement, sans doute; mais, dans l'Europe agitée comme elle l'était, Frédéric ne pouvait pas rester sans ami. C'est alors que la Russie lui présenta la main, et qu'il la saisit [2]. Cette alliance, la plus nécessaire et la seule possible, permit à la fois à ce grand politique de compléter paisiblement son œuvre de réparation et de porter l'État prussien à un degré de puissance que les plus ambitieux de ses souverains n'avaient pas encore rêvé d'atteindre.

La Russie avait porté les coups décisifs dans la guerre de Sept ans [3]. La vieille Europe, depuis le commencement du siècle, considérait avec une attention un peu dédaigneuse les progrès de cet empire; elle devait désormais compter avec la jeune souveraine, à laquelle les événements avaient préparé un rôle digne de son sin-

---

[1] Lettre au prince Henri, 24 février 1763. Œuvres, t. XXVI.
[2] MARTENS, t. VI, p. 213.
[3] Cf. *L'Europe et la Révolution*, t. I, liv. III, ch. VIII : *La Russie, la Suède, la Pologne et la question d'Orient*.

gulier génie. La Russie, en présence d'une Europe déconcertée, troublée et à bout de forces, avait le choix des alliances. Une femme de trente-trois ans, Allemande, de très vieille race, il est vrai, mais fille d'un principicule qui n'avait même pas une voix entière au collège des princes de l'Empire, allait remplir l'Europe de son nom et poser quelques-uns des plus grands problèmes qui aient agité l'histoire des États modernes. Catherine voulait gouverner la Russie et en faire une des puissances dirigeantes du continent. Il se trouva que les mêmes moyens étaient propres à gagner les Russes à leur nouvelle souveraine et à placer la Russie au rang que Catherine lui destinait parmi les grands États. Il n'y avait point de partis à la cour de Russie, il y avait à peine des coteries; c'était une cour encore barbare, et les rivalités personnelles y tenaient la place qu'occupaient ailleurs les partis ou les factions. L'impératrice, belle, spirituelle, galante, pensant très librement en matière de morale privée, mais dominant toujours son cœur et sa raison, sinon ses sens, pouvait aisément séduire les hommes, les opposer les uns aux autres, les abaisser en paraissant les élever jusqu'à elle, et les subjuguer par l'éclat même des faveurs dont elle les accablait. Elle resta grave et imperturbable en ses désordres; mais ses désordres furent excessifs et firent éclat, même en un siècle qui, s'il se piquait de libertinage, avait conservé du moins la notion du goût et de la mesure. Comme on l'a dit ingénieusement : « Elle eut trop de Cléopâtre, et trop longtemps[1]. » Ce fut, avec moins de raffinement, sans le fard, sans la politesse et sans les grâces, tout le scandale de la cour de

[1] SAINTE-BEUVE, *Nouveaux Lundis*, t. II, article : *Catherine II*.

Louis XV; mais si la dépravation fut plus cynique à Pétersbourg, elle fut au moins exempte de ridicule. Tandis que l'on voyait à Versailles le spectacle piteux d'un prince efféminé livrant l'État à ses maîtresses, on vit en Russie une femme à l'âme virile gouverner ses favoris et subordonner ses égarements à la raison d'État.

Il fut très facile à Catherine d'assujettir les nobles; il était moins aisé de gagner le peuple. Elle le devina; elle sentit que dans cette nation à peine formée et dégrossie, les passions religieuses absorbaient et dominaient toutes les autres. Le patriotisme se confondait avec l'orthodoxie; le peuple ne séparait point ces deux idées : la propagation de la foi et l'extension de la puissance russe. Catherine, toute voltairienne qu'elle était au fond, se fit la souveraine orthodoxe par excellence. C'est la croix grecque à la main qu'elle convia son peuple aux deux grandes entreprises que ses prédécesseurs avaient préparées, et dont l'accomplissement constituait, à ses yeux, la mission historique des tsars : la conquête de la Pologne, qui ouvrait les routes de la civilisation européenne, et la conquête des ports de la mer Noire, qui ouvrait la route de cet empire de Byzance, dont les superstitions populaires et les spéculations politiques appelaient la Sainte Russie à renouveler la grandeur.

Catherine trouva le terrain déblayé et l'idée toute mûre. C'était une tradition répandue chez les peuples de religion grecque, asservis par les Ottomans, « que l'Empire turc serait détruit par une nation blonde ». Dès que ces peuples connurent les Moscovites, ils en attendirent leur salut; dès que la Russie s'éleva, ils se tournèrent vers elle. C'étaient des moines venus de Byzance et des émigrés du Bas-Empire qui avaient porté en Russie, avec la religion chrétienne, les premiers rudiments d'une civilisation. Les liens qui unissaient la Russie aux grecs d'Orient s'étaient pour ainsi dire formés dès son enfance. Ils se fortifièrent à mesure qu'elle grandit, et dès qu'elle se sentit forte, elle crut faire œuvre pie en recueillant l'héritage dispersé de ses parrains. Les Byzantins, en lui donnant le baptême, lui avaient fait une destinée. Déjà, sous le règne de Catherine Ire, on vit les prêtres grecs de Turquie implorer la protection et les aumônes de la Russie. La Russie les accueillit, les renvoya les mains pleines; bientôt même des émissaires russes allèrent jusque dans les vallées du Monténégro porter aux églises les présents du tsar blanc, et fomenter la haine du Turc. Les Monténégrins, retranchés dans leurs montagnes et défendus par la république de Venise, étaient parvenus à sauvegarder leur indépendance; ils entrèrent en relations suivies avec la Russie. Leurs prêtres allaient étudier à Pétersbourg; leur évêque se faisait sacrer par les évêques russes. Ils portaient la bonne parole à leurs frères en orthodoxie, et répandaient parmi eux le nom de la Russie, que relevait l'éclat mystique des superstitions populaires et des légendes nationales.

Lorsque la guerre éclata, en 1725, entre la Russie et la Turquie, le maréchal Munich songea à profiter des espérances que les Grecs avaient conçues, et appela ces peuples aux armes. Il projetait la conquête de la Crimée et de la Moldavie, et il voyait dans une révolte des peuples de religion grecque un moyen de diversion puissant contre les Turcs. Il exposa à l'impératrice Anne « que tous les Grecs regardaient la tsarine comme leur légitime souveraine; que la disposition de ces peuples tenait à ce premier état de renommée qu'avait maintenant la puissance russe; qu'il fallait saisir ce premier moment de leur enthousiasme et de leur espérance, marcher à Constantinople, et qu'une pareille disposition dans les esprits ne se retrouverait peut-être jamais ». La tsarine approuva; au printemps de 1729, Munich conquit la Moldavie, qui le reçut en libérateur. Il se préparait à passer le Danube et à pousser la guerre jusqu'au cœur de la Turquie, lorsque la paix de Belgrade (18 septembre 1739) l'arrêta en chemin [1]. Quelques années après, la révolution qui donna le trône à Élisabeth le déporta en Sibérie. La nouvelle impératrice se contenta d'envoyer des présents aux églises; ses émissaires pénétrèrent jusqu'au mont Athos, et un prêtre russe parut dans les montagnes du Péloponèse. C'est ainsi que les traditions des Grecs prenaient corps, et que les intelligences se formaient entre les Russes et les chrétiens d'Orient.

L'avènement de Pierre III rappela Munich de son exil. Ce général soutint le tsar contre Catherine. Catherine lui pardonna, lui confia de grands travaux militaires, et mit à profit son expérience. Il l'entretenait de son dessein de soulever les Grecs d'Orient et de chasser les Turcs d'Europe. En même temps que le conseiller tenait ces discours, un agent se présentait pour les mettre en pratique. Un Grec de Larisse en Thessalie, Gregori Papaz-Ogli, qui était venu chercher fortune en Russie, était, au moment du coup d'État de 1762, capitaine dans le régiment d'artillerie où servait Grégoire Orlof. Papaz-Ogli était remuant et ambitieux; il cherchait la fortune. Instruit sans doute des dispositions de

---

[1] Voir Albert VANDAL, *La mission du marquis de Villeneuve à Constantinople, 1728-1741.* Paris, 1887.

Catherine et de la faveur que rencontraient près d'elle les plans de Munich, il s'ouvrit à Orlof des moyens qu'il prétendait avoir de soulever la Grèce. Orlof saisit avidement un projet qui pouvait, en flattant l'orgueil de sa souveraine, assurer son propre crédit et faire de la Russie le plus grand empire du monde. Le ministre Panine trouvait tous ces desseins prématurés et chimériques; mais Orlof, devenu grand maître de l'artillerie, et encouragé secrètement par la tsarine, autorisa Papaz-Ogli, qui était sous ses ordres, à voyager pendant trois ans en Grèce, sous prétexte de santé et d'affaires. Le Grec devait s'assurer par lui-même de la possibilité d'exécuter ses projets [1].

Catherine, si « impatiente de grandeur et de célébrité » qu'elle fût déjà, ne se sentait point encore assez maîtresse de son trône et assez sûre de l'Europe pour se lancer dans d'aussi vastes entreprises. Elle se bornait à en méditer le plan et à permettre à d'obscurs serviteurs d'en préparer mystérieusement l'exécution. « Vous croyez donc, disait-elle à l'envoyé de France, que l'Europe a maintenant les yeux fixés sur moi? Je pense en effet que la Russie mérite attention. On ne pourra me juger que dans quelques années, ajoutait-elle; il me faut au moins cinq ans pour rétablir l'ordre; en attendant, je suis vis-à-vis de tous ces souverains comme une coquette habile. »

Avant tout, il lui fallait un ami solide et respecté dont l'alliance donnât quelque assiette à sa diplomatie. Elle n'avait point à hésiter : il lui suffisait de considérer les dispositions des différentes cours et de con-

---

[1] RULHIÈRE, *Histoire de l'anarchie de Pologne*, liv. III, IX et XI.

naître leurs tendances, pour juger de quel côté elle devait chercher et trouver cette alliance. Ce n'était point en Angleterre. Catherine professait « un respect particulier pour la nation anglaise »; mais elle redoutait « l'inconsistance » du gouvernement britannique, et d'ailleurs les intérêts des deux États, qui s'accordaient assez pour assurer la bonne entente des deux cabinets, les entraînaient vers des objets trop divers pour qu'une alliance permanente en pût résulter.

La France avait abandonné la Pologne aux convoitises de la Russie et de l'Autriche, au temps de la triple alliance entre Louis XV et les deux impératrices. Elle ne voyait alors dans la conservation de cette république que « le préjugé d'un ancien usage ». Depuis que la Russie s'était rapprochée de la Prusse, la France se reprenait à s'intéresser à son ancienne alliée. Elle continuait aussi, au moins en théorie et dans les dépêches, à combattre les entreprises dirigées contre l'empire ottoman [1]. Catherine ne voyait en Louis XV qu'un adversaire, et elle ne dissimulait en aucune occasion l'aversion mêlée de dédain que lui inspiraient ce prince, ses maîtresses et ses ministres.

La politique autrichienne n'était point, comme la française, en contradiction complète avec la politique russe; mais Catherine savait qu'elle rencontrerait à Vienne une opposition déclarée à ses desseins. Si l'Autriche désirait, comme la Russie, le maintien de l'anarchie qui décomposait la puissance polonaise, elle n'entendait point que la Pologne devînt un État vassal de la

---

[1] Fargès, *Instructions de Pologne*, t. I, p. LXXVI; Instruction du marquis de Paulmy, 1760, t. II, p. 217; *id.*, p. 231. — Duc de Broglie, *Le secret du roi*, t. II, p. 222 et suiv.

Russie; et si les diplomates de Vienne ne répugnaient point en principe à un démembrement de l'empire turc, c'était pour en recueillir la meilleure part, et non pour livrer aux Russes le commerce des bouches du Danube et la tutelle des chrétiens d'Orient.

Tout ce qui éloignait la Russie des autres puissances la rapprochait de la Prusse. Comme la Russie, la Prusse était une nouvelle venue sur la grande scène du monde; elle avait à faire son avenir, et Catherine sentait là, avec de grands moyens, de grandes dispositions. L'extension de la Russie en Orient ne contrarierait en rien le cabinet de Berlin, et la Prusse ne pouvait considérer qu'avec satisfaction les embarras qui en résulteraient pour l'Autriche. En Pologne, il importait également aux deux États d'anéantir l'influence autrichienne, de soutenir un roi qui fût à leur discrétion, et, sous couleur de défendre la constitution polonaise, de maintenir l'anarchie, qui assurait leur influence sur cette malheureuse république.

Le ministre de Prusse, le comte de Solms, accrédité à Pétersbourg depuis 1761, jouissait de toute la confiance de son maître. Il devint en Russie *persona gratissima*. Bientôt même, un commerce intime de lettres s'engagea entre les deux souverains.

La mort d'Auguste III, survenue le 5 octobre 1763, et la nécessité de s'entendre en vue de l'élection de son successeur, amenèrent Frédéric et Catherine à resserrer leur amitié par un traité d'alliance défensive et de garantie de leurs États, qui fut signé le 11 avril 1764[1]. Il devait durer huit ans; il stipulait une garantie réciproque des territoires; on ne devait faire ni paix ni

---

[1] MARTENS, t. VI, p. 11 et suiv.

trêve sans un consentement mutuel, et l'on se promettait un secours de 10,000 hommes et 2,000 chevaux; en cas de guerre du roi de Prusse sur le Rhin ou de la tsarine en Turquie ou en Crimée, le secours pouvait être remplacé par un subside annuel de 400,000 roubles ou 480,000 thalers de Prusse. Quant à la Pologne, on décidait d'y faire nommer roi Stanislas-Auguste Poniatowski, « dès longtemps connu de l'impératrice de Russie et dont la personne lui était agréable », dit Frédéric, par un galant euphémisme. Le fait est que Poniatowski, qui avait été, du vivant de Pierre III, sinon le premier, au moins le plus cher des amants de Catherine, paraissait réunir toutes les conditions du rôle subalterne auquel on le destinait. Mais il ne suffisait pas d'imposer à la Pologne un roi incapable de la relever; il fallait empêcher les Polonais eux-mêmes, si le patriotisme les éclairait un jour, de mettre fin à leurs discordes, et se réserver un prétexte pour intervenir dans leurs affaires. La Prusse et la Russie s'accordèrent pour ne souffrir ni l'abolition du *liberum veto*, ni la transformation de la royauté élective en monarchie héréditaire; elles promettaient de mettre à néant, au besoin par la force des armes, « des principes si injustes et si dangereux aux puissances voisines ». Quant au prétexte d'intervention, il était tout trouvé; il se prêtait merveilleusement à recevoir ce masque de religion sous lequel Catherine, avec un profond instinct de la nation qu'elle gouvernait, jugeait nécessaire de dissimuler ses projets de domination et de conquête. Il y avait en Pologne des grecs non unis et des luthériens que l'on confondait sous le nom de *dissidents*. Ils avaient été admis, en 1563, à jouir des mêmes privilèges que le reste de la nation polonaise; la prépondérance des catholiques, dominés dès lors par l'influence des jésuites, les en priva. En 1736, ils furent exclus de presque tous les emplois publics. Les grecs s'étaient adressés à la Russie, les luthériens à la Prusse; Catherine et Frédéric s'engagèrent à unir leurs efforts pour que les *dissidents* fussent réintégrés dans leurs priviléges, droits et prérogatives [1].

L'impératrice avait atteint son but, et ce traité lui donnait toutes les sûretés dont elle avait besoin. Elle ne perdit point de temps pour en tirer parti. Des troupes russes se massèrent sur les frontières de Pologne, prêtes à appuyer par la force les conseils que les alliés donneraient aux Polonais réunis pour l'élection du roi, et les représentations qui leur seraient faites dans l'intérêt des dissidents. En même temps, les ministres de Russie et de Prusse à Constantinople reçurent l'ordre d'agir sur le divan pour le détourner de soutenir les patriotes polonais qui s'opposaient à l'élection de Poniatowski et réclamaient de la diète la suppression du *liberum veto*. Cette action commune à Constantinople était la conséquence naturelle du traité qui venait d'être signé; elle était impérieusement commandée aux alliés; c'est aussi du côté de la Porte que se tournèrent, dès la mort d'Auguste III, les efforts de ceux qui désiraient soustraire la Pologne à la suprématie russe et l'arracher à l'anarchie.

---

[1] ANGEBERG, *Traités de la Pologne*. Paris, 1862; traités des 8 juin 1762 et 11 avril 1764. — FRÉDÉRIC, *Mémoires*. — BEER, t. I, p. 100-101. — Déclaration du 22 juillet 1764. MARTENS, t. VI, p. 33.

CHAPITRE II

LA RÉVOLUTION DE POLOGNE ET LA GUERRE D'ORIENT.

(1764-1768.)

Ce n'était pas seulement l'asservissement de la république que redoutaient les patriotes polonais et leurs amis, c'étaient la ruine et le démembrement de la Pologne. L'idée de se débarrasser par ce moyen d'un voisin turbulent, et de régler, aux dépens d'un tiers, des conflits d'ambition que l'on ne parvenait à trancher autrement ni par la guerre, ni par les négociations, n'était point une idée nouvelle. Le partage d'un État semblait une conséquence légitime de la guerre, puisque la conquête en était l'objet[1]. Le système de l'équilibre, qui était en ce temps-là le fondement du droit des gens, conduisait, par une logique rigoureuse, à morceler les héritages et à en exproprier les propriétaires, afin d'établir, par une juste balance des forces, la paix et la tranquillité du monde. La Pologne, qui n'avait point de frontières et qui s'étendait sur de grandes plaines, entre l'Autriche, la Prusse et la Russie, semblait un champ préparé par la nature pour ces opérations politiques. Les vices de sa constitution, les factions qui la divisaient, favorisaient ces calculs, et bien avant que l'équi-

---

[1] Voir *L'Europe et la Révolution*, t. I, liv. I, ch. 1 : *Le système de l'équilibre, les démembrements*, p. 30 et suiv.

libre eût été érigé en doctrine, on avait songé à en appliquer le principe à cette république.

Lorsqu'il avait été question de placer Henri de Valois sur le trône de Pologne, l'empereur Maximilien II et le tsar de Moscou, qui ne voulaient point de cette candidature, s'unirent pour l'empêcher. L'empereur était d'avis que le moyen le meilleur et le plus sûr de mettre fin à des compétitions gênantes serait de confisquer l'objet du litige, et, cette cause de rivalité supprimée, de s'unir pour chasser les Turcs d'Europe. « L'empereur, dit un protocole de 1573, témoigna le désir que le royaume (c'est-à-dire la Pologne) fût partagé : la couronne de Pologne à l'empereur, et la grande principauté de Lithuanie au tsar de Moscou, et que tous deux s'unissent contre le souverain de la Turquie et contre les souverains tatars [1]. » En 1657, Charles X Gustave de Suède reprit à son compte ce dessein; il n'aboutit point. Lionne écrivait à l'envoyé de Louis XIV : « Les bons Polonais qui aiment véritablement leur patrie ne sont pas sans appréhension, et avec beaucoup de fondement, qu'il n'y ait un concert secret et peut-être déjà un traité exprès entre l'empereur, l'électeur de Brandebourg et le tsar pour partager entre eux la Pologne à la mort du roi et s'approprier chacun les pièces de ce royaume-là et du grand-duché qui se trouveraient le plus à leur bienséance pour la proximité de leurs États [2]. » Charles XI revint à la charge en 1667 et fit proposer à l'empereur et au margrave de Brandebourg de diviser les territoires polonais entre eux, à leur convenance.

En 1710, un plan de partage, attribué par les uns au

---

[1] Martens, t. I, ch. xii.
[2] Instructions de Bonsy, décembre 1664. *Pologne*, t. I, p. 81.

ministre prussien Ugen, par les autres à un homme d'État russe, fut agité entre Pierre le Grand et Frédéric I*er*, margrave de Brandebourg. Au dix-huitième siècle, c'était presque un lieu commun en fait de conjectures politiques. Le dernier des Jagellons avait prédit le partage en 1661; Stanislas Leczinski renouvela cette prédiction. « Nous serons la proie de quelque fameux conquérant, disait-il en 1749; peut-être même les puissances voisines s'accorderont-elles à se partager nos États. » C'est que les Polonais n'avaient pas seulement à craindre la conquête de leur patrie par des ennemis ambitieux; ils avaient à en redouter le trafic de la part de leurs chefs et de leurs propres souverains.

En 1733, Auguste II songeait à rendre la couronne héréditaire dans la maison de Saxe. « Afin de parvenir à ce but, dit le grand Frédéric, il avait imaginé le partage de cette monarchie, comme le moyen par lequel il croyait apaiser la jalousie des puissances voisines. » Il s'adressa au roi de Prusse, Frédéric-Guillaume I*er*, et lui fit des ouvertures. La mort d'Auguste II arrêta les négociations. Frédéric, qui n'était alors que prince royal, pressa vivement son père de s'emparer de la Prusse polonaise, qui, séparant la Prusse royale du Brandebourg, lui semblait aussi facile à prendre que bonne à garder. Ce fut une de ses premières idées politiques. Dès l'année 1731, il avait composé un traité : *De la politique actuelle de la Prusse*, adressé, sous forme de lettre, à M. de Natzmer[1]. On y lisait ces lignes, où l'objet réel de la mission historique des Hohenzollern était défini avec une remarquable précision : « Ayant déjà dit que les pays prussiens sont si entrecoupés et

---

[1] *Œuvres*, t. XVI.

séparés, je crois que le plus nécessaire des projets que l'on doit faire est de rapprocher ou de *recoudre les pièces détachées* qui appartiennent aux parties que nous possédons, telles que la *Prusse polonaise*. » Ce pays, qui donnerait la basse Vistule à la Prusse, lui permettrait, par le commerce, de dicter des lois aux Polonais. Frédéric rappelait, pour mémoire, que ces pays avaient autrefois appartenu à la Prusse; mais la question de principe était pour lui fort secondaire. « Je ne raisonne qu'en pure politique, ajoutait-il, et sans alléguer les raisons du droit, afin de ne pas trop faire de digressions. » Ces digressions juridiques, Frédéric, devenu roi, les tint toujours pour oiseuses et pédantesques.

Quant à ses vues sur la Prusse polonaise, il les dissimulait fort peu, et lorsque, en 1762 et en 1764, il conclut ses traités avec la Russie, tout le monde crut que les deux souverains avaient négocié un démembrement de la Pologne. Catherine le fit démentir par une circulaire, où elle ne s'humiliait point : « Nous n'avons jamais eu l'intention et n'avons nul besoin de chercher à étendre les limites de notre empire, qui sans cela par son étendue forme une partie considérable du globe terrestre [1]. » « Je suis sûr, disait Frédéric à l'envoyé d'Autriche, au mois de mai 1764, je suis sûr que votre cour est alarmée de ce traité, et que l'on croit déjà à Vienne que nous avons fait le partage de la Pologne. Mais vous verrez le contraire [2]. »

En France on n'en doutait pas. Le marquis de Paulmy, ministre de Louis XV à Varsovie, écrivait, le 4 mai 1763 : « Il arrivera un jour, et il est étonnant que cela ne soit

---

[1] 11 novembre 1763. MARTENS, t. VI, p. 9.
[2] Rapport de Ried, 25 mai 1764. ARNETH, t. VIII, p. 545.

pas encore arrivé, que quelque puissance étrangère, profitant d'une division intestine, de la faiblesse et de l'anarchie du gouvernement polonais, y trouvera un prétexte plausible pour démembrer cette république. » M. de Praslin, alors ministre des affaires étrangères, y voyait un danger pour « l'équilibre du Nord », et il avait tâché de relever le parti patriotique polonais; Louis XV y travaillait, de son côté, par sa diplomatie secrète. Les deux diplomaties s'accordèrent pour opérer contre l'élection de Stanislas-Auguste; mais elles ne s'accordèrent que sur ce point, et sur les autres elles ne firent que se contrarier. La France, en ce temps-là, avait plus d'agents que d'idées et plus de représentants que de crédit. Il y eut jusqu'à trois envoyés à Varsovie, dont deux étaient dans le secret du roi, ce qui faisait cinq cabales. Ils excitèrent tout le monde avec confusion et brouillèrent tous les partis; ils ne réussirent qu'à « mettre tous les esprits en déroute » et à détruire le peu de considération que la France gardait encore. Après l'élection de Stanislas-Auguste, le gouvernement expulsa tous ces agents. La France n'eut plus de ministre dans la république. Tout ce qu'elle pouvait faire désormais pour conserver la Pologne consistait à émouvoir les Turcs. L'affaire n'allait point sans quelques difficultés, car, à Constantinople aussi bien qu'à Varsovie, la diplomatie et la contre-diplomatie de Louis XV n'avaient guère réussi qu'à se fermer les avenues[1].

C'est en Turquie surtout que le traité de 1756 avait dérouté la diplomatie française. Avant ce traité, M. de Vergennes, qui était ambassadeur de France à Constan-

---

[1] Voir *Le secret du roi*, t. II, p. 222-259. — *Instructions de Pologne* : Instructions du général de Monnet, t. II, p. 243 et suiv.

tinople, devait employer tous ses soins à exciter la Porte contre l'Autriche et la Russie; il devait s'efforcer surtout d'obtenir que les Turcs empêchassent les Russes de traverser la Pologne pour se porter en Allemagne. Après le traité, il fallut changer de langage : au lieu d'alarmer les Turcs, il fallut les rassurer et leur démontrer que c'était désormais pour leur bien que les armées russes, auxiliaires de l'Autriche, traversaient la Pologne. Les Turcs, habitués à fonder tout leur système de relations avec la France sur la rivalité séculaire de cette cour avec la maison d'Autriche, furent entièrement déconcertés. « Leur surprise, dit M. de Vergennes, ne tarda pas à dégénérer en un sentiment plus chagrin et plus aigre lorsque, le traité leur ayant été communiqué, ils observèrent que la France n'avait pas cru devoir les excepter du cas où elle serait obligée d'administrer des secours à son nouvel allié. » M. de Vergennes eut ordre de combattre cette opinion; il y réussit en partie, mais pour dissiper complètement les préventions, il aurait fallu une déclaration écrite de l'Autriche, et la France n'était pas en mesure de la fournir [1]. « M. de Vergennes, dit un contemporain, n'en fut pas quitte pour ne changer qu'une fois de langage. » Après la défection de Pierre III, il lui fallut revenir à l'ancienne politique et animer de nouveau le divan contre les Russes. Ces revirements successifs ne laissaient pas d'ébranler le crédit de l'ambassadeur de France. Vergennes trouvait d'ailleurs dans le ministre de Prusse un adversaire aussi habile qu'actif.

Le sultan Mustapha, qui régnait depuis 1757, n'était point le personnage grotesque, le *Grand Turc d'opera-buffa* que Voltaire, dans sa période d'adulation pour

[1] Mémoire de Vergennes à Louis XV.

Catherine, a voulu faire de lui. Il était économe, réfléchi, avide de gloire; il possédait même quelques connaissances et tentait de réformer son empire. Du caractère dont il était, il devait admirer le roi de Prusse. Après la guerre de Sept ans, il lui dépêcha une ambassade avec des présents. Les Turcs ne firent que passer à Berlin, mais Frédéric eut dès lors à Constantinople un représentant permanent. Cette entrée des Prussiens sur la scène orientale et l'intervention de Frédéric dans les affaires turques ne furent pas un des moins singuliers résultats de cette guerre de Sept ans qui devait, en toutes choses et en tout lieu, se retourner contre les desseins de ceux qui en avaient espéré l'anéantissement de la puissance prussienne. Dès qu'il eut pied dans le divan, Frédéric y agit avec sa résolution et son adresse habituelles. On vit dès lors, ce que l'on a pu constater depuis en différentes circonstances, l'agent prussien et l'agent russe concerter secrètement à Constantinople une politique qui, sous des dehors souvent opposés et par des voies divergentes en apparence, conduisait cependant au même but : la Prusse tenant le langage du désintéressement et n'affectant, comme on dit aujourd'hui, que le rôle d'un « honnête courtier »; la Russie tantôt insinuante, tantôt hautaine, mais exploitant toujours avec un art consommé ces faiblesses et ces passions de l'Orient que les Slaves connaissent d'autant mieux qu'ils les éprouvent eux-mêmes.

C'est ainsi que Vergennes et l'internonce d'Autriche, lorsqu'ils essayèrent d'intéresser les Turcs à l'élection du roi de Pologne, trouvèrent les Turcs convaincus que cette élection ne les intéressait pas. Les Russes furent donc libres de faire l'élection comme il leur convenait. Le 7 septembre 1764, Stanislas-Auguste Poniatowski fut nommé roi de Pologne. Le 25 novembre, les envoyés de Prusse et de Russie réclamèrent la liberté religieuse et l'égalité politique pour les dissidents, et déclarèrent s'opposer à la suppression du *liberum veto*. La diète refusa; les dissidents formèrent des *confédérations*, pour soutenir leurs réclamations par les armes, et la tsarine les appuya. « L'impératrice, écrivait Frédéric à Voltaire, le 24 mars 1767, a été sollicitée par les dissidents de leur prêter assistance, et elle a fait marcher des arguments munis de canons et de baïonnettes pour convaincre les évêques polonais des droits que ces dissidents polonais prétendent avoir. » Le ministre russe Repnine fit enlever et déporter les évêques et les députés récalcitrants. Le 19 novembre 1767, la diète vota ce qu'il voulut. Le 24 février 1768, un traité entre la Russie et la Pologne consacra l'assujettissement de la république. La Russie s'engageait à « conserver, défendre et assurer l'intégrité de la république ». La république plaçait sa constitution, c'est-à-dire le *liberum veto*, sous la garantie de la Russie. Catherine en était venue à ses fins. La Pologne lui avait juré de vivre et de mourir dans l'anarchie.

L'Europe applaudit, avec les philosophes, à cette victoire de « la tolérance ». — « Notre souveraine, dit un personnage de Voltaire [1], fait marcher ses armées pour apporter la paix, pour empêcher les hommes de se nuire, pour les forcer à se rapprocher les uns des autres, et ses étendards ont été ceux de la concorde publique. » C'était le roman. La réalité se présentait sous la figure des soldats russes. Les Polonais n'étaient pas mûrs pour la tolérance telle que l'enseignaient ces soldats, et le

[1] Dans la *Princesse de Babylone*, 1768.

bienfait que l'humanité avait reçu en leur personne les jeta dans une révolution, la plus épouvantable qu'ils eussent encore traversée, et qui précipita la ruine de leur nation. Les catholiques, la petite noblesse en particulier, farouche, naïve, fanatique, se soulevèrent et formèrent, le 28 février 1768, une confédération à Bar, en Podolie. La Pologne fut bientôt en feu[1]. « Presque toute la Pologne est confédérée », écrivait l'agent prussien, le 3 août 1768. Les paysans se livrèrent à d'horribles jacqueries. La répression fut sans pitié. Les Polonais massacrèrent au nom de la foi, les Russes au nom de la tolérance. Tous les partis firent appel à l'étranger. La Russie et la Prusse soutenaient les dissidents; la France essaya de soutenir les confédérés catholiques avec les armes des musulmans.

Le plus ardent des adversaires de Catherine, celui que, en plaisantant avec ses philosophes, elle appelait le *souffleur du Mustapha*, Choiseul, avait repris la direction des affaires étrangères depuis le mois d'avril 1766. La France était affaiblie, isolée, décréditée. « Les anciens alliés s'étaient détachés d'elle, les nouveaux songeaient à l'abandonner; après avoir perdu l'empire de la mer par le traité de Paris, elle allait disparaître entièrement de la moitié du continent européen. » Choiseul avait poursuivi les grandes alliances et les grands politiques : il n'y avait trouvé que la déception et les revers. Il se fit alors un revirement dans son esprit, et il revint « brusquement à la politique qu'il avait jusque-là négligée », la coalition des États secondaires[2]. Mais c'était bien tard, et Choiseul apportait à des conceptions qui auraient exigé

---

[1] *Le secret du roi*, t. II, p. 292.
[2] *Ibid.*, p. 278 et suiv.

de la suite et de la mesure un esprit impatient et inconstant. Il formait de vastes desseins; il ne put employer que de petits moyens. Il rêvait d'agir, il ne sut que s'agiter. Son idée dominante était de prendre contre l'Angleterre la revanche de la guerre de Sept ans. Pour cela, il fallait neutraliser le continent, c'est-à-dire la Prusse et la Russie. Il comptait sur l'Autriche pour contenir la Prusse; il cherchait partout des ennemis à la Russie : en Pologne, où il envoyait de l'argent et des officiers aux confédérés de Bar; en Suède, où il prenait le parti du Roi; en Turquie enfin, où il s'efforçait d'exciter les Turcs[1]. « Il faut tout tenter, écrivait-il à Vergennes, pour rompre cette chaîne dont la Russie tient le bout et pour renverser le colosse de considération acquis et maintenu par Catherine II à la faveur de mille circonstances impossibles, et qui pourraient en outre lui coûter son trône usurpé. L'empire ottoman, seul à portée d'opérer cet effet, est en même temps le plus intéressé à l'entreprendre. A la vérité, la dégénération des Turcs en tous genres peut leur rendre funeste cet essai de leurs forces; peu nous importerait, pourvu que l'objet d'une explosion immédiate fût rempli. » Pour appuyer les représentations de l'ambassadeur, aider les Turcs à ouvrir les yeux et contre-balancer les tentatives de corruption que l'on attribuait aux agents russes, Choiseul donnait carte blanche à M. de Vergennes et mettait à sa disposition, comme entrée en campagne, une somme de trois millions.

Vergennes ne croyait pas beaucoup à l'efficacité des fonds secrets. Il tenait avec raison que si les Turcs « reçoivent volontiers des présents, lorsqu'on leur pro-

---

[1] *Le secret du roi*, t. II, p. 295-296.

pose le chemin qu'ils prendraient sans cela d'eux-mêmes », il fallait, pour les arracher à l'apathie où ils se plongent si volontiers, des arguments plus directs et plus persuasifs. La Russie se chargea de les fournir. Depuis 1766, ses agents se répandaient en Grèce, en Crète, dans le Monténégro. En Grèce, ils ne parvinrent qu'à nouer des complots : ils firent des promesses, ils en reçurent, et tout se borna à de pompeux rapports qu'ils expédièrent à Pétersbourg[1]. Les Monténégrins prirent l'affaire plus au sérieux. Depuis 1765, l'évêque, qui portait sur sa poitrine un portrait de la tsarine, à côté de la croix épiscopale, annonçait que les temps marqués pour la délivrance des Grecs étaient enfin venus. Un moine, sorte d'intrigant mystique que l'on nommait *Stefano Piccolo*, appela le peuple aux armes et, au mois d'octobre 1767, descendit des montagnes à la tête d'une troupe de partisans. La fermentation gagna les pays slaves. La Bosnie menaça de se soulever.

Ces révoltes, qui éclataient au moment où la Russie dictait des lois à la Pologne, finirent par réveiller l'attention des Turcs. Vergennes excitait sans cesse leurs inquiétudes. Des négociations fort aigres s'engagèrent entre la Porte et le résident russe Obreskof, au sujet du Monténégro. Les Turcs réclamèrent l'évacuation de la Pologne par les troupes russes. Le résident prussien Zegelin écrivait le 26 juillet 1768 : « Les affaires sont ici dans une grande crise; si la Russie ne donne pas la satisfaction que la Porte demande et qu'elle fasse évacuer la Podolie par ses troupes, la guerre entre la Russie et la Porte est presque inévitable. C'est avoir beaucoup gagné que

---

[1] Voir dans Rulhière, Herrmann et Zinkeisen, les curieux détails de ces négociations.

d'avoir gagné du temps dans ces circonstances. La forme du gouvernement, quoique despotique, est telle que, lorsque le peuple se met en fureur, le gouvernement n'en est plus le maître et doit céder au torrent. » La violation de la frontière turque à Balta et la prise de Cracovie par les Russes précipitèrent le dénouement. Le 6 octobre 1768, à la suite d'une conférence très orageuse avec les ministres turcs, le résident russe fut arrêté et conduit au château des Sept-Tours. C'était, dans le droit des gens de la Turquie, la forme solennelle de la déclaration de guerre. Vergennes conseilla aux ministres du sultan d'adresser un manifeste aux puissances européennes : ils déclarèrent alors qu'ils prenaient les armes pour défendre l'indépendance de la Pologne. « La Russie, disait ce manifeste, qui est du 30 octobre 1768, a osé anéantir les libertés de la Pologne ; elle a forcé les Polonais de reconnaître pour roi un personnage qui n'était ni du sang royal, ni désigné par le vœu de la nation ; elle a fait massacrer ceux qui n'avaient pas voulu le reconnaître, piller ou dévaster leurs biens ou leurs terres... » La rhétorique des chancelleries, qui avait fait des Russes les défenseurs de la liberté de conscience, faisait des Turcs les champions de la liberté politique. « La guerre a été déclarée, disait M. de Vergennes quelques mois après, et telle était la volonté du roi, que j'ai exécutée dans tous ses points ; mais je rapporte les trois millions qu'on m'avait envoyés pour cela : je n'en ai pas eu besoin. »

CHAPITRE III

RAPPROCHEMENT ENTRE LA PRUSSE ET L'AUTRICHE.

(Octobre 1768-janvier 1769.)

La déclaration de guerre surprit et déconcerta tout le monde : les Turcs qui l'avaient faite, les Russes qui l'avaient provoquée, les Français qui l'avaient suscitée, les Prussiens qui l'avaient déconseillée, les Autrichiens qui n'avaient pas cessé de la redouter, et jusqu'aux Anglais qui prétendaient y rester indifférents. C'est que personne n'était préparé à cette guerre, ni les belligérants ni les neutres. Les Turcs, qui avaient été si lents à se mettre en colère, s'étaient emportés six mois trop tôt. Il leur était impossible de combattre avant le printemps. Ils donnèrent ainsi à la Russie le temps de se préparer. La guerre prenait Catherine au dépourvu; elle n'imaginait pas que les Turcs en viendraient là. Elle comptait sur sa diplomatie pour les mettre en échec. La guerre de Pologne absorbait ses forces militaires, et, toute préoccupée de réformes civiles et sociales, elle avait négligé l'armée. L'organisation militaire avait été réformée d'après le type prussien, mais les soldats russes n'avaient des troupes de Frédéric que le dehors; la discipline, l'instruction, le commandement étaient inférieurs; il n'existait ni magasins, ni trésor de guerre. C'étaient, en apparence, la même faiblesse et le même désordre que chez les Turcs; mais en Turquie cette désorganisation était le symptôme d'une irrémédiable décadence; en Russie, au contraire, elle n'était que le résultat naturel des efforts incohérents d'une nation qui s'élève. Catherine s'en rendait compte, et la fameuse allégorie de *l'homme malade* était déjà pour elle un principe de gouvernement. L'Anglais Elphinston, qui la servait en qualité d'amiral, lui disait un jour que la décadence et l'impéritie de la marine turque pouvaient seules donner l'idée de ce qu'on voyait à Pétersbourg. « L'ignorance, chez les Russes, lui répondit Catherine, est celle de la première jeunesse; et l'ignorance, chez les Turcs, est celle d'une vieillesse imbécile. »

La tsarine fit un emprunt en Hollande, ordonna des levées d'hommes et poussa de toute son ardeur les armements. C'était le moment de soulever la Grèce. Elle envoya à Venise Alexis et Théodore Orlof : Alexis, le plus beau, le plus fort, le plus ardent des cinq frères, et qui méritait à tous égards le titre que lui décerne finement Rulhière de *chef de la faction des favoris*; Théodore, plus instruit, plus intelligent et aussi brave, l'esprit tout plein des légendes de l'histoire grecque, avec une teinture de l'*Encyclopédie*, et qui mêlait dans son imagination romanesque « le merveilleux des contes orientaux aux prodiges de l'ancienne liberté »; deux hommes admirablement faits pour réveiller la Grèce et l'affranchir, si elle était capable d'être affranchie. Mais tout en se préparant à prendre la Turquie à revers par la Grèce, Catherine devait, et sans tarder, se mettre en mesure de faire face aux Turcs sur sa propre frontière : la flotte russe ne pourrait pas accomplir son mouvement tournant par la Méditerranée avant un an ou dix-huit mois, et, au printemps, les Turcs pouvaient être en Pologne. C'était le cas de s'adresser à Frédéric et de réclamer l'exécution des traités. La tsarine lui écrivit le 14 novembre 1768 : « Je dois me préparer à la guerre contre les Turcs : je me tiens pour assurée que Votre Majesté reste fidèle à notre alliance. »

Frédéric s'attendait à cette demande; il ne la désirait pas. Ce n'était pas qu'il méconnût les grands avantages que la Prusse pourrait, le cas échéant, retirer d'une guerre entre les Turcs et les Russes. Ce grand politique avait autant de clairvoyance pour les intérêts à venir de sa monarchie que de sagacité pour les présents. C'est lui qui forma et prépara dans tous ses éléments essentiels le vaste dessein d'extension que les abstracteurs de quintessence ont plus tard appelé la *mission historique* de la Prusse. Là où il ne put achever le tableau, il traça au moins le cadre. Il posa les jalons de toutes les routes que devaient ouvrir ses successeurs. Dans ses projets, comme dans ses actes, les scrupules ne l'arrêtèrent jamais. Le salut public était son seul principe de droit des gens; mais, s'il avait posé en maxime que « *l'intérêt de l'État doit servir de règle à la conduite du souverain* », il avait pris pour devise : *Festina lente*. « Je sais bien me ranger dans la place qui me convient, écrivait-il à son frère, le prince Henri, au mois de juillet 1769, et je n'ai pas la vaine folie de m'attribuer une supériorité sur les autres que je n'ai point en effet. Mais vous verrez toujours que ceux qui sont dans les grandes agitations et qui remuent les plus grands ressorts de l'Europe font plus de sottises que ceux qui se tiennent dans l'inaction, parce qu'il est donné à tous les hommes de commettre des fautes, et plus ils agissent, plus ils en font. » Au moment où la crise éclatait en Orient, il était à son château de Sans-Souci, et il y méditait à sa manière sur la philosophie de l'histoire de la Prusse. Le 7 novembre 1768, il écrivit un *Testament politique*. Il y définit la tâche de son successeur. L'un des points importants de cette tâche serait « l'occupation de quelques places de la Vistule, ce qui permettra de défendre la Prusse orientale contre la Russie ». L'ocupation de quelques places, c'était la conquête de Danzig et de Thorn, en un mot, l'annexion de la Prusse polonaise. Tout en reléguant cette annexion au chapitre des *Rêves et projets chimériques*, Frédéric ne la concevait pas avec moins de netteté. Il était précis et positif jusque dans ses imaginations, et lorsqu'il croyait spéculer, il agissait encore. « Quant à la Prusse polonaise, il me semble que le plus grand obstacle viendra du côté de la Russie; il vaudrait peut-être mieux gagner ce pays morceau à morceau, par la négociation, que de s'en emparer par le droit de conquête. Dans un cas où la Russie aurait un besoin pressant de notre assistance, il serait peut-être possible de se faire céder Thorn, Elbing et une banlieue, et de mettre ainsi la Poméranie en communication avec la Vistule [1]. » Lorsqu'il écrivait ces lignes, Frédéric ne se doutait pas que le jour était proche où il pourrait lui-même accomplir cette conquête qu'il réservait à ses neveux. Il était tout à la paix et ne songeait qu'à conserver la neutralité. Le 9 novembre 1768, il mandait à son ministre Zegelin d'offrir sa médiation à la Porte et de faire tous ses efforts pour éviter la guerre.

Sa politique s'accordait sur ce point avec celle de l'Autriche. Loin de soutenir la diplomatie française à Constantinople, Kaunitz l'avait contrariée autant qu'il

---

[1] Duncker, p. 176.

l'avait pu. Il craignait que Choiseul ne l'entraînât dans des complications européennes. Il savait que si la guerre éclatait entre la France et l'Angleterre, le rôle de l'Autriche serait de contenir la Prusse, et il était bien décidé à ne la contenir que par les moyens diplomatiques. Ainsi la Prusse et l'Autriche, qui avaient chacune un allié, redoutaient également de se compromettre à son service. De peur d'être entraînées à se faire la guerre, l'une pour le compte de la Russie, l'autre pour le compte de la France, elles furent amenées à se rapprocher et à s'entendre. Frédéric avait fait quelques avances en 1766 et tâché de se rencontrer avec Joseph II, qui l'admirait et, malgré lui, enviait sa gloire. Joseph était fort tenté ; les répugnances de Marie-Thérèse l'arrêtèrent, et il perdit ainsi, comme il le dit, « l'occasion de voir et de connaître un homme qui piquait terriblement sa curiosité ». Les affaires de Pologne et les événements d'Orient levèrent les scrupules de l'impératrice. Kaunitz jugeait nécessaire de rassurer le roi de Prusse sur les intentions de l'Autriche et de le voir de plus près. Ses conseils décidèrent Marie-Thérèse, et, le 14 octobre 1768, le ministre d'Autriche à Berlin, Nugent, reçut l'ordre d'aller trouver le roi, de lui faire des compliments et de lui déclarer que l'Autriche avait à tout jamais renoncé à la Silésie.

Nugent vit Frédéric le 15 novembre. Il lui présenta la neutralité de l'Allemagne comme un objet à concerter entre les deux États, une entrevue avec l'empereur comme le moyen d'assurer leur entente, et un échange de lettres comme la forme la meilleure et la plus simple pour la consacrer. « Je vois avec grand plaisir, répondit le roi de Prusse, que Leurs Majestés Impériales se rencontrent avec moi sur un point aussi important que le maintien de la tranquillité générale en Allemagne. Je vous avouerai sincèrement que mes traités avec la Russie ne m'obligent qu'à payer quelques subsides, sans grande portée d'ailleurs. On peut se chamailler en Pologne autant que l'on voudra; je ne m'en mêlerai certainement pas, sauf dans un seul cas : si l'on songeait à renverser le roi de Pologne..... » Nugent insista sur cette idée, que la paix de l'Europe et surtout celle de l'Allemagne dépendaient de la bonne entente entre l'Autriche et la Prusse, et que ces deux cours devaient à l'avenir abjurer toute méfiance l'une à l'égard de l'autre. Frédéric approuva chaleureusement ce langage : « Nous sommes Allemands, dit-il; que nous importe que les Anglais et les Français se battent pour le Canada et les îles d'Amérique? que Paoli occupe les Français à pleines mains en Corse? que les Turcs et les Russes se prennent aux cheveux?... L'impératrice-reine et moi, nous avons soutenu longtemps des guerres ruineuses : que nous en reste-t-il à la fin? » Nugent aurait pu répondre qu'il restait la Silésie, mais il trouva plus sage de se taire. « Nous ne pourrions rien faire de plus sensé, poursuivit le roi, que de convenir d'une neutralité pour l'Allemagne. » Il ne se prononça point sur l'échange de lettres, ne pouvant pas, disait-il, écrire le premier; mais il accepta avec empressement l'idée d'une entrevue pour l'été. Il parla des avantages qu'auraient des entrevues de ce genre; il en parla « très sensément », dit Nugent, faisant observer qu'il ne pouvait y être question d'agrandissements futurs, ni de la part de la France ni d'autre part. C'était sur ce chapitre-là surtout que l'Autriche et la Prusse étaient prêtes à s'entendre; elles étaient également désireuses que leurs alliances respectives ne tournassent point à l'avantage de leurs alliées. Nugent releva l'insinuation, et comprit que le roi, par ces mots : « ni d'autre part », faisait allusion à la Russie. « De cette autre part, dit-il, Votre Majesté est un peu plus exposée que nous. — C'est vrai, répondit le roi; que MM. les Russes s'étendent toujours aussi loin qu'il leur plaît du côté de la mer Noire et dans les alentours de leurs fameux déserts; mais du côté de l'Europe..... » Il s'arrêta sur ces mots, et se mit à parler de l'empereur et de son caractère. Nugent savait ce qu'il voulait savoir, et il n'en demanda pas davantage[1].

Frédéric n'était point aussi rassuré sur l'exécution de ses traités avec la Russie qu'il le montrait à Nugent. Il redoutait fort que Catherine, qu'il ne croyait pas prête, ne lui demandât des soldats au lieu d'argent. « Nous sommes, écrivit-il à son frère Henri le 3 décembre 1768, dans une grande crise, où il faudra du bonheur pour en bien sortir. La nouvelle de la guerre a surpris et consterné les Russes, parce qu'ils ne s'y attendaient pas du tout; jamais ils n'ont tenu un langage plus poli qu'à présent. Toutefois, ils exigent beaucoup, et je suis très résolu à ne point m'embarquer dans une guerre qui ne nous regarde pas et dont le fruit serait pour un autre. » Cependant, il fallait répondre à la tsarine. Tout en essayant encore de rétablir la paix ou de limiter la guerre, Frédéric tenait à s'assurer quelque compensation dans le cas où la Prusse serait forcée d'intervenir. Il écrivit à Catherine, le 15 décembre 1768, qu'elle avait raison de compter sur sa fidélité à remplir ses engagements, qu'il serait même disposé à prolonger

---

[1] Rapport de Nugent, du 26 novembre 1768. Arneth, t. VIII, p. 502.

le traité qui expirait en 1772 et à l'approprier aux circonstances du temps. C'était faire sentir à Catherine qu'il ne se laisserait point embarquer dans la guerre sans y trouver son avantage, et l'inviter à s'expliquer sur ses intentions à l'égard de la Prusse.

Cette question des bénéfices agitait les esprits à Vienne aussi bien qu'à Berlin. En présence de la guerre qui menaçait l'orient de l'Europe, la première pensée dans ces deux cours avait été de s'en préserver; la seconde, d'en tirer profit. Vergennes se montrait bien clairvoyant lorsque, en résumant au roi Louis XV ses impressions sur la guerre turque, il lui disait : « *Qui sait même si le démembrement de la Pologne ne pourrait pas faire le sceau de la réconciliation entre les deux parties belligérantes?* » Frédéric considérait l'acquisition de la Prusse polonaise comme une nécessité pour la Prusse; Kaunitz ne cessait de regretter la Silésie, et songeait toujours au moyen de la reprendre. C'était, pour l'un et pour l'autre, l'idée maîtresse; la crise orientale les y ramena tout naturellement; mais Frédéric, qui était le moins rêveur des hommes, rangea son projet au « chapitre des chimères »; Kaunitz, qui était aussi fat de ses idées qu'un diplomate peut l'être, composa un grand mémoire officiel qu'il soumit à ses souverains, le 3 décembre 1768. « Que les Russes aient en tête l'empire grec, cela était déjà connu du temps de Pierre le Grand, et les entreprises de la présente impératrice prouvent bien qu'elle porte en elle de très vastes projets [1]. Il s'en est fallu de peu qu'elle ne réduisît la Pologne en province russe, à la manière de la Courlande. Ce voisinage serait d'autant plus dangereux pour la maison impériale, qu'elle compte

---

[1] Mot à mot, « qu'elle est grosse », *schwanger gehe*.

un grand nombre de sujets de religion grecque [1]... Il semble que notre intérêt, comme celui de la Prusse, était d'intervenir et d'amener les parties belligérantes à signer une paix convenable. Ce sont là de graves considérations; mais la plus importante de toutes, c'est que Vos Majestés pourraient arriver par là à recouvrer la Silésie, sinon tout entière, au moins en grande partie, sans grands frais et avec l'aide de la Porte. L'idée de reprendre la Silésie, par le moyen des Turcs et d'accord avec le roi de Prusse, est si extraordinaire et chimérique en elle-même, que je me suis demandé si je la présenterais à Vos Majestés et m'exposerais à provoquer le rire. » Et cependant, selon Kaunitz, le projet n'était ni impossible ni invraisemblable. Dès le mois de juin, les Turcs avaient fait spontanément des ouvertures en ce sens; quant au roi de Prusse, on lui donnerait la Courlande et la plus grande partie de la Prusse polonaise. Ce serait à lui de s'arranger avec la Russie au sujet de la Courlande; mais on avait lieu de croire qu'il était fort préoccupé des progrès de la Russie, et, d'ailleurs, vingt millions de piastres que fourniraient les Turcs faciliteraient la transaction. On ferait comprendre à la Pologne qu'il était de son intérêt d'assurer son repos et son indépendance en donnant satisfaction au roi de Prusse. Kaunitz concluait qu'il fallait charger secrètement la Porte de faire, comme pour son compte, les ouvertures au roi de Prusse. Joseph examina le projet, y fit des objections graves, et l'impératrice le repoussa, doutant, avec raison, que Frédéric consentît à abandonner

---

[1] On dirait aujourd'hui « de sujets slaves », la nationalité ayant pris dans ces affaires la place qu'occupait, au dix-huitième siècle, la religion.

la Silésie. Cette singulière proposition n'a pas moins son intérêt. Elle prouve que dès le mois de décembre 1768, le chancelier autrichien ne répugnait nullement à l'idée d'un démembrement de la Pologne.

Kaunitz remit son projet dans son portefeuille et se contenta de négocier l'entrevue entre les deux souverains. Il fut convenu, le 8 janvier 1769, qu'elle aurait lieu au mois d'août. Frédéric protestait de son amour pour la paix; il ferait, disait-il à Nugent, tout son possible pour la rétablir, insistant seulement pour que personne ne contrariât ses efforts. C'était une allusion à la France. Il se plaignait en effet de Choiseul, le qualifiant de « *ministre petit-maître* [1] », l'accusant, ce qui était exact, d'avoir poussé les Turcs à la guerre, mais prétendant, ce qui était une erreur, que les Français avaient dépensé plusieurs millions pour persuader le Divan.

« M. de Choiseul prend le mors aux dents », disait le comte de Broglie qui ne goûtait point ce ministre; il le voyait avec impatience adopter sa propre politique, convaincu qu'il la gâterait. Choiseul, par son système des grandes alliances, avait fort contribué à faire le vide autour de la France; il sentait ce vide, et il s'y agitait avec plus de passion que de conséquence. Il avait, au mois d'avril 1768, envoyé le chevalier de Taulès aux confédérés polonais, avec quelque argent et beaucoup de promesses. Taulès avait vu les confédérés, jugé leur faiblesse, estimé que ses discours seraient vains et rapporté l'argent. Choiseul renvoya au mois de janvier 1769

---

[1]. Voir, au tome XIV des œuvres de Frédéric, la *Choiseullade*, petit poème très peu badin, rempli d'injures et de calomnies à l'adresse de Choiseul.

le chevalier de Châteaufort pour opérer ce que Taulès n'avait pu accomplir. « Peut-être, lui mandait-il, quelques fanatiques marqueront-ils de l'éloignement » pour l'alliance de la Porte. Châteaufort fera son possible pour dissiper ces préjugés; « lorsqu'il s'agit de l'existence de la liberté et de la patrie, il n'est pas temps de consulter les différences de cultes; la religion catholique n'a rien à craindre des Turcs dans aucun cas, et tout de la Russie. » La guerre des Turcs formait en effet tout le fond de la combinaison de Choiseul. Il venait d'apprendre que cette guerre était déclarée, et, avec l'inconstance qui le marquait, il venait de rappeler Vergennes qui l'avait fait déclarer. Cet ambassadeur fut remplacé par le comte de Saint-Priest. Choiseul tâchait, en même temps, de lier une partie infiniment subtile et hasardeuse : il adressait une invite au grand Frédéric [1].

Choiseul avait cherché, sous prétexte de négocier un traité de commerce, à renouer avec la Prusse. Il s'était figuré qu'il pourrait la séparer de la Russie et piquer au jeu la cour de Vienne, dont il n'était pas satisfait. Frédéric, qui avait désiré ce rapprochement et qui l'avait fait préparer de longue main par ses amis les philosophes et les gens de lettres, s'y était prêté volontiers. Il y cherchait le même avantage que Choiseul : il voulait aussi piquer son alliée la Russie; il comptait bien que l'Autriche en concevrait de l'inquiétude, et que si elle hésitait encore à s'accommoder avec

---

[1] *Instructions de Pologne :* Instructions du chevalier de Taulès, 17 avril 1769; du chevalier de Châteaufort, 18 janvier 1769, t. II, p. 271 et 283. — *Le secret du roi,* t. II, p. 205-290. — SAINT-PRIEST, *Le partage de la Pologne,* ch. III. — FLASSAN, *Histoire de la diplomatie,* t. VI, ch. V.

la Prusse, la crainte d'être prévenue par la France triompherait de ses scrupules. Il avait deviné juste, et dans la lutte de finesse qu'il avait engagée, ce fut lui qui gagna la partie. « Je laisse venir les Français de pied ferme, disait-il à Finckenstein; c'est pour découvrir leurs projets et toutes les tracasseries que Choiseul roule dans sa tête. Nous pouvons en tirer profit pour notre commerce, et ce sera autant de gagné; sinon, rien de plus aisé que de couper court à ce tripotage. » Le comte de Guines, nommé ministre de France à Berlin, y arriva au mois de janvier 1769, c'est-à-dire au moment même où Frédéric était en train de négocier avec la Russie le renouvellement de son traité et de préparer son entrevue avec l'empereur Joseph. Les *négociations dilatoires* qu'il engagea avec le ministre de France contribuèrent beaucoup au succès de celles qu'il poursuivait avec Vienne et Pétersbourg, et qui étaient parfaitement sérieuses [1].

La tsarine avait recueilli avec empressement l'idée de renouveler l'alliance et de l'approprier aux circonstances présentes. Elle répondit qu'elle y était disposée, pourvu que le roi fît cause commune avec elle en Turquie et en Suède. Frédéric accepta, sous la condition que la tsarine garantirait à la maison de Brandebourg la succession des margraviats d'Ansbach et Bayreuth. En même temps (janvier 1769), et pour appuyer ses arguments, il ordonna « de faire de fréquentes patrouilles et de tirer un cordon fort et serré de troupes » le long de la frontière de Pologne, sous le prétexte de pro-

---

[1] Voir, *Revue historique*, t. XXV, p. 69, et t. XXVII, p. 322, les études de Robert HAMMOND, *La mission de Guines à Berlin; La France et la Prusse en* 1768-69.

téger ses États contre les incursions des confédérés[1].

En réalité, ces mesures militaires avaient un objet beaucoup plus important; et elles se rattachaient à un plan que Frédéric conçut alors et dont il poursuivit l'exécution sous le couvert des négociations officielles.

[1] Rapport de Nugent, 14 janvier 1769. ARNETH, t. VIII, p. 160.

CHAPITRE IV

LES DESSEINS DU GRAND FRÉDÉRIC
ET LES PROJETS DE TRIPLE ALLIANCE.

(Février-mai 1769.)

Frédéric jugeait impossible d'empêcher la guerre entre les Turcs et les Russes. Il ne songeait plus désormais qu'à la faire tourner à son avantage. « Cette guerre, dit-il en ses Mémoires, changea tout le système politique de l'Europe; une nouvelle carrière venant à s'ouvrir, il fallait être sans adresse ou enseveli dans un engourdissement stupide pour ne point profiter d'une occasion aussi avantageuse. » La Russie et l'Autriche s'adressaient à lui et le faisaient en réalité l'arbitre de la politique. L'arbitrage n'était point aisé, et s'il y avait à gagner, il y avait aussi de grands risques à courir. Les progrès de la puissance russe préoccupaient singulièrement Frédéric. « C'est une terrible puissance, qui dans un demi-siècle fera trembler toute l'Europe, écrivait-il à son frère Henri, le 8 mars 1769. Issus de ces Huns et de ces Gépides qui détruisirent l'empire d'Orient, ils pourraient bien dans peu entamer l'empire d'Occident et causer aux Autrichiens des sentiments de douleur et de repentir de ce que, par leur fausse politique, ils ont appelé cette nation barbare en Allemagne et lui ont enseigné l'art de la guerre... Je n'y vois plus de remède qu'en formant avec le temps une ligue des plus grands souverains pour s'opposer à ce torrent dangeroux. » Le temps de cette ligue n'était pas venu; il n'était même point proche, et, faute de pouvoir contenir le torrent, il convenait de le détourner, de l'endiguer et d'en exploiter la force pour le plus grand bien de la monarchie prussienne. « Il y avait, dit encore Frédéric, deux partis à prendre, ou celui d'arrêter la Russie dans le cours de ses immenses conquêtes, ou, *ce qui était le plus sage,* d'essayer par adresse d'en tirer parti. » Les successeurs de Frédéric ont pensé longtemps comme lui, et il n'est que juste de constater que *le torrent dangereux* a singulièrement contribué à grossir les eaux du fleuve prussien. C'est sous cette forme surtout que l'Europe a appris à le connaître et à le redouter.

Frédéric considérait que la Russie ne s'arrêterait pas; restait à savoir ce que ferait l'Autriche. Ou elle demeurerait fidèle à l'alliance française : dans ce cas, elle serait amenée à prendre le parti des Turcs et des Polonais, et Frédéric, lié à la Russie, aurait peut-être de nouveau sur les bras la France et l'Autriche; ou elle se laisserait séduire par la Russie, qui lui promettrait en Orient une part du gâteau, et la Prusse se trouverait prise entre les masses des Autrichiens et celles des Russes, qui lui feraient la loi. Pour sortir de ce dilemme, et en sortir à l'avantage de la Prusse, il fallait trouver moyen d'indemniser la Russie des frais de sa guerre contre les Turcs, de séparer l'Autriche de la France, de satisfaire la cour de Vienne de façon à lui enlever la tentation soit de s'allier à la Russie, soit de s'opposer à ses conquêtes, de trouver enfin une combinaison telle que la Prusse, au lieu d'être obligée de prendre parti pour la Russie ou pour l'Autriche, si elles se battaient, et d'être écrasée entre elles, si elles s'alliaient, devînt le trait d'union entre les deux rivales et scellât, pour l'avantage des trois cours, une triple alliance. Le problème eût été insoluble, si la Pologne, pour son malheur, ne s'était trouvée là. Il y avait en Pologne place pour tout le monde. A quoi bon guerroyer si loin, avec tant de frais, quand on pouvait, avec si peu de peine, rien qu'en se baissant, trouver auprès de soi le bénéfice convoité? Le projet que Frédéric esquissait quelques semaines auparavant comme un rêve d'avenir devint à ses yeux une réalité. Le point de droit préoccupait fort peu le roi de Prusse; mais il avait l'esprit classique; il aimait les maximes et les citations. Ne pouvant décemment invoquer l'*Anti-Machiavel*, il se contenta de l'*Orlando innamorato* et se rappela des vers, qu'il trouvait à la fois pleins de poésie et pleins d'à-propos. Ces *concetti* qu'un paladin amoureux adresse à sa maîtresse, le roi de Prusse, dans sa pensée, les adressait à la *Bonne Déesse des politiques* : l'Occasion, à *Sa Sacrée Majesté le Hasard*, comme il aimait à l'appeler.

> *Quante volte le disse : o bella donna,*
> *Conosci l'ora de la tua ventura,*
> *Da poi che un tal baron più che se t'ama*
> *Che non ha il ciel piu vaga creatura.*
> *Forse anco avrai di questo tempo brama,*
> *Che'l felice destin sempre non dura...*
> *Come dissolve 'l sol la bianca neve*
> *Come in un giorno la vermiglia rosa*
> *Perde il vago color in tempo breve*
> *Cosi fugge l'età com' un baleno*
> *E non si puo tener, che non ha freno* [1].

« J'avais lu, dit Frédéric en ses Mémoires, la belle allégorie du Boiardo; je saisis donc aux cheveux l'occasion qui se présentait, et *à force de négocier et d'intri-*

---

[1] *Orlando innamorato*, liv. I, chant VII, stances 14 et 15.

guer, je parvins à indemniser notre monarchie de ses pertes passées en incorporant la Prusse polonaise avec mes anciennes provinces. » Le premier chapitre de l'intrigue n'est pas le moins piquant. Frédéric forma le plan d'un partage de plusieurs provinces de la Pologne entre l'Autriche, la Prusse et la Russie. « L'objet d'utilité de ce partage, dit-il, consistait à ce que la Russie pourrait continuer tranquillement la guerre avec les Turcs sans appréhender d'être arrêtée dans ses entreprises par une diversion que l'impératrice-reine était à portée de lui faire. » L'insinuation ne pouvait ni surprendre ni scandaliser la tsarine; mais elle pouvait lui paraître inopportune, et Frédéric n'en voulait point prendre la responsabilité. Il imagina d'attribuer son projet à un personnage qui s'était fait connaître dans la guerre de Sept ans, le comte de Lynar. Il écrivit le 2 février 1769 à Solms : « Le comte de Lynar est venu à Berlin pour marier sa fille avec le comte de Kamecke. C'est le même qui a conclu la paix de Closter-Seven. Il est grand politique, et gouverne encore l'Europe du fond du village où il s'est retiré. Ce comte a eu une idée assez singulière pour réunir tous les intérêts des princes en faveur de la Russie, et pour donner tout d'un coup une face différente aux affaires de l'Europe. Il veut que la Russie offre à la cour de Vienne, pour son assistance contre les Turcs, la ville de Léopol et ses environs et le Zips, qu'elle nous donne la Prusse polonaise avec la Warmie et droit de protection sur Danzig, et que la Russie, pour se dédommager des frais de la guerre, accroche pour elle telle partie de la Pologne qui lui conviendrait, et qu'alors, n'y ayant point de jalousie entre l'Autriche et la Prusse, elles secourraient la Russie à l'envi les unes des autres contre les Turcs. Ce plan a quelque éclat; il paraît séduisant. J'ai cru devoir vous le communiquer. Vous qui connaissez la façon de penser du comte de Panine, ou vous supprimerez tout ceci, ou vous en ferez l'usage que vous jugerez à propos, quoiqu'il me semble qu'il s'y trouve plus de brillant que de solide. » C'était, dans ses données générales, le partage de la Pologne tel qu'il fut exécuté trois ans plus tard. Si la Russie entrait dans ces vues et si elle y attirait l'Autriche, le résultat désiré par Frédéric serait atteint : la Prusse demeurerait en paix, elle s'agrandirait sans dépenser un écu et sans risquer la vie d'un homme, et l'alliance de l'Autriche avec la France recevrait de cette coopération de la cour de Vienne aux entreprises de la Russie contre les Turcs et au démembrement de la Pologne une irréparable atteinte.

Solms ne se décida pas sans peine à entretenir les Russes de cette singulière conception. Il pensait, avec raison, que les Russes aimaient mieux assujettir la Pologne que de la partager avec leurs voisins. Cependant une occasion s'étant offerte, Solms lut à Panine le « soi-disant mémoire du comte de Lynar » et le présenta comme le résultat des élucubrations d'un politique spéculatif de l'Allemagne. « Panine, écrivait Solms, le 3 mars 1769, reconnaissait que le Zips serait fort bien à la convenance de l'Autriche, mais non Lemberg, qui était au milieu de la Pologne et loin de la frontière autrichienne. » Puis, comme il n'était question que de spéculer, le ministre russe exposa à son tour ses idées, qui ne le cèdent point en intérêt à celles « du comte de Lynar », surtout si l'on considère la date de l'entretien [1].

[1] Rapports de Solms, 17 février et 3 mars 1769. *Correspondance de Solms*, p. 209, 215 et suiv.

« Il ne vaudrait pas la peine, dit Panine, d'unir trois aussi grandes puissances uniquement pour renvoyer les Turcs au delà du Dniester; mais si cette réunion pouvait avoir lieu, il faudrait alors qu'elle ne se proposât rien moins que de chasser les Turcs de l'Europe et d'une grande partie de l'Asie. Il ne serait pas difficile à cette triple alliance de mettre fin à l'empire de Turquie, qui s'était conservé si longtemps uniquement par les jalousies des puissances chrétiennes. L'alliance des trois cours, poursuivait Panine, est le meilleur moyen d'assurer le repos de la chrétienté. Le seul obstacle est dans la jalousie de l'Autriche à l'égard de la Prusse. L'Autriche devrait marcher avec la Russie contre les Turcs; c'est là qu'elle trouverait la compensation la plus étendue pour la Silésie. La Prusse y gagnerait la sécurité; la Prusse polonaise et la Warmie lui seraient annexées, comme dans le projet Lynar. Constantinople et les provinces qu'on laisserait aux Ottomans pourraient former une république. — Et la Russie, demanda Solms, que prendrait-elle pour sa part? — La Russie, répondit Panine, ne doit point prétendre au partage, vu qu'elle possède déjà beaucoup plus de pays qu'elle n'est en état d'en gouverner; ainsi, excepté quelques places fortifiées sur les frontières, elle ne doit plus songer à acquérir de provinces. »

Dans le temps même où Panine tenait ce langage à Pétersbourg, le comte de Goltz, qui s'était depuis peu établi à Paris, mandait au roi de Prusse que la conclusion d'un traité de commerce avec la France était subordonnée à des conditions politiques : Choiseul découvrait son dessein, qui était d'entraîner par des avantages commerciaux le roi de Prusse à rompre avec la Russie en Pologne. Frédéric avait accepté la communication;

il écoutait et ne répondait point. Choiseul fit un pas de plus et chargea un de ses confidents d'insinuer à Goltz que, si la Prusse entrait dans les vues de la France, elle y pouvait gagner la Warmie et la Courlande. Goltz l'écrivit au roi le 3 mars. Frédéric s'empressa d'en avertir son ministre à Pétersbourg : il attendait, lui mandait-il les 12 et 25 mars, des ouvertures formelles pour repousser des offres aussi *insensées*. Elles étaient insensées en ce sens que les Français offraient à Frédéric, pour rompre avec la Russie, le prix que Frédéric mettait lui-même au maintien de son alliance avec la Russie. En négociant à Versailles, il n'avait pas d'autre objet que de se faire valoir à Pétersbourg et d'y exciter de la jalousie. Il pensait que les insinuations de Choiseul seraient un argument en faveur du projet du comte de Lynar. Le rapport de Solms sur son entretien avec Panine prouva que ce projet était prématuré; mais de ce que l'on avait dit à Pétersbourg et de ce que l'on avait fait souffler à Versailles, il résultait bien clairement que le partage de la Pologne était dans l'air, et que tôt ou tard le projet Lynar pourrait être repris. Frédéric le laissa tomber, en attendant qu'il pût le reproduire sous une autre forme. Quant à la négociation avec Versailles, elle n'avait plus d'objet : Choiseul vit bien qu'il n'amènerait pas la Prusse à ses vues et qu'il se compromettrait inutilement en continuant des pourparlers avec elle. Il les rompit.

Cependant la tsarine avait fait connaître au roi de Prusse les conditions qu'elle mettait au renouvellement de leur alliance [1]. Elle ne voulait traiter que pour huit ans; elle demandait que la Prusse fit cause com-

---

[1] Martens, t. VI, p. 50.

mune avec le Danemark pour défendre la constitution de la Suède, combattît les Saxons s'ils essayaient de renverser Stanislas, et défendît par les armes les droits politiques des dissidents de Pologne : en compensation, elle ne promettait de garantir la succession d'Ansbach et Bayreuth que « dans la limite tracée par la constitution de l'Empire ». Elle redoutait, comme Kaunitz, de voir la Prusse poser des jalons dans l'Allemagne du Sud. « On se moque de moi à Pétersbourg, écrivait Frédéric à Solms le 24 mai 1769; toute alliance repose sur la réciprocité, on ne l'observe point ici; on demande beaucoup, et l'on ne garantit rien. » Il n'y avait qu'un point qui le satisfît : la Russie se contentait d'un subside et ne réclamait pas de soldats. C'était l'essentiel pour le présent.

Le dessein exposé par Panine n'était point du goût du roi de Prusse. Cette triple alliance lui semblait plus facile à concevoir qu'à exécuter. Dans tous les cas, elle n'était pas avantageuse pour lui. « Il n'était pas, a-t-il dit [1], de l'intérêt de la Prusse de voir la puissance ottomane entièrement écrasée, parce qu'en cas de besoin elle pourrait être utilement employée à faire des diversions, soit dans la Hongrie, soit en Russie, selon les puissances avec lesquelles on serait en guerre. » Les affaires d'Orient devaient fournir à la diplomatie prussienne un inépuisable fonds de réserve, et il importait de le conserver avec le même soin que le trésor de guerre qui dormait à Spandau. Frédéric n'était point de ces prodigues qui s'en vont à l'aventure « dans le grand chemin que tenait Panurge pour se ruiner, prenant argent d'avance, achetant cher, vendant à bon marché

---

[1] *Mémoires, Œuvres*, t. VI, p. 25.

et mangeant son blé en herbe ». Il attendit que les événements rendissent la Russie plus sage et plus accommodante. Il était convaincu que l'Autriche se tiendrait tranquille pendant la campagne de 1769; mais jusqu'où pousserait-elle la condescendance? C'était avant tout ce qu'il fallait savoir. Frédéric laissa donc traîner sa négociation avec la Russie, et ne s'occupa plus que de son entrevue prochaine avec Joseph. Il tenait dans sa main tous les fils de « l'intrigue », et il comptait bien que chacun des personnages auxquels il soufflerait les répliques travaillerait à préparer le dénouement. La négociation avec la France devait donner l'éveil à Vienne comme à Pétersbourg; la négociation de l'alliance avec la Russie devait pousser les Autrichiens à l'entrevue, et la nouvelle de l'entrevue devait décider les Russes à conclure l'alliance. Les Turcs se chargeraient de mettre tout le monde en branle et de fournir les occasions.

CHAPITRE V

LA GUERRE D'ORIENT ET LES PRÉCAUTIONS MILITAIRES DE L'AUTRICHE.

(Janvier-août 1769.)

Le calcul de Frédéric était juste, et, dans ce moment même, l'Autriche, loin de songer à former avec les Russes une sainte alliance, était plutôt en voie de se brouiller avec eux. L'Autriche avait fait son possible pour empêcher la guerre; mais les Turcs ne voulaient rien entendre, et le 21 février 1769, l'internonce Brognard reçu l'ordre de suspendre ses démarches pacifiques. L'Autriche prit alors ses précautions pour n'avoir point à souffrir des hostilités. De forts cordons de troupes furent rassemblés sur les frontières, du côté de la Turquie et du côté de la Pologne. Comme en plusieurs endroits ces frontières étaient fort incertaines, la chancellerie de Vienne donna, au commencement de février 1769, l'ordre de planter des aigles dans les terrains vagues et de marquer par là les limites que les belligérants ne devaient point dépasser. Il n'eût point été juste que cette opération tournât au détriment de l'Autriche. Partout où il y avait doute sur la propriété, les Autrichiens eurent soin, pour arrêter la prescription, de planter leurs aigles au delà des points en litige. Il y avait un de ces points où la plantation des aigles était particulièrement scabreuse et difficile. C'était, par une assez singulière rencontre de circonstances, ce comitat de Zips dont il était question dans le projet Lynar. Le Zips, petit pays montagneux qui formait au sud de la Galicie une sorte d'enclave de la Hongrie dans la frontière polonaise, avait été engagé, en 1412, à Wladislas Jagellon par Sigismond de Luxembourg. La couronne de Hongrie prétendait en avoir conservé la propriété. Les confédérés polonais s'y réfugiaient, et le roi de Pologne avait, paraît-il, été le premier à demander aux Autrichiens de faire occuper ce comitat par leurs troupes.

Kaunitz tenait qu'il n'y avait point de petites conquêtes. Forcé de subordonner ses projets d'agrandissement aux volontés de Marie-Thérèse, qui avait, au moins en principe, le respect des droits établis et répugnait à employer des procédés dont elle avait eu trop à souffrir, Kaunitz essayait de gagner par le menu, à petits coups, et par les moyens de procédure, ce qu'il ne pouvait obtenir d'ensemble et par la grande diplomatie. Il suivait ainsi son penchant et la tradition de l'Autriche, en même temps qu'il calmait l'impatience d'ambition dont l'empereur était agité. « Confident de la mère et complaisant du fils[1] », Kaunitz imagina un système d'envahissements pacifiques qui devait doucement conduire l'Autriche à ses fins. L'affaire de Zips fut le premier pas dans cette voie compromettante. Lors donc que la cour de Vienne fit planter des aigles dans le comitat de Zips, elle était déjà bien décidée à ne point abandonner ce pays aussi facilement qu'elle y entrait. Elle pensa tout naturellement à rendre à la Hongrie ce territoire qui en avait été détaché. Toutefois, elle n'entendait

---

[1] Mot de M. de Saint-Priest.

point appliquer à la reprise du Zips les moyens déloyaux auxquels Frédéric avait eu recours pour s'emparer de la Silésie. Sans doute elle invoquerait, comme ce roi l'avait fait, « des droits anciens », mais elle ne les ferait prévaloir que par les voies pacifiques et d'accord avec la Pologne; elle inviterait, en bonne forme, cette république à restituer son gage; elle ne contesterait ni ne violerait le droit des Polonais.

Fort de la pureté de ses intentions, le gouvernement autrichien fit proclamer dans les villes du comitat de Zips et notifier aux ministres étrangers accrédités à Vienne, ainsi qu'au roi de Pologne, que l'occupation du Zips ne devait porter aucune atteinte aux droits de la Pologne sur ce comitat. Cette déclaration avait surtout pour objet de prévenir les soupçons du roi de Prusse[1]. La précaution était inutile. Si quelqu'un devait prendre ombrage de l'occupation du Zips, ce n'était point le grand Frédéric. En ce même mois de février 1769, tandis que les Autrichiens plantaient leurs aigles dans ce comitat, le roi de Prusse le plaçait dans le lot que le « comte Lynar » leur attribuait en Pologne. Il est vrai que Kaunitz, fat même en matière de légalité, se couvrait du prétexte des *droits anciens,* et que le « comte Lynar », dépourvu, en fait de droit, de toute impertinence, ne fondait son projet que sur la convenance. Tous deux, au fond, tendaient au même but, et le fait est qu'au moment où Frédéric concevait le plan, l'Autriche en commençait l'exécution. Cette coïncidence forma le nœud de l'intrigue qui amena le partage de la Pologne.

L'Autriche ne pouvait prévoir les conséquences d'un acte très conforme d'ailleurs à ses habitudes politiques,

[1] Arneth, t. VIII, p. 170, 172 et 295.

et elle était trop occupée pour y prêter alors une bien sérieuse attention. Elle demandait aux Turcs de reconnaître à la paix de Belgrade le caractère d'une paix perpétuelle. Les Turcs ne s'y montraient point disposés; un incident très grave qui survint alors leur imposa cette concession. Le 27 mars, le sultan fit déployer l'étendard du Prophète, qu'on promena dans les rues de Constantinople; la vue de cet emblème sacré exalta jusqu'à la fureur le fanatisme de la population. L'internonce Brognard, avec sa légation et sa famille, voulut voir défiler le cortège. La populace se jeta sur lui, le poursuivit, pilla la maison où il s'était réfugié et massacra les chrétiens qui s'y trouvaient. Brognard et les siens n'échappèrent à la mort que par miracle. Deux jours après, l'internonce demanda son audience de congé. Le Divan lui fit des présents et lui concéda la perpétuité du traité de Belgrade : il se tint pour satisfait. L'Autriche, tout irritée qu'elle était d'une pareille injure, évita d'en faire du tapage. Comme les Turcs s'en montraient fort confus, elle jugea que le plus sage était de faire tourner leur confusion au profit de sa politique. L'aventure, quand elle s'ébruita, éveilla naturellement la verve de Catherine. Elle écrivit, le 12 mai 1769, à Mme de Bielke, qui jouait pour elle en Allemagne, comme Voltaire en France, le rôle réservé de nos jours aux correspondants officieux de la presse étrangère : « La comédie de tirer le canon à Constantinople a été jouée pour donner du courage aux troupes, qui n'avaient pas grand désir de marcher. Mais Dieu sait s'il vaut mieux être ami qu'ennemi des Turcs. Cet envoyé de Vienne qui a reçu cent coups de bâton à la sortie du vizir de Constantinople en fait foi. Nous verrons comment la fierté autrichienne s'accommodera de la bastonnade, et si M. de Saint-Priest[1] persuadera à M. Brognard de lâcher la main qui l'écorche. Voilà une aventure inouïe ; on dit que l'ambassadeur d'Angleterre en a été quitte pour des coups de poing dans les côtés ; mais bagatelles que tout cela ; ce sont des gentillesses dont on rit en disant qu'avec les Turcs il n'y a point de point d'honneur. Si l'on n'avait pas fait ainsi, il y a longtemps qu'ils n'existeraient plus en Europe. »

Tout en raillant ainsi les Autrichiens, Catherine ne laissait pas de se préoccuper de leur attitude. L'Autriche avait fait déclarer à Pétersbourg qu'elle resterait neutre tant que ses intérêts ne seraient pas directement atteints. Cela ne paraissait point suffisant à la tsarine ; elle redoutait l'influence des « ennemis de la tranquillité publique, dont les intrigues et sourds procédés s'étaient en partie étendus jusqu'à la cour de Vienne ». « Nous ne pouvons, écrivait-elle au prince Galytzine, son ministre en Autriche, nous dispenser d'être en quelque façon inquiets pour l'avenir, par rapport aux vraies intentions de la cour de Vienne, qu'il nous importe beaucoup de connaître par voie directe. »

En conséquence, le prince Galytzine demanda, le 11 mai 1769, à Kaunitz, si l'Autriche se considérait encore comme liée par l'alliance perpétuelle qu'elle avait contractée, en 1753, avec la Russie contre la Porte, et si elle soutiendrait la maison de Saxe, dans le cas où les confédérés polonais détrôneraient Stanislas-Auguste[2]. Kaunitz répondit le 14 : « L'impératrice consi-

---

[1] Successeur de M. de Vergennes ; il était arrivé à Constantinople le 13 novembre 1768. Vergennes en partit le 9 janvier 1769.

[2] *Articulus secretissimus*, 16 juin 1753. MARTENS, t. I, p. 185.

dérait le traité de 1753 comme annulé depuis 1762 par le fait de la Russie, qui était alors passée du côté de la Prusse; l'Autriche n'avait eu, dès lors, qu'à se louer de la Porte; elle était assez heureuse pour avoir avec la Turquie un traité de paix perpétuelle; elle se proposait de l'observer aussi longtemps que les Turcs y demeureraient fidèles; elle ne se mêlerait pas d'élections en Pologne; mais si le roi de Prusse y intervenait, elle se réservait de penser et d'agir comme ferait le roi de Prusse si l'Autriche y intervenait. » Le ministre de Russie fut, paraît-il, satisfait de ces explications; au moins Kaunitz le crut-il, car il écrivait le 15 mai à l'impératrice : « Le prince de Gálytzine a trouvé la réponse que Votre Majesté m'a ordonné de lui donner pleine de dignité et sans réplique. » Il suffisait alors aux Russes de prendre acte des déclarations de l'Autriche, et ils attendaient, avant de pousser plus loin les choses, les nouvelles de la guerre.

Les Turcs n'avaient été en mesure qu'à la fin de mars. Au commencement de mai, ils étaient encore campés sur la rive droite du Danube, en face de Galatz. Leur armée, nombreuse, mais désorganisée, sans officiers pour la commander, sans administration pour l'approvisionner, s'avançait incertaine, inquiète et désordonnée, comme un grand troupeau égaré dans les steppes. Les Russes avaient mis à profit ces lenteurs de leur ennemi. Leur armée, si médiocre qu'elle fût, était, malgré sa grande infériorité numérique, bien plus redoutable que celle des Turcs. « Les généraux de Catherine, dit le roi de Prusse, ignoraient la castrométrie et la tactique; ceux du sultan avaient encore moins de connaissances; de sorte que, pour se faire une idée nette de cette guerre, il faut se représenter des borgnes qui, après avoir bien battu des aveugles, gagnent sur eux un ascendant complet. » Les hostilités commencèrent sérieusement en juillet, sur le Dniester. Les deux armées luttèrent longtemps autour de Khotin. Le 16 septembre, les Turcs attaquèrent le camp russe, furent repoussés et mis en déroute. Ils s'enfuirent jusqu'au Danube. Les Russes étaient maîtres de la Moldavie, et la Valachie leur était ouverte.

La joie fut grande à Pétersbourg. Catherine triomphait de l'opinion européenne, qui croyait encore à la puissance des Turcs. Elle triomphait surtout de son ennemi personnel, « le souffleur du Mustapha ». « Elle plaisanta, écrivait le ministre prussien Solms, sur le remerciement qu'elle devait au duc de Choiseul de lui avoir procuré par ses intrigues la possession de trois forteresses, celles de Khotin, d'Azof et de Taganrog [1]. » Voltaire avait, avant la victoire, épuisé toutes les formes de l'adulation pour Catherine. Après la prise de Khotin, ce fut du délire; le patriarche de Ferney se mit à danser devant l'arche en chantant des cantiques. « *Allah! Catharina!* J'avais donc raison, j'étais plus prophète que Mahomet. Dieu et vos troupes victorieuses m'avaient donc exaucé quand je chantais : *Te Catharinam laudamus, te dominam confitemur*[2]! » Il voyait déjà, dans la ville de Constantin, Catherine « *triomphatrice de l'empire ottoman et pacificatrice de la Pologne* ». Il appelait les souverains aux armes; mais, s'il les invitait à marcher contre les Turcs, ce n'était pas, comme les « fanatiques » du moyen âge, pour l'honneur du nom chrétien : c'était pour la gloire des couronnes et le profit des États.

[1] Beer, t. I, p. 256.
[2] Voltaire à Catherine II, 30 octobre 1769.

Chaque siècle a son langage, et Voltaire n'entendait pas, même quand il prêchait la croisade, passer pour un Pierre l'Ermite. « Les croisades ont été si ridicules qu'il n'y a pas moyen d'y revenir; mais j'avoue que si j'étais Vénitien, j'opinerais pour envoyer une armée en Candie, pendant que Votre Majesté battrait les Turcs vers Yassi ou ailleurs; si j'étais empereur des Romains, la Bosnie et la Serbie me verraient bientôt, et je viendrais ensuite vous demander à souper à Sophie ou à Philippopolis de Romanie; après quoi, nous partagerions à l'amiable[1]. » Voltaire comptait sans son hôte et ami, le grand Frédéric, qui ne partageait pas ses vues sur l'empire ottoman. L'empereur des Romains pouvait méditer en secret la conquête de la Bosnie et de la Serbie; Frédéric ne lui permettait pas d'y penser tout haut, et s'il se préparait en réalité « un partage à l'amiable », ce n'était point en Turquie.

La Pologne était comme une place investie dont le siège tire à sa fin; les parallèles se resserrent, et, de temps à autre, une mine qui éclate dénonce les progrès de l'ennemi et l'approche de l'assaut. Rien ne montre mieux ce qu'il y avait de fatal dans le sort réservé à cette république que la facilité avec laquelle ses amis eux-mêmes admettaient l'idée de son démembrement. Choiseul avait fait insinuer au roi de Prusse que s'il abandonnait l'alliance russe, la France lui faciliterait l'acquisition de la Courlande et de la Warmie. Il fit directement à l'ambassadeur d'Autriche une insinuation du même genre. « Il m'a dit, écrivait le comte de Mercy, le 4 août 1769, qu'il lui était venu depuis quelque temps des pensées de grande conséquence au

---

[1] Voltaire à Catherine II, 27 mai 1769.

sujet du royaume de Pologne, et qu'il voulait m'en faire confidence. Elles consistent surtout en ceci, qu'il serait peut-être plus avantageux pour le bien général que la Pologne ne fût plus gouvernée par un roi, et que notre cour s'efforçât de profiter de la situation critique de ce royaume pour en placer la meilleure partie sous notre domination. » L'idée que poursuivait Choiseul n'était pas encore mûre, et il se réservait, quand elle serait à point, de la développer sous forme de projet, surtout si le prince de Kaunitz se montrait disposé à l'appuyer auprès de ses souverains. Mercy répondit, comme il le devait faire, avec une grande réserve. Kaunitz lui écrivit, le 13 août 1769 : « L'ouverture de M. le duc de Choiseul au sujet de la Pologne était réellement bien inattendue. Son objet est peut-être de tâcher, par un moyen détourné, de savoir quel est le but final de l'entrevue de S. M. l'empereur avec le roi de Prusse, et si l'on ne doit pas s'y occuper surtout des affaires de Pologne. Ce que vous m'avez rapporté des déclarations de M. de Goltz au sujet des vues de son roi sur la Prusse polonaise et Danzig a peut-être éveillé dans le ministère français le soupçon que le roi de Prusse ne serait pas opposé à l'idée d'un partage de la Pologne et se déciderait à en insinuer quelque chose à S. M. l'empereur. » Kaunitz conseillait à Mercy de se tenir en observation et d'écouter sans se compromettre. Avant de pousser plus loin les choses dans aucun sens, le diplomate autrichien voulait savoir à quoi s'en tenir sur les intentions de Frédéric. L'époque fixée pour l'entrevue était arrivée; Kaunitz considérait comme un succès de sa politique cette combinaison si laborieusement préparée, qui piquait la curiosité du duc de Choiseul au point de l'entraîner à de si singulières confidences.

CHAPITRE VI

L'ENTREVUE DE FRÉDÉRIC ET DE JOSEPH A NEISSE.

(Août 1769.)

Les deux souverains devaient se rencontrer le 25 août à Neisse, en Silésie. Cette visite rendue au roi de Prusse par l'empereur, dans une des villes de la province que les deux États s'étaient si longtemps disputée, était, de la part de l'Autriche, la plus éclatante confirmation des traités. Joseph n'y devait être accompagné que de ses aides de camp; les grandes manœuvres de l'armée prussienne servaient de prétexte au voyage [1]. Mais si Kaunitz avait dû renoncer à suivre son jeune souverain, il avait eu soin de le catéchiser de son mieux et lui avait remis une instruction en vingt-cinq articles, intitulée : *Matières que vraisemblablement le roi de Prusse pourra mettre sur le tapis à l'occasion du prochain séjour de*

---

[1] Cette curieuse entrevue n'a été longtemps connue que par le récit très succinct de Frédéric (*Mémoires, Œuvres*, t. VI, p. 25), et par des relations de seconde main assez incertaines. On possède maintenant les documents les plus complets et les plus authentiques. Les principaux, et en particulier les instructions de Kaunitz annotées par Joseph, ont été publiés par M. Beer dans l'*Archiv für œsterreichische Geschichte*, t. XLVII, et dans son histoire du premier partage de la Pologne. Nous avons en outre les lettres de Joseph à sa mère publiées par M. d'Arneth, et une relation du prince Albert de Saxe (ARNETH, t. VIII, p. 566). Toutes ces pièces sont en français.

l'empereur à Neisse. Cette pièce, où le diplomate frisait le pédagogue, était rédigée en français. Muni et endoctriné de la sorte, Joseph se mit en route. Il gardait l'incognito et portait le nom de *comte de Falkenstein*.

Il descendit à l'hôtel; le roi l'attendait sur l'escalier de sa maison : il avait avec lui son frère le prince Henri et son neveu le prince de Prusse; il était entouré de nombreux officiers. Les deux souverains s'embrassèrent, puis le roi emmena l'empereur dans sa chambre. Il lui dit « qu'il regardait ce jour comme le plus beau de sa vie, parce qu'il servirait d'époque à l'union de deux maisons trop longtemps ennemies et dont l'intérêt mutuel était de s'entre-seconder plutôt que de se détruire ». Il parla le premier de réconciliation complète et d'entente générale sur toutes les grandes affaires. « Après, rapporte Joseph, que j'eus fait sentir que cela demanderait plus mûre réflexion : — Non, dit-il, commençons dès aujourd'hui. — Il conçut l'avantage mutuel ; et je lui dis que la neutralité, une fois signée par lettres entre nous, mettrait la planche à tout ce que respectivement on voudrait arranger par la suite. Je lui dis entre autres que je regardais la Silésie, pour lui, comme la Lorraine et l'Alsace pour la France, d'une nécessité absolue, et point d'amitié entre nous possible sans sa possession; que nous l'avions entièrement oubliée, et que les avantages mutuels que, sans coup férir, nous pourrions nous procurer étaient plus considérables que pour nous serait la Silésie et pour lui un morceau de Bohême. » — Cette entrée en matière avait de quoi satisfaire Frédéric. Pour achever la connaissance, il proposa d'aller dîner. C'était jour d'abstinence, et, dit Joseph, « le roi par compagnie fit maigre et assura l'avoir fait par curiosité tout un carême pour voir s'il pouvait faire son salut par l'estomac ». Ce fut, du reste, la seule pointe voltairienne qu'il se permit. « Il a été très discret sur le point de la religion et saillies médisantes. » Le dîner fut long : il dura trois heures; c'était l'usage à la cour de Prusse. Le prince Albert de Saxe, qui accompagnait l'empereur, trouva la chère « plus militaire qu'exquise », mais les fruits excellents et le vin très bon. Le roi parla tout le temps; l'empereur lui donnait la réplique. Les princes et les généraux prussiens n'osaient point « desserrer la bouche » : si leurs voisins autrichiens leur adressaient une question, ils y répondaient vite et à voix basse, ne voulant ni troubler les discours du roi, ni perdre une de ses paroles. « L'air servile que son frère et neveu ont devant lui est incroyable. » Après le repas, les princes échangèrent des visites. Le soir, le roi offrit à ses hôtes les bouffons italiens, dont les farces parurent l'amuser fort, puis on alla souper. Le roi ne mangea point, il n'en causa que davantage. « On passa au souper, dit le prince de Saxe, où il parla encore tout seul, et qui dura aussi, comme le dîner, trois heures d'horloge, pendant lesquelles quelques-uns de nos généraux ne manquèrent pas de s'endormir fort à loisir. » Le lendemain on passa des revues et l'on fit manœuvrer les troupes. Le repas, les manœuvres et les conversations se succédèrent ainsi jusqu'au 28 août au matin.

Ces conversations étaient pour Joseph le grand intérêt de la visite. Il en était à la fois troublé et charmé. Il craignait la séduction. « Le roi nous a comblés de politesse et d'amitiés. C'est un génie et un homme qui parle à merveille, mais il n'y a pas un propos qui ne sente le fourbe... Je l'ai questionné sur toutes sortes de choses... dire tout serait impossible, parce qu'au moins seize heures par jour, nous nous parlions; ainsi bien des choses ont passé la revue. » — « Ce jeune prince, dit Frédéric, affectait une franchise qui lui semblait naturelle; son caractère aimable marquait de la gaieté jointe à beaucoup de vivacité. Avec le désir d'apprendre, il n'avait pas la patience de s'instruire; sa grandeur le rendait superficiel; mais ce qui dénotait son caractère plus que tout ce que nous venons de dire, c'étaient des traits qui lui échappaient malgré lui, et qui dévoilaient l'ambition démesurée dont il brûlait. » Le roi parla de sa liaison avec Voltaire, toucha quelques mots de littérature et, « sautant de branche en branche », demanda à l'empereur ce qu'il pensait des jésuites : « Je lui dis que nous les considérions; il les loua infiniment et dit qu'il faudrait seulement réformer le livre de Busenbaum et ses propositions. » Il paraît que ce père avait soutenu dans sa *Medulla theologiæ moralis*, pour défendre une juste cause, il était permis en certains cas d'assassiner les rois. Toute *probable* que semblait en casuistique cette opinion sur le régicide, le grand Frédéric la tenait pour séditieuse.

Il parla des nations et des États étrangers avec une supériorité dédaigneuse, mais il tournait ses moqueries de façon à flatter l'antipathie bien connue de Joseph pour l'Angleterre, la jalouse inimitié qu'il nourrissait secrètement contre la France, et l'orgueil allemand qui se confondait chez lui avec les ambitions dynastiques. « De la France, raconte Joseph, on ne parla presque point, que de leur militaire, qu'il méprise souverainement, disant que tout ce que les Français parlaient de guerre et de tactique lui semblait un air appris avec des paroles militaires à un perroquet : il le chante, mais ne sait pas pourquoi, encore moins exécuter en pratique. »

Frédéric, au contraire, vanta de toutes façons le prince de Kaunitz, « qu'il déclare être à son avis la première tête de l'Europe ».

Il fit de grands éloges de l'armée autrichienne. Il avait le droit d'être impartial ; il mettait de la coquetterie à relever le mérite de ses adversaires, assez sûr de sa supériorité pour trouver de la saveur à la modestie, et se louant ainsi lui-même des compliments qu'il décernait aux autres. « Il exalta la tactique du feu maréchal Traun et Daun, loua pour deux marches le maréchal Lascy, et Laudon sur l'affaire de Francfort. » Ces conversations militaires charmèrent les Autrichiens. « Quand il parle de l'art de la guerre, dont il a lu tout ce qui est possible, dit Joseph, cela enchante, et tout cela est nerveux, solide et très instructif. Point de verbiage, mais les axiomes qu'il avance, il les prouve par les faits que l'histoire, dont il a une connaissance très étendue, et une mémoire admirable lui fournissent. » « Il déploya son érudition en différentes branches de connaissances, rapporte le prince de Saxe, et surtout en matière de tactique, dans la discussion de laquelle il remonta jusqu'au temps des Hébreux et des Philistins. »

C'est à travers ces propos « sautant de branche en branche » que les deux souverains parlèrent de l'Europe et traitèrent le sujet direct de leur entrevue. Frédéric affectait le ton dégagé du philosophe revenu des gloires de ce monde et faisait le bon apôtre, « avouant sincèrement avoir eu, étant jeune, de l'ambition et même d'avoir mal agi ». — « Il m'a dit deux fois, rapporte Joseph : « Quand j'étais jeune, j'étais ambitieux ; à cette « heure, je ne suis plus le même. » Et une autre fois : « Vous me croyez rempli de mauvaise foi ; je le sais, je « l'ai un peu mérité ; les circonstances l'exigeaient ; mais

« cela a changé. » — Je me suis tu à toutes deux », ajoute Joseph. L'empereur déclara que l'Autriche ne respirait que la paix, mais il eut soin de confier au roi tous les préparatifs qu'elle avait faits pour soutenir la guerre, s'il le fallait, et Frédéric ne laissa pas d'en être touché. « Il me parut, écrit Joseph, que l'objet essentiel qu'on se proposait dans cette entrevue était d'inspirer au roi le plus de confiance que possible, de lui lever tous les soupçons qu'il pouvait avoir de nos désirs d'agrandissement à ses dépens, enfin de lui faire paraître notre désir général pour le maintien de la paix et notre parfaite indifférence pour ses liaisons avec la Russie... Dès le commencement, le roi fut le premier porté à la neutralité et à se prêter à assurer le maintien de la tranquillité de nos États respectifs. » Frédéric ne dissimulait point la difficulté qu'il y avait à se fier à un ennemi réconcilié; mais avec le temps, disait-il, « *le système patriotique allemand* pourrait le faire ». Il fut beaucoup question du patriotisme allemand, à Neisse. Ce sujet de conversation entre Prussiens et Autrichiens était assez nouveau. Joseph se montrait sur ce chapitre tout aussi chaleureux et empressé que Frédéric. « Cela, dit-il, je lui relevai deux fois avec un air affecté d'en sentir les raisons, vantant beaucoup ses désirs pour l'humanité et *le patriotisme allemand* qui devait faire qu'on soit amis et non qu'on s'égorgeât. » Joseph insinua que l'on pourrait couper l'Europe en deux et tirer à travers l'Allemagne un cordon, de l'Adriatique à la Baltique, pour maintenir la tranquillité : peut-être alors serait-il possible de désarmer et de soulager les peuples. Frédéric ne l'entendait pas ainsi. « Non, dit-il le premier, je ne vous le conseille pas, car on ne peut jamais répondre des événements. »

4.

La guerre entre la France et l'Angleterre pouvait recommencer d'un jour à l'autre. — Nous ne sommes plus avec ces deux puissances dans les mêmes rapports qu'autrefois, dit Joseph : l'Angleterre et la Hollande ne doivent pas se flatter de tenir l'Autriche dans la dépendance où elles l'avaient placée dans les précédentes guerres. Quant à l'alliance avec la France, nous y voulons rester fidèles; mais nous n'irons pas au delà de la lettre des traités. Les tendances de la politique autrichienne, très différentes de celles de la politique française à Constantinople, à Stockholm, en Pologne, montrent que l'Autriche n'est pas la servante de la France. Dans le cas où la guerre éclaterait entre les Français et les Anglais, l'Autriche est bien décidée à n'agir contre la Prusse que par les moyens diplomatiques, et elle préférerait s'en entendre d'avance avec Frédéric. — Le roi de Prusse n'avait point de traité avec les Anglais; il était résolu à ne point se mêler de leurs affaires, mais il était naturellement très désireux de s'assurer que l'Autriche ne soutiendrait pas contre lui la cause des Français, si ceux-ci avaient un jour quelque velléité de prendre leur revanche de Rosbach. C'était là le fond du « système patriotique » sur lequel les deux souverains allemands étaient si disposés à s'entendre, et le résultat le plus clair de leur accord devait être d'annuler par voie détournée, dans l'une de ses clauses essentielles, l'alliance de 1756. Au lieu d'un allié contre la Prusse et les États allemands qui la soutiendraient, la France aurait devant elle une Prusse et une Autriche décidées à ne point se combattre. Cette neutralité garantissait, il est vrai, la France contre le danger d'une nouvelle alliance de l'Angleterre et de la Prusse, mais elle ne permettait pas aux Français de faire la guerre à la

Prusse, s'ils le jugeaient utile ou nécessaire, puisqu'en ce cas l'appui de l'Autriche leur ferait défaut. Ce n'était assurément pas là le sens du traité de 1756.

Frédéric pensait sur son alliance avec la Russie tout aussi librement que Joseph sur son alliance avec la France. Joseph affectait à l'égard de la Russie une confiance qu'il n'avait certainement pas ; c'est qu'il voulait à la fois engager le roi de Prusse à se prononcer contre cette puissance et éviter, en manifestant trop de crainte, de paraître donner trop de prix à l'entente de l'Autriche avec la Prusse. Il convenait au contraire à Frédéric d'exagérer le danger que l'ambition de la Russie pourrait causer à l'Allemagne et de montrer que, de ce côté, le *système patriotique* » avait le même sens et la même portée que du côté de la France. Joseph louait les talents de la tsarine ; elle a vraiment, disait-il, *un cervello di regina*. Il déclarait que l'Autriche ne désirait qu'une chose : être en paix avec tout le monde. « Cette alliance avec la Russie vous est nécessaire, ne nous ayant pas, disait-il au roi ; mais elle vous coûte cher et vous est souvent incommode. — Cela est bien vrai », répondit Frédéric. Kaunitz, dans son *instruction*, avait engagé l'empereur à appeler l'attention du roi sur les accroissements de la Russie, et à lui insinuer que l'Autriche s'en remettait à la Prusse et à la Suède du soin de la contenir, avant qu'elle pût devenir voisine de l'Autriche. « Je lui lus tout au long ce paragraphe dont il parut frappé, raconte Joseph ; il ne répondit rien, sinon : — Avec le temps, ni vous ni moi, mais il faudra toute l'Europe pour contenir ces gens-là. Les Turcs ne sont rien à côté d'eux. » — « Vous verrez, dit-il une autre fois, je ne serai plus, mais dans vingt ans notre alliance ensemble sera nécessaire à tous deux contre le despotisme russe. » Joseph fit sentir au roi tout ce que cette alliance perdrait de valeur s'il n'existait plus. « J'en conviens, repartit Frédéric; mais une monarchie ne se détruit pas si vite, et la mienne est bien montée. S'ils veulent même, ils ne pourront presque pas la gâter. » Il revenait sans cesse sur ce chapitre des ambitions russes. « Pour arrêter cette puissance, toute l'Europe sera forcée de lever le bouclier, parce qu'elle envahira tout. » Frédéric conseillait à Joseph la tolérance pour ses sujets de religion orthodoxe : « Il faut les bien traiter pour qu'ils ne s'attachent pas plus et ne causent pas de troubles. » Plus le roi de Prusse se montrait inquiet, plus il convenait à l'empereur de paraître rassuré. « Sire, dans le cas d'un embrasement général, vous êtes d'avant-garde; par conséquent nous pouvons dormir tranquillement; car, de votre côté, vous ferez des Russes tout ce que vous voudrez. » — « Il le nia et avança ingénument, raconte Joseph, qu'il les craignait, que son alliance avec eux lui était nécessaire, mais qu'elle lui était rudement incommode. »

Ces propos les conduisirent naturellement à parler de la guerre d'Orient. L'empereur déclara que sa mère et lui ne songeaient point à s'en mêler, si favorables que fussent les conjonctures pour reprendre Belgrade; mais la Porte s'était si loyalement conduite envers eux qu'ils ne sauraient rompre avec elle. Ils désiraient seulement que la guerre finît bientôt et n'altérât pas le système de l'Europe. « Il laissa entrevoir assez adroitement, dit Frédéric, que tant que sa mère vivrait, il n'osait se flatter d'avoir assez d'ascendant sur son esprit pour pouvoir exécuter ce qu'il désirait; toutefois, il ne dissimula point que, vu la position actuelle des choses en Europe, ni lui ni sa mère ne souffriraient jamais que les Russes demeurassent en possession de la Moldavie et de la Valachie. » Le roi de Prusse partit de là pour insinuer à Joseph l'idée de se faire solliciter par la Porte de poser sa médiation. La médiation de l'Autriche était la clef de la combinaison de Frédéric; cette médiation irriterait la Russie, une crise nouvelle s'ensuivrait, c'est alors que « le comte de Lynar » interviendrait, comme Jupiter à la fin de la comédie d'*Amphitryon*, et mettrait, « en dorant la pilule », tout le monde d'accord. Mais Joseph n'était pas préparé à cette ouverture; il l'écouta sans discuter. Il en fut de même de la Pologne. Les souverains n'y touchèrent qu'en passant, légèrement et par voie de digression. C'est que tous deux sur ce point s'étaient condamnés à la réserve. Joseph avait son affaire du Zips qui était en train et dont il ne tenait pas à causer avec le roi de Prusse; Frédéric avait son projet Lynar, qui avait été accueilli trop froidement à Pétersbourg pour qu'il jugeât opportun d'en entretenir l'empereur. Joseph s'efforçait d'expliquer l'indifférence avec laquelle l'Autriche assistait aux événements de Pologne; Frédéric écoutait sans répondre, et comme Joseph insistait : « Ne croyez pas cela une bagatelle, lui dit-il; je vous jure qu'on s'en repentira. » Un autre jour, ils parlaient des bruits qui couraient dans la ville. « Je lui en contai un, rapporte Joseph, c'était qu'on avait dit qu'il nous donnerait la Silésie pour avoir Danzig. — Oui, répondit en riant Frédéric, pour être roi de Pologne. — Mais il s'embarrassa. »

L'accord établi sur le *système patriotique*, il restait à le consacrer. Un traité de neutralité entre les deux États eût constitué une infraction à l'alliance de l'Autriche avec la France et à celle de la Prusse avec la Russie. Ni l'un ni l'autre des souverains ne le désiraient, et tout en s'accordant pour paralyser leurs alliances respectives, ils entendaient, à tout événement, les conserver. Kaunitz, d'ailleurs, avait prévu la difficulté. Il avait depuis longtemps suggéré l'idée d'un échange secret de lettres entre les deux souverains; l'engagement ainsi contracté aurait la même valeur qu'un traité dressé dans les formes et parafé par les ministres; mais les convenances diplomatiques seraient respectées, et c'était tout ce qu'il fallait. « Crainte qu'il ne pensât à une stipulation formelle là-dessus, dit Joseph, je lui proposai le moyen des lettres, qu'il accepta tout de suite. » Joseph rédigea le premier « sur un chiffon de papier le brouillon des choses signifiantes ». Frédéric en rédigea un autre, et, pour se montrer leur confiance, ils échangèrent ces minutes. Joseph livra le premier la sienne. Après avoir discuté sur les termes, ils se séparèrent pour écrire les lettres officielles. Frédéric vint chez l'empereur, le soir après le spectacle, et lui demanda si sa lettre était prête, ajoutant qu'il avait la sienne en poche. Joseph, qui avait le matin livré le premier sa minute et qui regrettait cette marque d'empressement, répondit qu'il avait eu des visites et qu'il n'était pas prêt. Ce fut au tour de Frédéric de montrer de la confiance; il s'exécuta d'assez bonne grâce, remit sa lettre et s'en alla. « Le lendemain à la revue, raconte Joseph, je lui remis ma lettre, après l'avoir pourtant fait languir quelques moments, pendant lesquels je remarquai très bien l'inquiétude dans laquelle il se trouvait, mais qu'il n'osait pas faire paraître, d'avoir lâché sa lettre sans avoir encore la mienne. Il exigea que je lui donnasse cette lettre avec tout l'air du plus grand mystère. Il fit même semblant de prendre du tabac et de se moucher, pour que personne n'observât qu'il la glissait dans sa poche... Il alla la lire éloigné de tout le monde, et m'assura d'en être très content. » Frédéric insistait beaucoup pour que l'affaire restât secrète et qu'on n'en parlât point aux alliés respectifs. « Je lui dis : Comme il voudrait, oui, ou non, écrit Joseph ; que nous n'étions pas dans une telle dépendance ni tutelle pour ne pas pouvoir faire des stipulations qui ne les dérangent point et qui nous sont privatives, sans leur en devoir donner part. Il me pria alors de lui promettre de n'en rien dire, assurant et promettant qu'il n'en parlerait point aux siens, nommément aux Russes. »

La lettre de Frédéric est datée du 27 août 1769 [1] ; celle de Joseph, du 28 [2]. Elles débutent et se terminent par des compliments ingénieusement balancés. « Il est impossible à mon cœur d'être l'ennemi d'un grand homme », dit Frédéric. « J'ai pu, répond Joseph, faire la connaissance personnelle de quelqu'un qui dément bien complètement le proverbe, quoique très ancien, que les grands objets perdent à être vus de trop près. » Frédéric ne veut point parler de l'impression que lui laisse l'empereur : « Je respecte sa modestie » ; Joseph pense que « la vérité bien pure paraîtrait une flatterie à la modestie » de Frédéric. Le roi de Prusse constate la « réconciliation parfaite entre les deux maisons » ; l'empereur déclare « qu'étant sincèrement réconciliés », rien ne les empêche d'établir entre eux la confiance et l'amitié. Entre ces effusions officielles, l'un et l'autre intercalent, dans des termes identiques, « les choses signifiantes » qui constituent l'engagement. Frédéric, en son nom propre, Joseph, au nom de sa mère et au

---

[1] ARNETH, *Joseph II und Maria-Theresia*, t. I, p. 313.
[2] RANKE, *Die deutschen Maechte und der Fürstenbund*, t. II, p. 327.

sien, promettent « foi de roi et parole d'honnête homme que *si même jamais le feu de la guerre se rallume entre l'Angleterre et la maison de Bourbon, ils maintiendront la paix heureusement rétablie entre eux, et même qu'en cas qu'une autre guerre survienne dont actuellement il est impossible de prévoir la cause, ils observeront la plus exacte neutralité pour leurs possessions actuelles* ».

Ce n'étaient point de bien grands résultats, mais c'était la réconciliation, un commencement d'entente et la voie ouverte à une politique commune. De part et d'autre on en fut assez satisfait. « La chose est innocente et parfaitement égale, laissant les mains libres à chacun de se mêler de quelconque guerre étrangère qu'il voudra », disait Joseph. C'était beaucoup, dans l'intérêt même de cette liberté, de n'avoir plus à se craindre l'un l'autre; d'ailleurs, la neutralité réciproque de la Prusse et de l'Autriche restreignait singulièrement le nombre des guerres étrangères auxquelles elles pourraient prendre part. Les Autrichiens jugèrent que Frédéric redoutait les Russes infiniment moins qu'il ne le voulait paraître, et que son véritable objet était de maintenir les cours de Vienne et de Pétersbourg dans l'état de suspicion mutuelle où elles se trouvaient. Au demeurant et malgré les politesses dont on les avait comblés, les Autrichiens n'étaient qu'à demi rassurés. « Chacun, dit le prince de Saxe, pensait en son particulier que ces démonstrations n'empêcheraient pas qu'un jour ou l'autre, et peut-être dans un temps peu éloigné, nous pourrions nous prendre derechef mutuellement par le collet, et c'est avec ces réflexions que nous enfilâmes le chemin de Neisse à Glatz. » Joseph, sans doute pour flatter les sentiments de sa mère et corriger les témoignages d'admiration qu'il n'avait pas refusés au roi de

Prusse, écrivait le 28 août au matin, au moment de partir : « On peut compter que l'ancienne méfiance est dans son âme encore et plutôt dans son caractère. L'objet était très curieux à voir une fois, mais Dieu préserve d'une seconde!... » Au fond, l'empereur avait été séduit et effrayé en même temps; il subissait malgré lui une sorte de fascination, et il fut dès lors partagé entre sa prudence, qui lui conseillait d'éviter les tentations, et son orgueil, qui le sollicitait à se mesurer de nouveau avec le roi de Prusse. Dans le premier moment, la prudence l'emporta, et deux lignes de ses notes résument bien l'ensemble de ses impressions : « *Je crois qu'il désire sincèrement la paix, mais qu'il voudrait que nous nous embarquassions dans quelque mauvaise affaire.* » Ce jugement était plus pénétrant que l'empereur ne pouvait le croire. Joseph ne se doutait pas qu'il était justement en train, avec l'occupation du Zips, de préparer lui-même au roi de Prusse tous les éléments de la *mauvaise affaire* dans laquelle il le soupçonnait de vouloir embarquer l'Autriche.

Le jugement de Frédéric était beaucoup plus net. Il écrivit le 2 septembre à son ministre Finckenstein : « L'empereur a l'esprit vif; sa personne est aimable et faite pour gagner. Il a un sens sérieux des choses militaires. Il m'a assuré qu'il avait oublié la Silésie : je prends cette assurance pour ce qu'elle vaut. Il m'a alors proposé une réduction de nos armées respectives, ce que j'ai décliné aussi poliment que possible. Il est dévoré d'ambition. Je ne puis pas dire en ce moment s'il tourne ses vues sur Venise, en Bavière ou en Lorraine; mais ce qui est sûr, c'est que l'Europe sera en feu dès qu'il sera le maître. » Et quelques jours après, le 7, transmettant la lettre de Joseph à Finckenstein :

« Ceci est d'autant meilleur que je n'ai aucun traité avec l'Angleterre et que les Russes (mettant les choses au pire) ne peuvent me commettre qu'avec la Suède ou la Pologne. D'ailleurs, l'empereur est franc et rempli de candeur, et je suis presque moralement persuadé qu'il ne me veut aucun mal, au contraire, assez de bien personnel. Quant au reste, la politique entraîne souvent les princes dans des engagements et des mesures qui les forcent d'agir contre leur inclination, de sorte que je ne veux rien garantir pour l'avenir. Il faut conserver toutes ces pièces religieusement dans les archives secrètes... »

CHAPITRE VII

LA DIPLOMATIE DU GRAND FRÉDÉRIC ET SA PHILOSOPHIE
DE L'HISTOIRE.

(Octobre 1769. — Janvier 1770.)

Si le roi de Prusse avait si fort à cœur le secret sur son entrevue avec l'empereur, c'est qu'il espérait en tirer parti. L'entrevue de Neisse avait naturellement éveillé de l'inquiétude dans l'esprit de la tsarine. C'était au moment où ses armées victorieuses occupaient la Moldavie, qu'elle voyait la Prusse et l'Autriche se rapprocher et se concerter en secret. Elle avait tout à craindre pour ses conquêtes. Si elle avait connu les lettres échangées à Neisse, elle eût été fort rassurée; mais le mystère dont le roi et l'empereur s'environnaient lui donnait à penser. C'est alors que Frédéric reprit avec elle les négociations qu'il avait laissé traîner depuis le mois de mai. La Russie se montra tout autrement accommodante qu'elle ne l'avait été au printemps. Elle consentit à prolonger le traité d'alliance jusqu'en 1780 et à garantir la succession des margraviats d'Ansbach et Bayreuth, sans la restriction relative au droit germanique; elle demanda seulement que le roi de Prusse garantît la constitution de la Suède. Frédéric s'y prêta et promit même une diversion; mais il fit ajouter qu'elle aurait lieu dans la Poméranie suédoise, ce qui pouvait amener la Prusse à demeurer dans cette province [1]. La tsarine ne s'opposa point à la clause, et le traité fut renouvelé le 12 octobre 1769. Catherine écrivit le 4 à Mme de Bielke : « Que Dieu donne au plus tôt à la nouvelle princesse de Prusse un beau garçon, et à la fin de l'année du premier un second, *et voilà pour moi une lignée d'amis dont je me réjouirai.* »

Les Russes, qui étaient à Jassy depuis le 26 septembre, poussaient leur marche en avant : le 16 novembre, ils occupaient Bucharest. Il y avait de quoi enivrer la tsarine. Cet effacement des Turcs, ces progrès rapides de la Russie frappèrent l'Europe d'étonnement. Frédéric, qui avait vu les Russes de près et les connaissait bien, ne se montrait ni surpris ni décontenancé. Il raillait Voltaire sur le zèle orthodoxe qui l'animait contre le Croissant; il en appelait spirituellement du prophète ordinaire de la grande Catherine à l'auteur de l'*Essai sur les mœurs* : « Si je n'avais pas lu l'histoire des croisades dans vos ouvrages, j'aurais peut-être pu m'abandonner à la folie de conquérir la Palestine, de délivrer Sion et de cueillir les palmes d'Idumée; mais les sottises de tant de rois et de paladins qui ont guerroyé dans ces terres lointaines m'ont empêché de les imiter, assuré que l'impératrice de Russie en rendrait bon compte..... Je voudrais que l'Europe fût en paix et que tout le monde fût content. Je crois que j'ai hérité ces sentiments de feu l'abbé de Saint-Pierre, et il pourra m'arriver comme à lui de demeurer seul de ma secte [2]. » Avec son frère Henri, le grand Frédéric était plus sérieux. Le prince Henri était fécond en vastes conceptions : il

---

[1] Martens, t. VI, p. 48 et suiv.
[2] A Voltaire, 25 novembre 1769.

pressentait la Sainte-Alliance, et parlait comme les diplomates prussiens le firent au congrès de Vienne un demi-siècle plus tard. « L'entente avec l'Autriche ne sera une vérité, écrivait-il le 22 novembre 1769, que le jour où vous vous partagerez l'Empire avec l'empereur, à l'exemple d'Octave et d'Antoine. » Ce n'étaient point là, au goût de Frédéric, les propos qui convenaient à un vieillard. « Ce n'est pas moi, mon cher frère, qui conduirai à maturité l'entente avec la maison d'Autriche. » Il réservait cette tâche à ses neveux, et le fait est qu'il fallut cent ans pour que l'entente se scellât à Gastein, que la maison de Hohenzollern donnât un Octave à l'Allemagne et que la Prusse eût sa bataille d'Actium. Frédéric en revenait toujours aux deux principes de sa philosophie de l'histoire : le destin que l'on ignore et l'occasion que l'on saisit. « Il y a une sorte de fatalité, ou, à défaut de fatalité, des causes secondes tout aussi inconnues, qui tournent souvent les événements d'une manière que l'on ne peut ni concevoir ni prévoir. Nous sommes des aveugles qui s'avancent en tâtonnant dans l'obscurité. Lorsqu'il se présente des circonstances favorables, il se fait une sorte d'éclaircie subite dont profitent les habiles. Tout le reste est le jouet de l'incertitude [1]. »

[1] Cette lettre, publiée par M. Duncker et traduite par lui d'après l'original qui est aux archives de Prusse, ne se trouve point dans les *Œuvres*. Frédéric a souvent exprimé les mêmes pensées. Il écrivait à Voltaire, le 1er mai 1771 : « Ce qui paraît souvent en politique le plus vraisemblable l'est le moins. Nous sommes comme des aveugles, nous allons à tâtons, et nous ne sommes pas aussi adroits que les Quinze-Vingts qui connaissent, à ne s'y pas tromper, les rues et les carrefours de Paris. Ce qu'on appelle l'art conjectural n'en est pas un ; c'est un jeu de hasard, où le plus habile peut perdre comme le plus ignorant. » Et le 6 décembre

Le roi de Prusse savait bien que c'était son alliance avec la Russie qui rendait l'Autriche si conciliante. Il jugea avec raison qu'un rapprochement de plus en plus intime avec l'Autriche produirait sur la Russie un effet aussi favorable. Il poussa donc la cour de Vienne à poser sa médiation, prépara pour l'été suivant une nouvelle entrevue avec l'empereur, et manda à son ministre à Constantinople de marcher d'accord avec l'Autriche. Il écrivait à son frère Henri dans ces mois d'hiver de 1769-1770 : « J'ai trouvé moyen de suggérer à l'impératrice-reine, sans me compromettre, que si elle pouvait, avec le consentement de la Porte, prendre en main la médiation de la paix, j'emploierais toute mon influence à Pétersbourg pour faire accepter cette médiation. L'impératrice le désire; mais elle se trouve empêchée à Constantinople par les Français, de sorte que nous nous trouvons dans un réel embarras. Ce n'en sont pas moins quelques pas faits en avant. Nous verrons, lors du voyage en Moravie, ce que nous pourrons faire de plus. Il ne faut jamais oublier qu'en politique la méfiance est mère de la sûreté. Je me borne à préparer le nécessaire, à entasser les moyens, à bien aiguiser le couteau, de façon que mes neveux n'aient point à se plaindre de ma négligence[1]. »

L'Autriche hésitait à s'engager. Les Français étaient pour quelque chose dans cette conduite, mais leur influence était bien moindre qu'il ne convenait à Kau-

---

1772 : « Tout cela dépend d'un nombre de causes secondes, obscures et impénétrables... et voilà comme le monde va. Il ne se gouverne que par compère et commère. Quelquefois, quand on a assez de données, on devine l'avenir; souvent on s'y trompe. »

[1] Lettres inédites du roi de Prusse, 3 décembre 1769 et 1er février 1771. Duncker, 189-191.

nitz de le faire croire au roi de Prusse. Les Autrichiens se retranchaient derrière leur prétendue déférence pour la France lorsqu'ils avaient besoin d'un prétexte pour décliner les propositions du roi de Prusse ; c'est ainsi que Frédéric leur opposait les exigences de Catherine lorsqu'il ne voulait point déférer à leurs désirs. En réalité, à Vienne comme à Berlin, on n'agissait qu'à sa guise, on n'écoutait que ses intérêts, et l'on en prenait fort à son aise avec ses alliés. Au mois de décembre 1769, l'ambassadeur d'Autriche en France, le comte de Mercy, était venu à Vienne, où l'on était très occupé du mariage prochain de l'archiduchesse Marie-Antoinette avec le dauphin de France. Choiseul, à son départ de Paris, lui avait remis un mémoire destiné à éclairer le prince de Kaunitz sur les vues politiques de la France[1]. On y sentait percer la méfiance inspirée par l'entrevue de Neisse et la crainte que l'Autriche ne se rapprochât de la Prusse au détriment de l'alliance française. « Le roi de Prusse, qui veut certainement la guerre pour pêcher en eau trouble, écrivait Choiseul, n'osera pas remuer quand la cour de Vienne le contiendra... Ce qu'il y a de mieux, selon la France, pour notre alliance, c'est que la guerre de la Porte se continue encore quelques années avec des succès égaux aux deux partis, de manière que chacun s'affaiblisse réciproquement, et, si nous avons le bénéfice du temps, tous les hasards sont pour nous. On ignore en France ce que pense la cour de Vienne sur la Pologne et la guerre turque, mais on lui confie avec la plus grande franchise et la plus grande simplicité quelle est l'opinion du roi, à qui d'ailleurs il

---

[1] Ce mémoire, ainsi que la réponse de Kaunitz, ont été publiés par M. Beer, *Documents*, p. 5 et 7.

importe fort peu qui sera roi de Pologne, pourvu que la Pologne soit en mouvement et que la Russie soit occupée encore quelques années par elle et par la Porte. »

Ce n'était point l'opinion de Kaunitz. Il venait demander au nouvel envoyé autrichien à Constantinople, Thugut, d'insinuer aux Turcs que, s'ils en manifestaient le désir, l'Autriche poserait sa médiation [1]. La divergence des intérêts et de la politique des deux alliés se trahit ouvertement dans la réponse qu'il adressa à Choiseul. « Il semble, disait-il, que tout au moins il y a le plus grand risque du monde à recourir à la prolongation de la guerre. » Il était d'avis de pousser à une paix sur le pied du *statu quo ante*. La Russie sortirait ainsi affaiblie d'une guerre inutile. Elle se verrait de longtemps incapable de reprendre ses projets ambitieux dans le Nord; « au lieu, poursuivait-il, que d'une pareille paix, il ne faut plus s'en flatter, s'il arrive, comme il arrivera, que de nouveaux succès augmentent son inflexibilité. Quant à nous, il est certain que la continuation de cette guerre ne nous convient pas, vu les risques attachés à sa durée; nous devons par conséquent travailler à la faire finir plus tôt que plus tard. » Sourde aux conseils de son alliée de Versailles, qui la rappelait à la fois à la loi de ses traités et au souci de ses véritables intérêts, l'Autriche se laissait peu à peu entraîner vers les scabreuses aventures auxquelles la sollicitait le roi de Prusse. Elle commençait à découvrir sa pensée secrète, qui était moins de contenir la Russie et de conserver l'empire turc que de chercher dans la crise orientale une occasion de bénéfices et un prétexte de conquêtes. Sa médiation, en réalité, n'avait pas d'autre sens.

[1] Dépêche du 20 février 1770. Arneth, t. VIII, p. 189-206.

CHAPITRE VIII

L'ANGLETERRE ET LA QUESTION D'ORIENT.

(1769-1770.)

L'Angleterre ne s'était point mêlée aux troubles qui avaient suivi en Pologne l'élection de Stanislas-Auguste; elle ne jouait qu'un rôle fort effacé dans la crise orientale qui en avait été la conséquence. Après avoir mis l'Europe en feu pendant sept ans, elle semblait se replier sur elle-même et se désintéresser de la politique continentale. Les politiques du continent faisaient d'elle fort peu d'état, et affectaient même de ne plus la compter dans leurs calculs. Cette indifférence respective mérite d'être expliquée. En 1770, la question d'Orient était déjà posée par les Russes dans les termes où ils ont prétendu la résoudre en ce siècle-ci. Il n'en était pas de même pour les Anglais. La phrase si souvent citée de Pitt : « *On nous dit : Laissez la Russie garder toutes ses conquêtes; laissez-la pousser jusqu'au bout et chasser les Turcs de l'Europe, cela n'a point d'intérêt pour nous! Avec ceux qui posent ce principe, je refuse de discuter* », n'était pas encore l'article fondamental de la *grande charte* diplomatique de l'Angleterre. Les idées des Anglais sur ce point n'étaient pas encore très fermes, parce que leurs intérêts du côté de l'Orient n'étaient pas encore bien déterminés. Il y avait sept ans à peine qu'ils avaient conquis les colonies françaises des Indes orientales; la domination de la Compagnie n'y était assise que depuis quatre ans. La Russie ne menaçait point de prendre à revers l'empire anglais des Indes. Les Russes, qui ne possédaient pas la navigation de la mer Noire, n'inquiétaient pas celle de la Méditerranée, et comme leurs flottes n'y pouvaient arriver que par la Manche et y pénétrer que par Gibraltar, les Anglais, fort sceptiques d'ailleurs sur l'article de la marine de guerre russe, s'en préoccupaient médiocrement. L'ennemi qui menaçait l'empire des Indes, c'était la France, qui pouvait rétablir ses forces et disputer encore une fois aux successeurs de lord Clive les établissements fondés par Dupleix. Voilà ce que les Anglais redoutaient par-dessus tout, et comme la Russie était en hostilité déclarée avec la France, il en résultait en Angleterre une inévitable partialité pour la Russie. L'alliance russe y semblait nécessaire, l'Autriche étant liée à la France et à l'Espagne, et la Prusse ne voulant plus se mêler des guerres coloniales.

Des motifs d'intérêt commercial se joignaient à ces considérations politiques. Un publiciste contemporain, Favier, les a très bien indiqués dans les mémoires qu'il rédigea pour le comte de Broglie et que ce diplomate remit à Louis XV[1]. L'Angleterre partageait avec la France le commerce du Levant; elle faisait seule le commerce du Nord. Ce commerce avait pour l'Angleterre une importance capitale : il faisait de la Russie une cliente économique de l'Angleterre. Les Anglais, qui importaient en Russie les denrées et les produits de l'Europe et des deux Indes, en exportaient les matières

---

[1] *Article V. De la Russie. Second mémoire séparé pour servir de supplément à l'article Russie*, 1773. BOUTARIC, t. II, p. 46-70.

premières dont ils avaient besoin pour leurs chantiers maritimes. Ils tenaient trop à ce trafic du Nord, pour incommoder la Russie en Orient. D'ailleurs, leur commerce en Orient n'avait rien à redouter des progrès des Russes vers le littoral de la mer Noire. Ils voyaient même une occasion de bénéfices pour eux dans l'ouverture de cette mer aux navires de la tsarine; le pavillon britannique profiterait des avantages qui seraient accordés au pavillon russe. « On peut même, disait Favier en parlant de l'ouverture de la mer Noire, en déduire une triste conséquence : c'est que la France y perdrait seule, et beaucoup, mais que l'Angleterre pourrait y gagner considérablement. Elle s'ouvrirait sous le nom de la Russie, ou même sous son propre pavillon, un nouveau débouché moins coûteux pour ses draps, ses quincailleries, les productions de ses colonies et tout ce qu'elle tire, par la voie de Cadix, de l'Amérique espagnole. » De là l'existence d'un parti russe très puissant et très actif dans la cité de Londres, parti qui conseillait alors la paix, et qui plus tard, lorsque l'Angleterre, mieux éclairée, voulut arrêter la Russie, paralysa singulièrement l'action de sa politique. C'est en s'appuyant sur ces faits que Favier arrivait à cette conclusion qui explique toute la conduite de l'Angleterre de 1763 à 1775 dans les affaires de Pologne et dans la crise orientale :
« En partant et des principes et des intérêts de l'Angleterre comme puissance maritime et commerçante, du vœu de la nation et de la clameur populaire, on ne peut guère supposer que la Russie ait à craindre quelque chose de la cour de Londres pour l'accomplissement de ses projets dans la guerre contre les Turcs. Elle n'a pas non plus à se garantir de son influence dans la négociation de la paix. L'ambassadeur d'Angleterre à Constan-

tinople y est pour ainsi dire le chargé d'affaires de la Russie. » — « Votre Seigneurie sait que je suis tout à fait Russe », écrivait, en 1773, lord Chatham à Schelburne [1].

Lorsqu'à l'automne de 1769 les flottes russes, dont l'une était commandée par un ancien officier de la marine anglaise, Elphinston, se présentèrent dans les ports britanniques pour y faire escale et y compléter leur armement, elles furent reçues à merveille. Les Anglais leur faisaient d'autant meilleur accueil que l'aspect des vaisseaux russes leur paraissait moins redoutable. « On représenterait difficilement, dit Rulhière, avec quelle risée les Anglais accueillirent ces vaisseaux de sapin, l'énorme poids de leurs manœuvres, leurs poupes chargées de reliques, la maladresse des matelots, l'incroyable malpropreté des équipages, véritable cause d'une contagion qui les consumait. Quelquefois cinq ou six matelots anglais s'amusaient à faire manœuvrer en un instant et avec une extrême vitesse un vaisseau de même grandeur qu'un vaisseau russe, mis à peine en mouvement par deux ou trois cents matelots de cette nation. » Choiseul eut la velléité d'arrêter cette flotte russe au passage. Les Français et les Espagnols auraient eu vite fait de la couler à fond. Cet acte d'énergie aurait changé la face des choses en Orient aussi bien qu'en Pologne; les Turcs auraient repris confiance, l'Autriche aurait été obligée de compter davantage sur son alliée. La nation française, qui, selon le mot de Voltaire, était *un peu moustapha* [2], aurait peut-être favorisé l'entreprise, et le prestige du gouvernement en aurait été relevé. Choiseul présenta au

[1] STANHOPE, *William Pitt et son temps*, traduction Guizot, t. II, ch. XIV.
[2] A Catherine, 18 mai 1770.

conseil un mémoire où ce projet était développé. Le conseil le repoussa. Les Anglais, d'ailleurs, firent déclarer que toute mesure de guerre dirigée contre la flotte russe serait considérée par eux comme un acte d'hostilité envers l'Angleterre[1]. La France recula, mais elle le fit bien plus par l'effet de sa propre faiblesse et de son parti pris d'inaction que par la crainte de l'Angleterre.

L'Angleterre, en effet, avait perdu la plus grande part du prestige que lui avaient donné ses victoires maritimes dans la guerre de Sept ans. Après ce grand effort de sa politique étrangère, elle s'était absorbée dans ses affaires intérieures, dont la crise réclamait toute son attention. C'était l'âge héroïque du régime parlementaire. L'Angleterre sut alors ce qu'il en coûte de fonder le gouvernement libre. Conflits entre la couronne et le parlement, entre la Chambre des lords et la Chambre des communes, lutte entre les partis dans le parlement, entre les libéraux et la démagogie, les lettres de Junius donnent l'image saisissante des troubles de cette époque. Le parlement avait été dissous en 1756; les élections provoquèrent un abus de la corruption tel qu'on l'ignorait jusque-là. Le comté de Middlesex nomma pour député un tribun, John Wilkes, qui subissait une condamnation. Tandis que les Communes délibéraient sur son élection, la populace le délivra. Les meetings se succédaient et dégénéraient en émeutes. Les Communes empiétaient sur l'exécutif et décrétaient des arrestations. Le peuple, en 1771, menaça d'envahir l'enceinte législative. Les partis se disputaient le pouvoir avec acharnement. A tout propos on parlait de mettre les ministres en accusation. Il y avait un siècle que la révolution

---

[1] Boutaric, t. II, p. 176. — Zinkeisen, t. V, liv. VI, ch. III.

était terminée : elle avait laissé des traditions de violence, des habitudes de soupçon qui agitaient encore les âmes. Les ministères s'écroulaient les uns sur les autres; en 1771, le cabinet était le septième depuis dix ans. En même temps les colonies d'Amérique se soulevaient. Le sang coula dans les rues de Boston. Une épouvantable famine désola les Indes, et l'opinion accusa l'administration de ce désastre qui menaçait la conquête à laquelle l'Angleterre avait sacrifié tant d'argent et tant d'hommes. « Une nation bouleversée par les factions, dit Macaulay, un trône assailli par les plus violentes invectives, une Chambre des communes détestée et méprisée par la nation, l'Angleterre animée contre l'Écosse, la Grande-Bretagne luttant contre l'Amérique », — telle était l'Angleterre au moment où la crise orientale occupait toute l'attention du continent.

La vieille Europe assistait à ce spectacle avec un étonnement mêlé de dédain. Ces tumultes populaires, cet État incessamment bouleversé, déroutaient et effrayaient et les « ministres petits-maîtres » de Versailles, et les « pédagogues de Vienne », et les « favoris » de Pétersbourg. Ils ne comprenaient rien aux intermittences qui sont comme la loi de l'histoire de l'Angleterre; ils y voyaient un symptôme de vieillesse et de décadence. Les plus clairvoyants s'y méprirent. A Neisse, Joseph et Frédéric avaient parlé de l'Angleterre. Joseph trouvait « qu'elle était en décadence, que le parlement excédait et que les colonies pourraient faire son malheur ». Frédéric en convint, et « gronda contre le parlement [1] ». « Il parla, raconte Joseph, de

---

[1] Notes de Joseph II sur les instructions de Kaunitz. Beer, *Archiv*, l. XLVII.

l'Angleterre avec beaucoup de mépris, pour les troubles et les insolences actuelles du contre-parti à la cour, et il dit qu'aussi petit prince d'Allemagne qu'il était, il ne voudrait pas troquer avec le roi d'Angleterre [1]. » Il était de l'intérêt de Catherine de prodiguer aux Anglais les flatteries et les caresses. Elle avait besoin d'eux et les payait de compliments [2]. Au fond, elle avait peu de considération pour leur système politique et tenait le régime parlementaire pour incompatible avec les alliances durables. « J'aime naturellement les Anglais, écrivait-elle à madame de Bielke, mais je suis fâchée de leur voir si peu de nerfs dans un temps aussi critique que celui-ci ; on dirait qu'ils sont fort contents quand ils ont bien chamaillé dans cette Chambre basse qui, fort souvent, a sa pluralité dans sa poche et rien de plus. » En 1770, le 13 décembre, au moment où les Anglais hébergeaient ses flottes, elle leur adressait déjà le reproche banal dont se paye la jalousie des États pauvres et despotiques envers des États qui trouvent moyen d'être en même temps libres et prospères. « La maladie des Anglais, écrivait-elle à Voltaire, ne saurait être guérie que par une guerre. *Ils sont trop riches* et désunis : une guerre les appauvrira et réunira les esprits. Aussi la nation la veut-elle. » Catherine II discernait sous les défaillances passagères

---

[1] Journal de Joseph II à Neisse. Arneth, *Joseph II und Maria-Theresia.*

[2] Elle écrivait à madame de Bielke, le 4 janvier 1772 : « Le billet du ministre d'Angleterre qui me nomme *sa chère Impératrice* m'a fait plaisir ; je suis si accoutumée à l'amitié des Anglais que je me suis accoutumée à regarder tout Anglais comme un individu qui me veut du bien, et j'agis, autant qu'il dépend de moi, en conséquence. »

de l'État, elle discernait la force latente de la nation.

A Versailles, on s'abandonnait au vain plaisir de décrier le gouvernement d'un ennemi implacable, d'un vainqueur détesté et toujours craint. Choiseul écrivait à Kaunitz en décembre 1769 : « L'Angleterre est dans un état de troubles et de divisions que l'on ne peut pas calculer, car il est très possible que cette puissance fasse la guerre par le seul motif de la faiblesse de son administration..... Comme les plus grandes déterminations de la cour de Londres dépendent des intérêts particuliers des différentes factions, et que ces intérêts changent tous les mois selon les craintes et quelquefois les fantaisies de ceux qui gouvernent, on ne peut répondre de rien. » Il eût été trop aisé d'opposer aux troubles intérieurs et aux crises ministérielles d'Angleterre les révolutions d'alcôve et l'inconsistance politique d'une cour où les systèmes et les ministres changeaient au gré des favorites. Kaunitz ajoutait au mépris mal dissimulé de Choiseul l'effarement d'un vieux diplomate élevé dans le pédantisme classique de la chancellerie autrichienne : « Pour ce qui regarde l'Angleterre, écrivait-il à Choiseul, il est vrai que l'état actuel des troubles et des divisions qui y règnent peut faire espérer la durée de la paix de ce côté-là; mais je ne saurais cacher que je regarde comme plus vrai encore, ainsi que très bien l'observe M. le duc, que vis-à-vis d'une nation et d'une constitution dans laquelle souvent les partis les plus extrêmes et les plus contradictoires dépendent d'une circonstance momentanée, et quelquefois même du moindre changement parmi les gens en place, on ne peut réellement compter sur rien, et que, par conséquent, de fait et de propos, il paraît convenir d'être constamment aussi attentif que circonspect vis-à-vis d'un si singulier gouvernement [1]. »

Aux yeux de ces politiques, l'Angleterre n'était évidemment qu'une sorte de Pologne insulaire, une Pologne riche, réfléchie, ramassée sur elle-même, qui ne devait sa consistance apparente qu'à l'heureux hasard qui la privait de voisins, mais que son « singulier gouvernement » rendait aussi incapable de continuité dans les desseins que d'énergie dans les actes. Montesquieu pourtant avait averti ses contemporains; il leur avait montré qu'on devait « rechercher plus l'amitié de l'Angleterre, craindre plus sa haine, que l'inconstance de son gouvernement et son agitation intérieure ne sembleraient le permettre; qu'ainsi ce serait le destin de la puissance exécutrice, chez cette nation, d'être presque toujours inquiétée au dedans et respectée au dehors »; qu'enfin « si quelque puissance étrangère menaçait l'État et le mettait en danger de sa fortune ou de sa gloire, les petits intérêts cédant aux plus grands, tout se réunirait en faveur de la puissance exécutrice [2] ». Ce fut en effet ce qui advint quelques années plus tard, lorsque l'Europe essaya de lutter contre la France soulevée par la plus terrible révolution et conduite par le plus grand homme de guerre des temps modernes. Mais en attendant qu'ils donnassent à l'Europe ce grand spectacle et cette grande leçon, les Anglais se préparaient à apprendre à leurs dépens qu'il ne leur est jamais permis, même quand ils le croient habile ou le jugent nécessaire, de se désintéresser des affaires d'Orient.

[1] Beer, *Documents*.
[2] *Esprit des lois*, liv. XIX, ch. xxvii.

CHAPITRE IX

LES VICTOIRES DE LA RUSSIE ET LA DEMANDE DE MÉDIATION.

(Février-août 1770.)

La fin de la campagne de 1769 avait été très favorable aux Russes. Leurs victoires leur avaient livré la Moldavie et la Valachie; la population orthodoxe de ces principautés les accueillait en libérateurs. Les généraux de Catherine reçurent à Jassy et à Bucharest l'hommage des boyards et installèrent une administration russe. Cependant deux flottes, commandées l'une par Spiritof, l'autre par l'Anglais Elphinston, entraient dans la Méditerranée et se préparaient à affranchir la Grèce. « Je ne puis me défendre de dire encore à Votre Majesté, écrivait Voltaire le 2 janvier 1770, que son projet est le plus grand et le plus étonnant qu'on ait jamais formé; que celui d'Annibal n'en approchait pas. » La flotte de Spiritof prit, en passant, les deux Orlof et aborda les côtes de Grèce à la fin de février. Le contingent russe était loin de répondre aux illusions des Grecs; les contingents fournis par les Grecs déçurent toutes les espérances des Russes. Les Turcs et les Albanais s'avancèrent; à leur approche, ces bandes s'enfuirent. L'insurrection avortait. Alexis Orlof, qui avait, le 2 mai, convié les Grecs à la liberté, dut à la fin du mois se rembarquer sur ses vaisseaux, et les amiraux russes n'eurent que le temps de rassembler leurs forces pour se porter à la rencontre de la flotte turque. La grande Catherine était philosophe; elle conclut de cette échauffourée que les Grecs n'étaient pas mûrs pour la liberté. « Les Grecs, les Spartiates ont bien dégénéré, écrivait-elle à Voltaire; ils aiment la rapine mieux que la liberté. Ils sont à jamais perdus s'ils ne profitent point des dispositions et des conseils du héros que je leur ai envoyé. »

L'aventure grecque avait manqué, mais elle n'était qu'un épisode dans la grande guerre que les Russes préparaient pour 1770 et qui devait leur fournir bientôt l'occasion d'une éclatante revanche. Les Turcs en espéraient une aussi, ils l'attendaient, et ils ne respiraient que la guerre. « Moustapha ne veut point entendre parler de paix, écrivait la tsarine[1]; tant pis pour lui : le pauvre homme est trompé à faire pitié. » Kaunitz avait agi prudemment en invitant le résident Thugut à ne point offrir ses bons offices avant que les Turcs les demandassent. Les Turcs cherchaient non des conseillers et des conciliateurs, mais des alliés. Et comme il était écrit que la Pologne payerait les frais de la guerre, c'est en Pologne qu'ils songeaient à prendre l'appât qui devait leur assurer le secours dont ils avaient besoin. Ils avaient déclaré la guerre à la Russie pour défendre les libertés de la Pologne ; la guerre commencée, ils ne se faisaient aucun scrupule, pour en assurer le succès, de trafiquer de l'indépendance de cette république. « Vaut-il mieux que le peuple périsse ou que le prince rompe son traité ? Quel serait l'imbécile qui balancerait pour décider cette question ? » disait le roi de Prusse. En matière de salut public, le divan était de l'avis du grand Frédéric ; les

---

[1] A madame de Bielke, 31 mars 1770.

Turcs avaient en politique une morale aussi accommodante que les chrétiens. Thugut écrivait le 24 mars 1770 qu'il avait eu une entrevue secrète avec le reis-effendi, et que ce dernier lui avait offert de conclure une alliance étroite : l'abaissement des Russes en serait l'objet et la Pologne en fournirait le prix. L'Autriche déclina l'ouverture, et Kaunitz écrivit le 21 avril à Thugut que les Turcs devaient rechercher la solution de leurs embarras dans une intervention amicale.

Le roi de Prusse donnait les mêmes conseils; Zegelin pressait les Turcs de réclamer les bons offices de son maître. C'est que Frédéric, qui avait tout à gagner au rétablissement de la paix, voyait avec inquiétude les symptômes de guerre s'annoncer de toutes parts. « Je voudrais, lui écrivait Voltaire, que vous vous amusassiez à battre Moustapha aussi, et que vous partageassiez avec l'impératrice de Russie. » Frédéric lui répondait en raillant, à son ordinaire : « Comment! monsieur le Saint, vous vous étonnez qu'il y ait une guerre en Europe dont je ne sois pas! Cela n'est pas trop canonique. Sachez donc que les philosophes, par leurs déclamations perpétuelles contre ce qu'ils appellent brigands mercenaires, m'ont rendu pacifique. L'impératrice de Russie peut guerroyer à son aise; elle a obtenu de Diderot, à beaux deniers comptants, une dispense pour faire battre les Russes contre les Turcs[1]... » Au fond, ce n'était pas précisément « l'excommunication encyclopédique » que redoutait le roi de Prusse, mais la dépense sans profit et les complications sans issue. « Il semble, écrivait-il à son ministre en Russie, que l'impératrice

---

[1] Catherine venait d'acheter la bibliothèque de Diderot. Voltaire à Frédéric, 4 mai; Frédéric à Voltaire, 24 mai 1770.

travaille à cœur joie à entraîner toute l'Europe dans le tourbillon de la guerre. » Les sourdes ambitions de Joseph II ne l'inquiétaient pas moins que les ambitions déclarées de Catherine. Il s'imaginait, bien à tort, que la France poussait l'Autriche à se jeter dans la lutte. Choiseul y travaillait; mais Louis XV y répugnait, et au moment même où le roi de Prusse se préoccupait tant des menées belliqueuses de la cour de Versailles, le roi de France écrivait au comte de Broglie, 21 mars 1770 : « A l'égard de la Porte, un traité avec cette puissance est bien scabreux. Un secours (aux Polonais) pourrait amener la guerre, ce que je ne veux pas. » Frédéric n'en était pas moins impatient de connaître la pensée des Autrichiens et de leur insinuer adroitement ses propres desseins : il lui importait de savoir comment, le cas échéant, on accueillerait à Vienne le projet du comte de Lynar.

L'Autriche avait décidé de changer son ministre à Berlin. M. de Nugent, qui y était accrédité, vint prendre congé du roi et fut reçu par lui en audience particulière à Potsdam, le 6 mai 1770. La conversation, que Nugent raconte avec une bonhomie légèrement nuancée de scepticisme, à l'autrichienne, montre le roi de Prusse au naturel dans son jeu diplomatique [1]. Jamais joueur ne fut aussi intéressant à observer, car il n'en fut jamais de plus alerte, de plus hardi et de plus circonspect à la fois, de plus fécond en feintes et en expédients, de plus adroit surtout à découvrir les desseins de son adversaire et à les décevoir. Il commença par accabler les Autrichiens d'éloges sur ce ton de persiflage

---

[1] « Le dernier entretien avec le roi, à son audience de congé, à Potsdam, le 10 mai 1770. » ARNETH, t. VIII, p. 573.

où il excellait, admirant dans Joseph II son « amour filial », son « attachement respectueux pour son auguste mère », « ce fond de noble ambition qui excite aux grandes entreprises et toutes les qualités propres à former un grand homme ». « Il se retient encore, disait Frédéric, mais laissez écouler quelque temps, et vous verrez comme l'empereur éclatera. » Où se porteront les éclats? C'est ce que le roi de Prusse désirait tant savoir. Il déploya aux yeux de Nugent les royaumes du continent. Après avoir fait observer « combien il est inconvénient d'avoir ses provinces entrecoupées et séparées l'une de l'autre », il mit le doigt sur les points où il savait que s'arrêtaient de préférence les regards de l'empereur et de son ministre, « le plus grand homme d'État qu'on ait eu depuis longtemps en Europe et dont la politique était simple, mais très profonde ». Ces points marqués d'avance pour y planter un jour ou l'autre les aigles autrichiennes, c'étaient la Bavière, dont Joseph voulut prendre la moitié en 1778; Venise, qu'il projeta de démembrer en 1782[1]; Parme, où il avait une sœur depuis 1768; Modène, où il plaça son frère en 1771; cette Italie enfin dont la domination fut toujours la passion et le malheur de la maison d'Autriche. Il n'était pas jusqu'aux possessions du roi de France, allié et beau-frère de l'empereur, sur lesquelles Frédéric ne crût pouvoir tenter la convoitise autrichienne, sauf à la dénoncer ensuite aux Français. « Il revint, dit Nugent,

---

[1] « ...De Belgrade, on tirerait la ligne la plus droite et la plus courte possible conforme au terrain vers la mer Adriatique, jusques et y compris *il golfo della Drina*; et enfin, les possessions de la terre ferme, ainsi que l'Istrie et la Dalmatie vénitiennes, fourniraient les seuls moyens de mettre en valeur les produits de mes États. » Joseph à Catherine II, 13 novembre 1782.

aux provinces qui ont appartenu à la maison d'Autriche, et en parlant de la Lorraine et de l'Alsace, il fournit un plan d'opération militaire pour la conquête de l'une et de l'autre, disant que ce serait l'affaire de deux campagnes [1]. » Frédéric poussait ici trop loin sa pointe, il découvrait son jeu; l'invite était trop hardie, Nugent n'eut garde d'y répondre. C'était là une question réservée au moins jusqu'au moment où l'on songerait à faire la guerre à la France, ainsi qu'il advint en 1791. « Des objections que j'ai faites à son plan, rapporte Nugent, le firent entrer avec chaleur dans un détail circonstancié des arrangements qu'il y aurait à prendre relativement à son projet, et il finissait en disant : — Je vois bien que vous n'approuvez pas mon plan ; mais que pensez-vous de l'Italie? Vous avez déjà le Mantouan, le Milanais et la Toscane; les États du duc de Modène vous reviennent. Si vous y ajoutiez Parme et Plaisance avec quelque chose de l'État de Venise, vous auriez un arrondissement très convenable. » Nugent convint qu'il n'y aurait rien de si aisé que de s'arrondir, si tout le monde y mettait de la bonne volonté. Frédéric avait soigneu-

[1] Ce plan n'était pas un simple argument de conversation. Frédéric y avait sérieusement songé, et quelques années plus tard il l'écrivit pour se distraire de la goutte qui le travaillait. On le trouve dans ses œuvres militaires, à l'article IV, « Réflexions sur les projets de campagne », avec cette mention : « Scriptum in dolore, 1er décembre 1775. » Il s'agissait d'attaquer la France avec deux armées, l'une en Alsace, pour contenir les Français; l'autre, plus forte, en Flandre, pour marcher sur Paris. Un seul trait suffit à montrer combien le roi entrait dans le détail circonstancié de son plan. « Supposé, dit-il, que l'on prît Paris, il faudrait bien se garder d'y faire entrer des troupes, parce qu'elles s'amolliraient et perdraient la discipline; il faudrait se contenter d'en tirer de grosses contributions. » Œuvres, t. XXIX, p. 75.

sement évité de parler de la Pologne; il lui convenait de se faire faire les avances de ce côté et d'être tenté à son tour. Nugent cette fois n'éventa pas le piége, et lassé sans doute du persiflage du roi de Prusse, il essaya de le prendre sur le même ton. « Mais, Sire, lui dit-il, je pourrais bien faire un arrondissement pour Votre Majesté (sauf toujours la complaisance de ses voisins) qui ne serait pas si difficile à exécuter. Si l'on tirait une ligne des frontières de la Prusse par Graudenz, Thorn, Posen jusqu'à Gross-Glogau, ce qui serait entre cette ligne et la mer conviendrait fort à Votre Majesté, et la communication d'une grande partie de ses États serait établie. En prenant avec cela l'évêché de Warmie, qui se trouve enclavé dans le royaume de Prusse, l'arrondissement se compléterait. » Le comte de Lynar lui-même n'aurait pu mieux parler. Frédéric savait désormais que la cour de Vienne ne trouverait rien d'exagéré à ses prétentions, le jour où il serait en mesure de les faire valoir. Il s'agissait d'en venir là, et le moyen, c'était que l'Autriche posât sa médiation. Frédéric y courut tout droit. Il ne répondit rien à Nugent, demeura pensif un instant, puis reprit en souriant : « Tout cela est bon pour le discours; mais je vous dirai une chose sur laquelle il faut me garder le secret... J'ai des avis certains de Constantinople que les Turcs soupirent après la paix, et que la Porte accepterait volontiers la médiation de votre cour... En cas qu'on voudrait se servir de moi pour la correspondance avec la cour de Russie, je m'en chargerais avec plaisir; mais il faut ménager beaucoup les termes avec cette princesse, car c'est une forte dose de vanité qui fait le fond de son caractère. »

Ces propos ne pouvaient que disposer l'empereur à l'entrevue qui devait avoir lieu dans l'été. Quant à la médiation de l'Autriche, qui était le pivot de toutes ses combinaisons, Frédéric pensait avec raison que l'Autriche ne s'y déciderait que quand les prétentions de la Russie lui en feraient une nécessité. Il s'attacha donc à découvrir ces prétentions et à préparer en même temps la tsarine à la médiation. Le 21 mai, il écrivit à Solms que les Turcs l'avaient prié de demander à Pétersbourg quelles seraient les conditions de paix de la Russie. Panine répondit, le 15 juin, qu'il y avait une condition préalable, c'était l'élargissement d'Obreskof; que la tsarine n'avait pas entrepris la guerre par ambition, qu'elle ne prétendait point faire de conquêtes, mais que son honneur exigeait qu'elle obtînt des garanties pour ses coreligionnaires. La réponse était évasive; Frédéric insista. Les armements de l'Autriche lui fournissaient un argument. Il ne pouvait décider l'Autriche et la Russie à négocier ensemble qu'en les persuadant qu'elles étaient l'une et l'autre décidées à la guerre. « Les Autrichiens forment des magasins sur leurs frontières de la Hongrie, écrivait-il le 17 juin au prince Henri; à vous dire la vérité, je ne les crois pas bien considérables, mais je les fais valoir à Pétersbourg le mieux qu'il m'est possible. »

La tsarine attendait pour se prononcer les résultats de la campagne. Ces résultats comblèrent ses espérances. Le 5 juillet 1770, la flotte russe détruisit à Tchesmé la flotte ottomane. Le 1er août, la petite armée de Roumantsof remporta sur les masses turques commandées par le grand vizir la victoire du Kagoul. La terreur régnait à Constantinople. Les Turcs ne pouvaient plus songer à disputer à la Russie les principautés du Danube. Si justement fière qu'elle fût de ces succès, la tsarine ne s'en laissa pas éblouir. Elle savait qu'il est difficile de se faire pardonner de grandes conquêtes, et qu'en pareil cas ce sont les amis qui se montrent les moins indulgents. Elle s'inquiétait des menées du roi de Prusse, de son activité à Constantinople et de son intimité récente avec Joseph, qu'il devait rencontrer dans quelques semaines. La Suède l'agitait aussi; Frédéric s'était engagé à y travailler d'accord avec elle, et il venait d'y envoyer son frère Henri [1]. La tsarine avait intérêt à se renseigner exactement sur la politique de la Prusse en Suède; il lui importait aussi qu'un prince prussien parût à sa cour au moment où Frédéric et l'empereur allaient, par une nouvelle entrevue, provoquer la curiosité des diplomates et exciter l'imagination des nouvellistes. La tsarine écrivit, le 19 juillet 1770, au roi de Prusse et lui demanda que le prince Henri, en revenant de Stockholm, passât par Pétersbourg. L'invitation n'était pas de celles qu'on décline. La princesse de Prusse venait d'accoucher d'un fils : c'était l'aîné de cette *lignée d'amis* que la tsarine attendait du mariage de l'héritier présomptif: Frédéric l'en fit marraine, puis il écrivit, le 12 août, au prince Henri : « Vous comprenez, mon cher frère, combien il faut ménager cette femme... Vous apprendrez à connaître là bien des gens dont nous avons besoin. Vous ferez, s'il vous plaît, les compliments les plus flatteurs à l'impératrice de ma part, et vous direz tout ce que vous pourrez de l'admiration qu'elle inspire à tout le monde, enfin tout ce qu'il faut. » Au moment où le roi de Prusse écrivait ces lignes, les événements allaient transformer cette visite de courtoisie en une mission diplo-

---

[1] Sur les affaires de Suède, voir Geffroy, *Gustave III et la cour de France*, Paris, 1867.

matique de la plus haute importance. Frédéric avait préparé une partie de ces événements; les autres se produisirent à son insu, et il en profita. « Plus on vieillit, disait-il souvent, et plus on se persuade que Sa Majesté le Hasard fait les trois quarts de la besogne de ce misérable univers. »

Les victoires des Russes avaient mis en émoi toute la diplomatie. C'est que la question d'Orient était désormais posée : il s'agissait de savoir si l'empire turc serait démembré et si on laisserait les Russes s'établir sur le Danube. Il y eut une velléité d'action en France. Le sultan fit proposer une alliance à Louis XV ; on sait que le roi n'en voulait pas, mais il fut question de fournir aux Turcs douze ou quinze vaisseaux de guerre moyennant un subside. En même temps Choiseul envoya aux confédérés de Bar de l'argent et des officiers, parmi lesquels un aventurier qui valait à lui seul tout un état-major, Dumouriez [1]. Les Anglais eux-mêmes s'agitèrent. Comme il est arrivé souvent, leur ambassadeur à Constantinople, Murray, était infiniment plus turc que son gouvernement. Mieux éclairé sur les intérêts de l'Angleterre en Orient parce qu'il voyait les choses de plus près, il se démenait pour conduire les Turcs à invoquer la médiation des Anglais. Les Turcs répondirent avec beaucoup de bon sens : « Il est si extraordinaire que l'Angleterre offre sa médiation à la Porte tandis qu'elle a des vaisseaux dans la flotte russe, qu'il y a tout lieu de craindre que cette sollicitude apparente ne soit un masque déguisant des projets ennemis; que l'Angleterre s'explique donc sans détours,

---

[1] Le duc DE BROGLIE, *Le secret du roi*, t. II, p. 305-310. — FARGES, *Instructions de Pologne*, Instruction de Dumouriez, 30 juin 1770, t. II, p. 294.

afin que la Porte sache bien la cause qu'elle a embrassée. »
L'Angleterre avait mérité cette défiance et ce dédain.
Elle comprit qu'elle avait poussé trop loin les complaisances envers la Russie; elle rappela les officiers qui servaient sur la flotte russe et suspendit les enrôlements pour le compte de la tsarine. Mais il était trop tard, et lorsque l'effet de ces mesures de prudence put se faire sentir, la médiation était demandée à d'autres. Comment les Turcs, qui soupçonnaient les intentions de l'Angleterre, simple officieuse de la Russie, montrèrent-ils tant de confiance à la Prusse, alliée de leur ennemie? L'art du grand Frédéric et l'habileté de son ministre Zegelin y furent certainement pour quelque chose. Les Turcs, d'ailleurs, se montrèrent perspicaces en préférant un allié des Russes, qui ne voulait point se battre pour eux, à un soi-disant ami des Turcs qui avait fourni à la Russie le véritable vainqueur de Tchesmé. Cependant ce n'était point pour lui seul que Frédéric voulait la médiation; il la voulait aussi, il la voulait surtout pour l'Autriche. Zegelin, « à force de réitérer les mêmes représentations », parvint à convaincre les Turcs « du poids décisif qu'une aussi grande puissance que celle de la maison d'Autriche pouvait donner à la négociation », et, le 12 août 1770, le divan se décida à adresser aux souverains de Prusse et d'Autriche une demande officielle.

Les Autrichiens, alarmés pour leurs intérêts, froissés dans leur amour-propre par les succès des Russes, attendaient cette démarche avec une grande impatience. La cour de Vienne continuait à prendre ses précautions : elle complétait ses armements en Transylvanie et étendait le cordon qui couvrait ses frontières du côté de la Pologne. L'affaire du Zips avait suivi son cours. Après avoir découvert qu'elle avait sur ce comitat d'anciens droits à faire valoir, la chancellerie de Vienne, qui professait le culte de la forme et le goût de la procédure, rechercha les titres sur lesquels reposaient ces droits anciens. L'étude des titres fournit naturellement la preuve que les droits étaient infiniment plus étendus qu'on ne se l'était imaginé d'abord. Par une heureuse rencontre, il se trouvait que les fameuses salines de Weliczka et de Bokhnia se trouvaient comprises dans le territoire sur lequel on se croyait autorisé à élever des revendications juridiques. Le droit établi, l'Autriche n'hésita pas à se nantir de l'objet en litige, en attendant l'issue du procès qu'elle se proposait d'entamer de ce chef contre le gouvernement de Pologne. Le 19 juillet, l'ordre fut donné d'enlever les aigles que l'on avait plantées auparavant et de les porter aussi loin que le voulaient les droits anciens. Ainsi, au moment où le prince Henri recevait l'ordre de se rendre à Pétersbourg, le roi de Prusse s'acheminait vers la Moravie, Joseph venait l'y attendre, et deux événements bien différents, mais également graves, la demande de médiation par les Turcs, et l'occupation des districts polonais par les Autrichiens, se réunissaient pour faire de l'une et de l'autre entrevue le point de départ de négociations inattendues.

CHAPITRE X

L'ENTREVUE DE NEUSTADT.

(Septembre 1770.)

L'empereur et le roi de Prusse se rencontrèrent à Neustadt le 3 septembre 1770; mais l'empereur, cette fois, était accompagné de Kaunitz. Le vieux chancelier occupa seul le devant de la scène, se réservant toutes les affaires, ne laissant à Joseph que les revues, les défilés, les propos de table, le traitant enfin, dit Frédéric, « avec beaucoup de fierté et plutôt en subalterne qu'en maître ». Frédéric et Kaunitz causèrent le premier jour, un instant, après le dîner, « comme on dit, sur deux pieds, près de l'embrasure d'une fenêtre de la salle à manger ». Ces conversations à bâtons rompus, où l'on effleurait tous les sujets et qui convenaient à l'esprit alerte du roi de Prusse, à sa manière incisive, aux effets de surprise qu'il aimait à produire, déconcertaient la pédanterie de Kaunitz. « Il a causé assez longtemps sur la guerre présente et sur la future pacification, écrivait-il à Marie-Thérèse, mais avec assez peu de tenue et de suite dans l'arrangement de ses idées. » Frédéric dit que c'était surtout pour l'Autriche qu'il désirait la paix. Si la Russie passe le Danube, ajoutait-il, l'Autriche ne le pourra souffrir, et il pourra s'ensuivre une guerre générale; il importe de la prévenir et de faire la paix dans le courant de l'hiver. Il est à croire que les Russes se contenteront de la Crimée, d'Azof et de l'indépendance de la Moldavie et de la Valachie. Les Turcs, dans l'état de délabrement où sont leurs affaires, accepteront probablement ces conditions : l'Autriche devrait les appuyer de tout son poids. Kaunitz tenait cette politique du roi de Prusse pour peu lumineuse, « très petite et très inconséquente ». Il lui demanda un rendez-vous pour le lendemain ; il se promettait de lui montrer comment on enchaîne de belles idées et de lui apprendre à traiter doctement les grandes affaires. Il fallait avant tout, écrivait-il à Marie-Thérèse, « le faire voir, en matière d'affaires, plus grandement et mieux qu'il ne voyait, lui donner quelque opinion de nos lumières et une entière confiance dans nos intentions ».

Dans la nuit, arrivèrent deux courriers, l'un pour l'empereur, l'autre pour le roi de Prusse : ils apportaient la demande de médiation des Turcs. Kaunitz tenait à poser ses principes et à placer son discours. Ces courriers ne changèrent donc rien à son plan.

Le 4 septembre, à l'heure dite, il se rendit chez le roi, qui l'invita à s'asseoir. A peine assis, et sans donner le temps à Frédéric de commencer la conversation, il le pria d'écouter tranquillement, sans interrompre, les explications qu'il avait à lui donner. C'était un discours en huit points : il avait pour objet de démontrer que la politique de l'Autriche était à la fois la plus sage, la plus habile, la plus loyale et la plus pacifique qui se pût concevoir. C'est par suite de ce système que la cour de Vienne avait évité de prendre aucune part aux troubles de la Pologne, refusé de s'unir à la Russie pour détruire et partager l'empire ottoman, « ce qui, en ce cas, n'aurait peut-être pas été bien difficile à faire », et cherché à vivre sincèrement en paix et en bonne intelligence avec la Prusse. Elle attendait du roi de Prusse les mêmes sentiments. Son alliance avec la Russie formait le pendant de l'alliance de l'Autriche avec la France; elle donnait à la Prusse « l'avantage d'avoir dorénavant le dos libre; celle de la France rendait à l'Autriche le même office ». Une alliance avec la Russie était contraire au système pacifique de l'Autriche, « depuis qu'elle avait renoncé à toute idée de reconquérir la Silésie », à moins que la Prusse ne lui fît une nouvelle guerre. En coquetant avec la Russie, l'Autriche n'arriverait qu'à fortifier cette puissance contre la Prusse et à la rendre plus exigeante; il en serait de même si le roi s'avisait de coqueter avec la France. Il serait donc plus sage de s'abstenir respectivement et « d'être l'un à l'égard de l'allié de l'autre, honnêtement, mais rien de plus ». Rien ne s'opposait à la bonne entente de la Prusse et de l'Autriche; pour la consacrer, il n'était pas besoin de recourir à des traités qu'on ne pourrait faire d'ailleurs sans la participation des alliés. Il suffisait de s'entendre sur les principes. Ces principes, Kaunitz les avait « minutés », sous la forme d'un *Catéchisme politique* : on se promettrait de s'y conformer, et cela, disait-il, serait infiniment plus utile que tous les traités du monde. Le *Catéchisme* résumait les déclarations de Kaunitz, en faisait l'objet d'un engagement réciproque et établissait qu'en toutes choses les deux cours devaient en user l'une à l'égard de l'autre avec la plus entière confiance et la plus grande loyauté.

Frédéric laissa Kaunitz conférer tout à son aise; quand le vieux chancelier eut fini, le roi se leva, l'embrassa et lui déclara qu'il était impossible de mieux dire; que le *Catéchisme* était un chef-d'œuvre, et qu'il serait heureux de l'avoir toujours sous les yeux. Puis il en vint aux affaires, c'est-à-dire à la médiation. « Cette maudite guerre des Turcs m'alarme et m'inquiète, dit-il; je serais au désespoir de me voir entraîné malgré moi dans une nouvelle guerre contre vous, et je sens que si les Russes passent le Danube, comme vous ne pourrez guère rester spectateurs tranquilles de cet événement et de leurs progrès ultérieurs, ce malheur pourrait m'arriver, si, parmi les différents partis que vous avez à prendre, vous preniez celui d'aller faire la guerre en Pologne..... » Kaunitz répondit que tout dépendait de la Russie, que l'Autriche serait bien forcée de faire la guerre, si la Russie voulait garder des conquêtes un peu considérables ou exiger que les affaires de Pologne restassent sur un pied tel que ce royaume devînt une province russe. — Les affaires de Pologne s'arrangeront aisément, si l'on est d'accord sur le reste, repartit Frédéric. Il trouva, d'ailleurs, les observations de Kaunitz parfaitement lumineuses; mais, ajoutait-il, la tsarine est femme, elle est vaine, il faut la ménager. « Fournissez-moi des armes, je vous prie, dont je puisse faire usage pour lui faire peur. » Et, après avoir paru réfléchir un instant, il reprit : « Ne pourriez-vous pas, par exemple, faire signifier à Roumantsof que vous comptez qu'il ne s'avisera pas de passer le Danube? ou bien ne pourriez-vous pas engager la France à vous déclarer que si, les Russes passant le Danube, vous vouliez vous déterminer à rompre avec elle (la Russie) et à lui faire la guerre, elle (la France) vous enverrait cent mille hommes pour vous aider? Vous m'en confieriez la nouvelle, j'en ferais usage, et, sans doute, cela ferait son effet. Ayez la bonté, je vous prie, de me dire ce que vous en pensez. » Kaunitz, encore que très roué, était trop infatué de sa méthode et de ses idées pour pénétrer le dessein profond qui se cachait sous cette insinuation lancée à la légère. Il ne soupçonnait pas de quelle façon le roi de Prusse méditait « d'arranger les affaires de Pologne », et combien Frédéric désirait que la tsarine se sentît forcée de chercher ailleurs que sur le Danube les dédommagements de ses dépenses et le prix de ses victoires. « Je fus très étonné, rapporte Kaunitz, d'entendre sortir de la bouche d'un prince, qui a d'ailleurs beaucoup d'esprit, des idées aussi puériles. » Il se garda toutefois d'en faire rien remarquer, et, par « ménagement pour un grand prince comme lui », il se borna à dire que le moyen n'était pas bon, et qu'il conseillait au roi d'écrire à la tsarine. Il poussa l'obligeance jusqu'à donner la matière de la lettre. Frédéric écouta, fit force compliments « sur le fond et la forme de tout ce qu'il venait d'entendre; il ajouta qu'il s'y conformerait et qu'il allait se faire des notes dès qu'il serait dans sa chambre, pour ne rien oublier ».

Avant de quitter le roi, Kaunitz jugea bon de lui dire « ingénument » ce que l'Autriche comptait écrire à la France au sujet de l'entrevue. Cette confidence est intéressante, car elle montre fort bien de quelle façon le principal auteur de l'alliance de 1756 en entendait l'exécution. Je lui dis, rapporte Kaunitz, « que nous ne laisserions certainement jamais rien à désirer à la France, notre alliée, du côté de l'exactitude dans l'accomplissement de nos engagements avec elle, ni même du côté des procédés; mais que, comme nous ne l'avions pas accoutumée à oser exiger de nous ni des complaisances qui ne seraient pas conformes à notre système de paix, ni aucune sorte de dépendance, nous nous bornerions à lui mander » : que l'entrevue entre les deux souverains, arrêtée depuis un an, s'était très bien passée; que, « comme les affaires n'en avaient pas été l'objet, il n'en aurait vraisemblablement pas été question, s'il n'était arrivé qu'exactement pendant que le roi était à Neustadt, il lui parvint en même temps qu'à nous des dépêches de Constantinople »; que la Porte avait sollicité la médiation, qu'on en avait parlé, qu'on était décidé à l'accepter si la Russie y consentait, et que, si la tsarine voulait y mêler l'Angleterre, l'Autriche exigerait que la France y prît part. Frédéric trouva naturellement que *c'était à merveille*. L'Autriche, dit-il, a eu des complaisances pour la France : elle lui a laissé prendre la Corse; la Prusse doit, pour les mêmes motifs, user de complaisance envers la Russie. « Ce n'est pas, poursuivit-il, que je n'en sente les inconvénients; mais que faire? Tant qu'on est l'allié de quelqu'un, on ne peut pas faire autrement. Je comprends fort bien que cette Russie pourra peut-être nous mettre un jour dans la nécessité de nous réunir contre elle pour arrêter ce torrent dans sa course qui pourrait nous engloutir, et, pour cette raison, je vous avoue que je n'ai pas été fâché que la France lui ait fait manquer son coup à la dernière diète de Suède; mais le moment n'en est pas venu encore, et il faut prendre patience en attendant. »

Cet entretien avait épuisé les grandes affaires. Il fut convenu que Frédéric écrirait « à son impératrice », que l'Autriche agirait sur le divan, et que si la réponse de Pétersbourg était favorable, les deux cours prendraient en main le règlement de la paix. Les Autrichiens partirent le 7 septembre. Au moment de quitter Kaunitz, Frédéric lui dit encore : « Ne voulez-vous donc pas me donner votre petit *Catéchisme*, que je trouve si raisonnable et que je voudrais bien avoir toujours sous les yeux, parce que j'ai sincèrement envie de m'y conformer? » Kaunitz répondit qu'il en référerait à l'impératrice. Il était sous le charme; il emportait de Neustadt l'impression qu'il avait pénétré le roi de Prusse, qu'il l'avait subjugué, et que désormais il le dirigerait à sa guise. La lettre qu'il écrivit à Marie-Thérèse, le 7 septembre, le jour même de son départ de Neustadt, est un monument de fatuité. Je suis persuadé, disait-il, que mes conversations ont fait une très vive impression sur le roi de Prusse et modifié ses sentiments : il parlera à la Russie en son nom personnel et de manière à ne pas compromettre l'Autriche, si la Russie refuse la médiation. Il y a tout lieu de croire, ajoutait-il, que le roi de Prusse « a adopté avec beaucoup de déférence la tournure que je lui ai suggéré qu'il devait donner à cette démarche...; qu'il s'est chargé aussi avec beaucoup de docilité de tenter, vis-à-vis de la Russie, l'exécution d'un moyen que je lui ai suggéré pour rendre possible l'arrangement des troubles et des dissentiments de la Pologne...; qu'il se fiera à nous dorénavant autant qu'il lui est possible de se fier à quelqu'un, et que nous pouvons nous fier à lui beaucoup plus qu'il n'aurait été raisonnable de le faire jusqu'ici ». Quant au *Catéchisme politique*, Kaunitz était d'avis d'en échanger des copies avec la promesse de s'y conformer[1]. Ce ne fut point l'avis des souverains, et tout se borna à un échange d'autographes sans signatures et sans promesses.

Marie-Thérèse était loin de partager les passions de

---

[1] Voir, pour l'histoire de l'entrevue de Neustadt : les rapports de Kaunitz à Marie-Thérèse, des 3, 7 et 18 septembre, publiés par BEER, *Archiv fur œsterreichische Geschichte*, t. XLVII; — BEER, *Erste Theilung Polens*, t. I, ch. VIII; — DUNCKER, p. 198-205; — ARNETH, t. VIII, p. 210-225; — RANKE, t. I, p. 9-12; — FRÉDÉRIC, *Œuvres*, t. VI, p. 29.

son fils et les illusions de son ministre. Elle avait infiniment plus de bon sens que Joseph et plus de droiture que Kaunitz. Elle redoutait les aventures et ne comprenait rien à toutes les subtilités du nouveau système de sa chancellerie. La haine de Joseph contre la France l'inquiétait; elle tenait à l'alliance et y tenait plus que jamais depuis le mariage de Marie-Antoinette. « Ce levain contre les Français éclate en toutes les occasions et à cette heure plus que jamais, écrivait-elle à Mercy, le 1er septembre... J'ai le chagrin de ne pas pouvoir persuader, la plupart du temps, l'empereur de mes sentiments; il est très souvent d'un autre : cela fait grand tort aux affaires et me rend la vie insupportable. Je ne soupire qu'après la paix; tâchez qu'on pense de même chez vous; les bons musulmans sont le sacrifice des excitations de vos messieurs; la peste, la famine, tout vient, et personne ne s'en trouvera plus mal que nous. » Le 16 septembre, après avoir reçu les rapports de Kaunitz sur l'entrevue, elle lui répondit : « Je vous recommande, de préférence encore aux Prussiens, de conserver l'alliance française, qui est votre premier et seul ouvrage; il faut les supporter et les flatter quelquefois. » On les flatta, et il leur convint de se contenter des flatteries[1]; mais ce fut tout ce que l'impératrice put obtenir. Les craintes instinctives qu'elle exprimait à Mercy n'étaient que trop fondées, et le grand Frédéric allait bientôt donner, à sa manière, aux Autrichiens une leçon de prudence et de loyauté.

[1] Voir le rapport de Mercy à Marie-Thérèse, du 20 octobre 1770.

CHAPITRE XI

LA MÉDIATION.

(Septembre 1770-janvier 1771.)

Frédéric revint de Neustadt parfaitement satisfait; mais les instructions qu'il adressa à son frère Henri étaient loin d'être aussi comminatoires que Kaunitz l'aurait désiré. Le diplomate autrichien se berçait d'un vain espoir lorsqu'il se figurait avoir conduit Frédéric à faire un pas de clerc. « Je vais, écrivait ce roi le 9 septembre, expédier un courrier en Russie pour apprendre si l'impératrice approuve cette médiation ou si elle la refuse. Je crois que la cour de Vienne laissera Azof à la Russie, sans en prendre autrement jalousie, pourvu que la Valachie et la Moldavie soient restituées et que le despote de ces provinces demeure sous la domination turque. » Il insinua que si la tsarine ne se montrait modérée ni en Orient ni en Pologne, il en pourrait résulter « des troubles si considérables qu'ils engageraient toute l'Europe dans cette querelle ». C'était une allusion à la France, et Frédéric comptait beaucoup sur cet argument pour émouvoir la tsarine. Quelques jours après, le 1er octobre, il revenait sur le même sujet et d'un ton plus pressant : « La Porte a sollicité ma médiation et celle de la cour de Vienne. Nous attendons la réponse de l'impératrice : oui ou non, accepte-t-elle cette médiation? »

Frédéric avait ses raisons pour presser ainsi la tsarine. L'offre d'une médiation ne pouvait être accueillie avec empressement à Pétersbourg. On y était victorieux, et l'on préférait régler directement avec le sultan. Les Turcs n'avaient plus d'armée sur la rive gauche du Danube; les places où ils tenaient encore tombaient successivement au pouvoir des Russes. Roumantsof poussait vivement les sièges; il avait lieu d'espérer qu'avant six semaines les Turcs seraient délogés de toutes leurs forteresses, et que la rive gauche du Danube, conquise en réalité depuis le mois d'août, serait entièrement soumise à la Russie. Le comte Panine, de son côté, travaillait à établir la suprématie de sa souveraine sur les Tartares. Il avait le 17 août traité avec des délégués des Tartares de Bessarabie; il leur avait promis l'indépendance, et ils s'étaient engagés à faire leurs efforts pour entraîner les Tartares de Crimée à s'affranchir également de la domination ottomane.

La tsarine ne désirait pas qu'on l'arrêtât en si beau chemin. Avertie par les Anglais de la demande de médiation adressée à la Prusse et à la Russie, elle voulut la devancer et mettre la médiation en présence d'un fait accompli. Le 26 septembre, elle manda au général Roumantsof d'écrire au grand vizir qu'elle serait disposée à ouvrir des pourparlers de paix aussitôt que son ministre Obreskof serait mis en liberté. Cette démarche directe était le meilleur gage de ses intentions pacifiques, et elle ne manqua point de le faire observer au ministre prussien, Solms, lorsqu'il lui demanda, de la part de Frédéric, si elle était disposée à accepter la médiation. Elle chargea Panine de faire ressortir les inconvénients de cette proposition[1]. Ce ministre retourna fort adroi-

---

[1] Note à Solms, 20 septembre 1770. BEER, *Documents*, p. 104.

tement les arguments de Frédéric. Le roi de Prusse proposait sa médiation pour éviter que la France ne se mêlât de la guerre; Panine répondit que s'il y avait médiation, la France remuerait ciel et terre pour s'y ingérer, que rien ne répugnait aussi décidément à la tsarine; que d'ailleurs cette souveraine devrait, s'il y avait médiation, y inviter l'Angleterre, qui avait eu pour la Russie de très bons procédés. Pour éviter toutes ces complications, écrivait la tsarine à Frédéric le 9 octobre, « il faut éviter le mot et la forme de la médiation. Je suis prête à accepter les bons offices de la cour de Vienne. Je réclame ceux de Votre Majesté. »

La riposte était habile; elle ne fut point du goût du roi de Prusse. Ce grand persifleur n'aimait point qu'on le raillât. « Je suis très résolu à ne pas me mêler des affaires de Pologne, et à n'être que simple spectateur des événements, écrivait-il à son frère le 26 octobre; car ces gens-là peuvent nous accepter ou nous refuser pour médiateurs; mais il ne faut pas qu'ils se moquent ouvertement de nous. » Ce n'était qu'une boutade; s'il renonçait facilement à la procédure de la médiation, il ne renonçait point à s'occuper de la paix. Le 30 octobre, il insista sur le danger d'une conquête ou d'un assujettissement de la Valachie; il demanda que la Russie fît « un plan de pacification tolérable pour la Pologne », et qu'elle le communiquât à la Prusse et à l'Autriche. En même temps, il prenait ses précautions à tout événement. La Russie avait l'air de vouloir régler à elle seule les affaires de Pologne; l'Autriche venait d'occuper le Zips. La peste régnait en Pologne; la guerre d'Orient avait aggravé le fléau : on estimait à seize mille le nombre des Russes et des Polonais qui avaient succombé. On tremblait à Berlin comme à Vienne à l'approche de la contagion[1]. Frédéric tira un cordon sanitaire le long de ses frontières de Pologne[2], se réservant de le transformer en corps d'observation et de l'étendre au besoin, si la Russie devenait trop arrogante et si l'Autriche poussait trop loin ses revendications. La mesure était à deux fins : elle protégeait la santé du peuple prussien et servait la politique du roi.

Cependant le prince Henri était arrivé à Pétersbourg le 12 octobre. On l'y fêtait et l'y flattait de toutes façons. La tsarine tenait à informer toute l'Allemagne de la considération qu'elle avait pour le prince et du brillant accueil qu'elle lui faisait. Elle écrivait à Mme de Bielke : « Il a demandé d'être sans gêne; voilà ce que nous aimons aussi. Il aime la conversation, moi à jaser. Il me semble qu'il ne se déplaît pas tout à fait ici. C'est ce que je désire. Il faut lui rendre justice, ce héros ne dément pas sa grande réputation : sa naissance de côté, c'est un homme de premier mérite. » Le prince Henri était un esprit de haut vol, grand amateur de spéculations en politique et en philosophie, et toujours prêt à improviser de vastes systèmes. Il trouvait à Pétersbourg des auditeurs complaisants et des interlocuteurs disposés à lui donner la réplique. Le fait est que l'on jasa beaucoup. Panine avait naguère répondu au projet Lynar par un plan de triple alliance. C'était une idée d'avenir : l'Europe en a su quelque chose. La « ligue copartageante » de 1772, les coalitions de 1792 à 1814, la sainte

---

[1] Mercy à Marie-Thérèse, 10 septembre; Marie-Thérèse à Mercy, 30 octobre 1770. — « Thiébault raconte que Berlin se crut pestiféré; la ville entière se munit de vinaigre des quatre voleurs. » SAINT-PRIEST, le Partage de la Pologne, ch. IV.

[2] Lettre au prince Henri, 15 octobre 1770. — DUNCKER, 210 et 226.

alliance de 1815, l'alliance des trois empereurs en 1872, la Pologne rayée de la liste des États, Napoléon Iᵉʳ exilé à Sainte-Hélène, Napoléon III prisonnier à Sedan, la France envahie trois fois et démembrée, l'Allemagne unifiée entre les mains de la Prusse, l'empire turc entamé de toutes parts, tant et de si grandes révolutions du système européen, accomplies dans l'espace d'un siècle, ont montré toute la portée de l'idée de Panine, et placé le voyage du prince Henri de Prusse en Russie au rang des événements de l'histoire. Ce prince, en ses lettres diplomatiques très précises et très claires, composait à sa manière ses *Soirées de Saint-Pétersbourg*. C'est un livre singulier; on en connaît quelques pages; elles méritent d'être étudiées.

Le prince écrivait au roi son frère, le 31 octobre : « Hier Saldern est venu me voir et m'a demandé si Panine m'avait parlé des avantages que l'Autriche aurait pu obtenir. Je répondis : Oui, et j'ajoutais : Si l'on veut s'entretenir de rêveries politiques, on pourrait, dans le cas où il serait impossible de décider les Turcs à la paix, penser à former entre la Prusse, la Russie et l'Autriche une triple alliance, qui assurerait respectivement à ces trois cours des avantages lorsque les Turcs auraient été réduits à la paix. » Saldern rapporta le propos à Panine, et le soir même, à la cour, le ministre russe se montra très disposé à reprendre, pour son compte, la conversation où le prince Henri l'avait laissée avec Saldern. On reparla donc de la triple alliance et aussi des arrangements particuliers que la Prusse et la Russie devraient prendre dans le cas où l'Autriche ne voudrait point adhérer à ce système. « Sur ce dernier point, écrivait le prince le 27 novembre, je n'ai pas voulu m'avancer davantage, ignorant encore votre réponse au sujet de la triple alliance. Je vois qu'ici on la trouve très désirable, si elle est possible. Solms, à qui je n'en ai jamais parlé, est venu me dire que je pouvais compter que si l'on pouvait former une triple alliance, on la préférerait ici à tous les avantages que l'on pourrait avoir. Je répondis que je n'avais rien à répondre parce que je n'avais pas reçu d'ordre de vous. Si cette alliance se formait, ce ne pourrait être qu'à la condition qu'il vous serait tenu bon compte des avantages que l'Autriche obtiendrait sur les Turcs, car vous ne pouvez admettre que la balance des forces entre vous et l'Autriche soit modifiée... Si vous croyez cette alliance possible, je suis d'avis qu'il faudrait d'abord s'entendre avec l'Autriche. Si vous y réussissez, je puis presque vous garantir le consentement de cette cour. Dans le cas contraire, il serait toujours facile d'atteindre ici le but, s'il ne s'agissait que d'acquisitions en Allemagne. Si votre part devait être prise en Pologne, j'ai des raisons de croire que l'on se montrerait ici très difficile. L'Autriche peut obtenir aux dépens de la Porte tout ce qu'elle a perdu et davantage encore, tout ce qu'elle voudra, même si elle veut aller aux portes de Constantinople[1]. » Les faiseurs de projets ont été de tout temps très généreux du bien de leur prochain. Le droit des gens, tel que les inventeurs de la triple alliance l'ont pratiqué pour eux-mêmes et enseigné à leurs successeurs, repose sur un adage devenu proverbial dans les chancelleries : *Nul ne doit s'enrichir qu'aux*

---

[1] Voir, pour cet échange d'idées sur la Pologne, MARTENS, t. VI, p. 67. — *Correspondance de Solms*, rapports des 16 octobre et 3 novembre 1770, p. 318, 320. — *Précis des sentiments du comte de Panine*, 2 novembre, id., p. 323. — *Projet du comte de Solms sur la Pologne*, 2 novembre, id., p. 320.

dépens d'autrui. Cette maxime est aussi vieille que la politique, et sans vouloir faire de tort aux Grecs et aux Romains, Plutarque nous apprend que, dès le temps de Numa, « la violence et la convoitise d'usurper à force l'autrui étaient lors louées entre les Barbares ».

Tout en poursuivant ces spéculations, les Russes n'avaient garde de préciser les conditions qu'ils prétendaient imposer aux Turcs; ils n'en parlaient qu'en passant et en termes très vagues, ajournant toujours sur ce point leur réponse aux questions du prince Henri. C'est que l'on n'avait pas encore reçu de réponse aux ouvertures de Roumantsof, et qu'il restait quelques places à prendre pour asseoir la domination russe dans les principautés du Danube et préparer l'indépendance des Tartares de Crimée.

Frédéric s'en doutait bien, et il était aussi impatient de prévenir le fait accompli que la tsarine était désireuse de l'opposer aux médiateurs. Ce qui avait transpiré des intentions des Russes semblait assez modéré; Frédéric se plaisait à exagérer la portée de ces demi-confidences; il espérait, en louant la modération de la tsarine, la fortifier dans ses dispositions, et la conduire à confirmer officiellement les insinuations de ses ministres. « Il est beau de pardonner à ses ennemis et plus beau encore de ne les point opprimer lorsqu'on les peut écraser, écrivait-il au prince Henri... La clémence, l'humanité, la générosité partent du cœur du souverain, cette gloire est personnelle, et personne ne peut la lui disputer. Voilà ce qui rendit César le premier des Romains : son vaste génie et sa clémence; et je me réjouis de trouver les mêmes grandes qualités dans l'impératrice dont je suis le fidèle allié. Je ne finirais point sur ce sujet, mon cher frère; la matière est inépuisable... » Il célébrait et glorifiait ainsi les vertus de la tsarine, espérant qu'il en resterait quelque chose; au fond il attendait avec inquiétude que Panine traduisît en style de chancellerie les beaux sentiments de sa souveraine. Zegelin et Thugut avaient décidé les Turcs à parler de paix et même d'armistice. Frédéric se hâta d'en avertir son frère. « J'espère, lui écrivait-il le 11 novembre, qu'on ne passera pas le Rubicon (c'est-à-dire le Danube). Les Turcs demandent la paix à cor et à cri... Ils voulent relâcher Obreskof dès qu'ils sauront sûrement que les Russes veulent la paix... Si les Russes passaient le Rubicon, il n'y aurait plus moyen d'arrêter les Autrichiens, et vous pouvez compter qu'une guerre générale s'ensuivrait infailliblement. » C'était ce qu'il redoutait par-dessus tout.

La triple alliance ne lui paraissait point une compensation suffisante aux dangers d'une nouvelle guerre. « Cette œuvre si utile pour l'humanité », comme la qualifiait Panine, semblait à Frédéric inutile pour la Prusse, et il n'en voulait pas. Avant de spéculer sur l'avenir, il entendait régler les affaires du présent sans se laisser leurrer par de pompeuses promesses. « On verra venir le printemps, écrivait-il le 5 décembre, et l'on dira qu'on ne peut se dispenser de continuer la guerre. Je crains bien que cela en viendra là, et qu'on me traitera comme une vache à lait, pour des subsides qui sont de l'argent jeté dans la rivière. Je souhaite, mon cher frère, que je devine mal, mais je crains que ces gens-là n'aient leur système tout arrangé, et qu'ils tâcheront de vous tenir le bec dans l'eau le plus longtemps qu'ils pourront. »

Tandis que Frédéric, pour adoucir la tsarine et la persuader de compter avec la cour de Vienne, la menaçait d'une guerre générale où la France interviendrait, la chancellerie de Vienne employait toute sa diplomatie pour détourner les Français de se mêler des affaires d'Orient. A Berlin comme à Vienne on faisait ce que les militaires appellent de la guerre de contenance, et les prétendues velléités belliqueuses de la France servaient de prétexte pour masquer les vrais desseins que l'on poursuivait. La vivacité avec laquelle la tsarine avait repoussé l'idée d'une accession quelconque de la France à la médiation ne laissait pas de préoccuper Kaunitz. Il se rendait compte que le gouvernement français, si inconsistant et faible qu'il fût devenu, serait profondément froissé de voir l'Autriche, son alliée, prendre part à une négociation dont la France serait exclue, surtout si la tsarine y faisait intervenir l'Angleterre. L'impératrice Marie-Thérèse se déciderait difficilement à donner à Louis XV un grief aussi fondé. Kaunitz, qui tenait fort à la médiation, ne vit qu'un moyen de sortir d'embarras. Ce moyen était aussi hardi que subtil : c'était de mettre la France en demeure de résoudre la difficulté. Il écrivit en conséquence à Mercy, le 25 octobre 1770, d'exposer l'état des choses à M. de Choiseul, de faire ressortir les inconvénients qu'il y aurait pour l'Autriche à refuser la médiation, d'ajouter que ces inconvénients seraient d'autant plus grands pour la France qu'elle serait elle-même exclue de la négociation, tandis que l'Angleterre y serait admise; que la cour de Vienne cependant, ne voulant en rien désobliger la cour de Versailles, s'en remettait au roi Louis XV du soin de décider quelle conduite elle devrait tenir si la tsarine persistait à inviter l'Angleterre et à exclure la France [1].

---

[1] Arneth, t. VIII, p. 238.

Ces raffinements de diplomatie alarmaient Marie-Thérèse et froissaient sa conscience. Elle tenait sincèrement à l'alliance française. Elle préférait renoncer à la médiation. « J'avoue, écrivait-elle à Mercy le 30 octobre, que je voudrais en être dehors, et que les Russes s'entendent en droiture avec ces misérables. » Mais Kaunitz, qui possédait l'art d'endormir les scrupules de sa souveraine, ne s'était point laissé arrêter. Sans se dissimuler tout ce qu'il y avait d'équivoque et de scabreux dans la démarche qu'il avait ordonnée à Mercy, il en espérait le succès.

C'était trop présumer de la condescendance de Choiseul. Son goût pour l'alliance autrichienne n'allait point jusqu'à l'aveuglement, et il ne se méprit point sur les véritables intentions du ministre de Marie-Thérèse. Il écrivit à Mercy le 12 novembre 1770 : « Votre cour, Monsieur, met le comble à ses procédés en s'en remettant au Roi de l'acceptation de la médiation, concurremment avec l'Angleterre et avec Sa Majesté Prussienne, ou du refus de la médiation sans l'admission de la France; nous sentons que les intérêts de la France périclitoraient entre les mains des cours de Berlin et de Londres, lorsque leur partialité ne sera pas éclairée et contenue par une médiation autrichienne; mais cette opposition même de situation, qui a fixé l'attention du Roi, lui paraît un nouveau motif pour penser que la cour impériale se trouvant, pour ainsi dire, sans intérêt dans la médiation, celui du Roi et celui de l'alliance même nous demandent que Leurs Majestés Impériales n'acceptent pas la médiation concurremment avec l'Angleterre et à l'exclusion de la France. » Il n'y avait d'après Choiseul que deux partis à prendre : rejeter la médiation si la Russie persistait dans son refus, ou, si l'on acceptait, donner à la France « l'assurance formelle et positive qu'il ne serait rien stipulé qui pût préjudicier à la France relativement aux deux points essentiels du commerce de la mer Noire et de l'établissement des Anglais dans ces parages ».

Mercy, qui avait tenté « tout ce que la prudence avait permis » pour convaincre Choiseul, trouvait cette réponse « fort extraordinaire »; elle était dictée, disait-il, « par l'esprit de méfiance et de jalousie »; elle prouvait « combien on abusait à Versailles les bons procédés et de la complaisance que Sa Majesté avait bien voulu montrer au Roi Très Chrétien [1] »... Kaunitz y vit « une sorte de persiflage », et il ne se trompait pas. Le ressentiment qu'il en éprouva fortifia naturellement en lui le désir de s'entendre avec le roi de Prusse. Frédéric avait su le flatter; il avait eu l'adresse d'admirer ses subtilités; il l'attirait ainsi doucement dans son jeu; il enchaînait peu à peu l'Autriche à sa politique et l'assujettissait en ayant l'air de se laisser séduire.

Le prince Henri s'évertuait à convaincre les Russes. Il eut beau faire, la tsarine ne se décida qu'à la fin de décembre à révéler ses conditions de paix. C'est que la campagne était terminée; Bender avait été prise après un siège de deux mois. Ackermann eut bientôt le même sort; Braïla succomba le 22 novembre. Les Turcs ne conservaient plus sur la rive gauche du Danube que la petite forteresse de Giurgewo. A l'est, le général Tottleben, après avoir soumis la Géorgie, s'était avancé jusqu'à la mer Noire. Roumantsof ne croyait pas sage de passer le Danube, et de poursuivre les Turcs sur la rive droite. L'armée russe prit ses quartiers d'hiver. Cette

[1] Mercy à Marie-Thérèse, 16 novembre 1770.

armée avait fait de grandes conquêtes, la saison la condamnait au repos. La tsarine jugea qu'il n'y avait point d'inconvénient à négocier. Elle écrivit au roi de Prusse, le 20 décembre, que les derniers événements de la guerre lui permettaient d'assurer à ses peuples une paix équitable, honorable et sûre; que l'objet qu'elle avait en vue répondait à l'intérêt de toutes les puissances chrétiennes qui jugeraient ces affaires avec impartialité; que la mise en liberté d'Obreskof demeurait la condition préalable de tout pourparler de paix; que ces pourparlers pourraient s'ouvrir dans une ville de Moldavie ou de Pologne. Quant aux conditions, la tsarine jugeait prématuré de les communiquer aux Turcs; il fallait attendre, pour en instruire la cour de Vienne, que l'on connût mieux ses intentions. « Cependant, poursuivait-elle, j'avoue que je ne voudrais point, par un excès de réserve et par des signes d'éloignement, nuire aux avantages qu'une plus étroite intimité avec l'Autriche apporterait à notre alliance. Car s'il était possible d'arracher l'Autriche au système insensé qu'elle a adopté et de l'amener à partager nos idées, l'Allemagne serait ramenée à son état naturel, et l'Autriche, attirée sur d'autres objets, renoncerait à diriger contre les possessions de Votre Majesté des vues dans lesquelles ses liaisons présentes ont pour effet de l'entretenir [1]. » Un mémoire joint à la lettre déterminait les conditions de paix que Catherine confiait au roi de Prusse : c'était la cession d'Azof, de la grande et de la petite Kabarda en Circassie; l'indépendance de la Moldavie et de la Valachie ou le maintien de ces principautés sous la domination russe pendant vingt-cinq ans, à titre d'indemnité; l'indé-

---

[1] Duncker, p. 219. — Frédéric, *Œuvres*, t. VI, p. 33.

pendance des Tartares de Bessarabie et de Crimée, la libre navigation de la mer Noire, une île dans l'Archipel pour servir d'entrepôt au commerce russe, une amnistie générale pour les Grecs qui avaient embrassé le parti des Russes.

L'indépendance des Principautés et du pays des Tartares, c'était en réalité l'assujettissement de ces pays à la Russie. « Si convaincants » que fussent, au dire d'un historien russe, « les arguments que l'impératrice Catherine faisait valoir pour démontrer la nécessité d'indemniser la Russie pour les sacrifices qu'elle avait faits, et de rendre une fois pour toutes les Turcs inoffensifs à l'égard des populations chrétiennes de l'Europe¹ », Frédéric n'en fut point touché. La lettre du 20 décembre était loin de confirmer les confidences qui lui inspiraient naguère de si belles considérations sur la clémence et la modération des rois. « Des conditions aussi énormes, dit-il en ses Mémoires, auraient achevé de cabrer la cour de Vienne. » Il en était d'autant plus ému que, dans la nuit du 2 au 4 décembre, le reïs-effendi avait déclaré aux ministres d'Autriche et de Prusse que « la constitution actuelle de l'empire ottoman ne permettait d'entrer en aucune négociation particulière avec une puissance chrétienne avec laquelle on était en guerre »; qu'il l'avait fait savoir au général Roumantsof, et qu'il persistait à ne vouloir négocier la paix que par la médiation de la Prusse et de l'Autriche². Frédéric avait communiqué à Vienne la première note de la Russie au sujet de la médiation; les Autrichiens avaient répondu « qu'on se moquait d'eux », et le roi

---

¹ MARTENS, t. II, p. 10.
² HAMMER, t. XVI, p. 477. Pièces.

de Prusse avait jugé cette réponse trop peu « édifiante » pour être envoyée à Pétersbourg[1]. Ainsi les Turcs persistaient à réclamer la médiation, et les dispositions de la Russie rendaient cette médiation impossible. Frédéric écrivit au prince Henri le 3 janvier 1771 : « Les cornes me sont venues à la tête, mon cher frère, lorsque j'ai reçu les propositions de paix que les Russes présentent. Jamais je ne puis me charger de les proposer aux Turcs, ni aux Autrichiens; car, en vérité, elles ne sont pas acceptables. Ce qui regarde la Valachie ne peut en aucune façon s'ajuster avec le système autrichien; premièrement, ils ne quitteront jamais l'alliance de la France, et en second lieu, ils ne souffriront jamais les Russes dans leur voisinage. Vous pourrez regarder cette pièce comme une déclaration de guerre. On se moque de nous en nous donnant un tel leurre; pour moi, qui ne puis en aucune façon me compromettre par complaisance pour la Russie, je leur ferai quelques remarques sur les suites de leurs propositions, et, s'ils ne les changent pas, je les prierai d'en charger quelque autre puissance, et je me retirerai du jeu; car vous pouvez compter que les Autrichiens leur feront la guerre; cela est trop fort et insoutenable pour toutes les puissances de l'Europe. Les États se dirigent par leurs propres intérêts; on peut avoir de la complaisance pour son allié, mais il y a des bornes à tout; ainsi, quoi qu'il en puisse résulter, il m'est impossible de dissimuler en ce moment, et il faut parler net. » Frédéric chargea en conséquence son frère de déclarer aux Russes, et il écrivit lui-même à la tsarine, le 5 janvier 1771, que si elle voulait éviter la guerre avec l'Autriche, il fallait

---

[1] Frédéric au prince Henri, 19 décembre 1770.

rayer les articles relatifs à la Moldavie, à la Valachie, à l'indépendance des Tartares et à l'île de l'Archipel; si elle se contentait d'Azof, des deux Kabarda et de la navigation de la mer Noire, la médiation était possible, et Frédéric se chargeait d'obtenir l'adhésion de l'Autriche.

CHAPITRE XII

LES PRÉLIMINAIRES DU PARTAGE DE LA POLOGNE.

(Novembre 1770-janvier 1771.)

La conduite à tenir à l'égard du roi de Prusse était alors la grande préoccupation de la cour de Vienne. Cette cour en délibéra longuement dans les derniers jours de novembre et au commencement de décembre 1770. L'essentiel eût été de décider Frédéric à soutenir la médiation par les armes et par suite de le détacher de la Russie. Kaunitz proposait de lui promettre, en cas de succès, la Courlande et la Semigalle; l'Autriche, en compensation, garderait le Zips et les territoires moldaves qu'elle avait occupés sur la frontière de Transylvanie. La Pologne achèterait bien volontiers sa délivrance à ce prix. Ce serait un partage, mais un partage modéré, puisque la Courlande n'était qu'un fief de la couronne de Pologne, et le Zips un gage sur lequel l'Autriche avait des « droits anciens ». Marie-Thérèse n'approuva point. « Le plan de partage est pensé grandement, mais pas à ma portée », répondit-elle à Kaunitz. Les divergences d'opinions entre elle et l'empereur provoquaient à tout propos des discussions dont elle était profondément affectée. Il y avait d'ailleurs un point sur lequel elle paraissait inébranlable : elle ne voulait point la guerre. « J'aime trop mes peuples, ma tranquillité, et au moins de me la procurer au dehors, n'en jouissant pas dans ma famille, écrivait-elle le 27 novembre 1770 au maréchal Lascy... Continuez vos conseils à mon fils, mais n'animez pas à la guerre, vous me trouveriez en chemin, et jamais, au grand jamais, contre mes musulmans. » L'Autriche finit par s'arrêter à un parti moyen qui n'était ni la paix ni la guerre. Elle arma, moins pour être en mesure de combattre que pour intimider la Russie et peser sur les résolutions de la Prusse. M. de Swieten fut envoyé à Berlin pour démêler les vues de Frédéric.

Les instructions de Swieten sont datées du 8 décembre 1770; Kaunitz avait « jugé devoir les coucher en français, parce que c'est dans cette langue qu'il est d'usage de parler au roi de Prusse ». Elles prescrivaient à Swieten de s'enquérir des intentions du roi, dans le cas où la tsarine persisterait dans ses conditions de paix; de l'instruire des desseins secrets que la Russie poursuivait sur l'Orient et auxquels elle avait proposé à l'Autriche de participer; de représenter à Frédéric les dangers d'un agrandissement de la puissance russe et de lui offrir de s'y opposer. Joseph II résumait dans une lettre adressée le 18 décembre à son frère, Léopold de Toscane, les pensées qui, malgré l'opposition de l'impératrice, dirigeaient la politique autrichienne. Il déterminait les circonstances dans lesquelles l'Autriche serait dans le cas d'agir et de s'indemniser aux dépens de la Turquie. « Ce cas, disait-il, peut être double : 1° Si les Russes passent en force le Danube et marchent vers Andrinople, le temps est venu de nous porter avec un corps sur le Danube et leur couper les derrières et les obliger par conséquent à une retraite précipitée, dans laquelle leur armée pourrait être détruite, et les Turcs, sauvés de leur destruction, se porteraient plus facilement à un dédommagement de nos dépenses réelles. Celui-ci serait la portion de la Valachie qui a été cédée à la paix de Belgrade, et qui est entre le Banat, la Transylvanie, le Danube et l'Altfluss (Aluta). — 2° Si par mer, en forçant les Dardanelles, Constantinople, par une révolution ou autrement, pourrait menacer ruine et par conséquent tout l'empire, car il faudrait nécessairement occuper les provinces qui seraient à notre gré, avant de les laisser aux Russes. Pour ces deux seuls cas, Sa Majesté a résolu de préparer l'assemblage d'un corps de cinquante mille hommes..... Voilà, cher frère, à quoi nous en sommes, et je crois néanmoins tout cela pour rien, parce que les Russes ne passeront jamais le Danube, et ne s'occuperont qu'à garder le Danube, et à couvrir par là leurs opérations sur Otchakof et sur la Crimée, qui seront les vrais objets de leur prochaine campagne. »

Les résolutions que l'Autriche venait de prendre et les mesures militaires qui en étaient la conséquence précipitèrent le dénouement de l'affaire du Zips. Sous l'impulsion de l'empereur, très complaisamment subie par Kaunitz, on avait mené rondement cette affaire, trop rondement même, car le gouvernement de Pologne ne se montrait ni convaincu « des droits anciens » de l'Autriche, ni satisfait des mesures de précaution qu'elle avait prises. L'assentiment plus ou moins volontaire de la Pologne était le point capital de la procédure poursuivie par Kaunitz. Si la Pologne se montrait récalcitrante, la revendication se transformait en occupation brutale, et rien ne répugnait plus aux délicatesses diplomatiques de la cour de Vienne. La chancellerie s'évertuait, à l'aide de distinctions subtiles, à sauver les apparences. « Ce n'est pas, disait un rapport du 18 octobre 1770, *ad lucrum captandum*, mais seulement *ad damnum evitandum* que l'on a fait avancer les aigles de Votre Majesté. » Les Polonais n'en persistaient pas moins à réclamer : tous les brocards de l'école ne faisaient rien à l'affaire, et le grand chancelier de Pologne n'avait pas besoin d'être grand jurisconsulte pour constater que le territoire de la république était envahi, ce qui, dans tous les temps, a passé pour une violation du droit des gens. Il le dit en mots propres, et Kaunitz s'en émut. « A mon grand regret, écrivait-il à l'impératrice le 31 octobre 1770, d'après ce qui me revient de toutes parts de la valeur de nos titres, j'ai bien peur que cet homme n'ait que trop raison d'appeler conquête ce que l'on a cru pouvoir entreprendre. » — « *J'ai très mince opinion de nos titres* », lui répondit Marie-Thérèse. Mais si l'on avait à Vienne le goût du scrupule, la raison d'État l'emportait toujours sur la conscience. Lorsque, au commencement de décembre, cette cour décida de prendre une attitude plus menaçante à l'égard de la Russie, et qu'elle commença de discuter les dédommagements qu'elle pourrait réclamer si elle se mettait d'accord avec le roi de Prusse, elle jugea prudent de se nantir en Pologne d'une partie des territoires sur lesquels elle avait jeté son dévolu. Le 9 décembre 1770, la couronne de Hongrie prit définitivement possession du Zips, et le gouverneur se donna le titre très démonstratif d'*administrator provinciæ reincorporatæ*.

L'incorporation du pays de Zips et la mission de Swieten à Berlin pouvaient à juste titre froisser le cabinet de Versailles. Cette considération ne paraît pas avoir arrêté la cour de Vienne. L'empereur, dont la volonté finissait toujours par prévaloir, ne prenait aucun souci des intérêts de la France, parce qu'il ne faisait aucun état de ses forces. Il écrivait à Léopold le 18 décembre : « Les troubles entre l'Espagne et l'Angleterre, loin d'être terminés, paraissent plus sérieux que jamais, et une rupture paraît presque infaillible. On se disputera pour bien peu de chose; en attendant, notre neutralité avec le roi de Prusse à ne pas souffrir de guerre en Allemagne est sûre, et cela nous tranquillise. En France, ils sont fort embarrassés, vu leur pitoyable état, et l'on a même parlé de rompre le Pacte de famille et de laisser l'Espagne seule se débrouiller. Le temps fera voir plus clair. » Ce que le temps fit voir, et beaucoup trop vite et beaucoup trop clairement, ce fut la ruine du crédit politique de la France. Quinze jours après qu'il écrivait cette lettre, Joseph apprit la chute du duc de Choiseul. Ce ministre, qui avait de la grandeur dans l'imagination, n'avait ni de suite dans la volonté, ni de fermeté dans les vues, ni de constance dans le caractère. Il s'était engagé partout, s'était fait partout des ennemis et ne s'était assuré de ligne de retraite nulle part. Tous ses alliés lui manquaient. La cour de Vienne, à laquelle il avait tout sacrifié, entravait toute sa politique. Les Polonais ne lui apportaient que des déceptions. Il n'espérait plus rien des Turcs. Il avait affronté l'Angleterre, et il avait pour ennemies déclarées la Prusse et la Russie. A l'intérieur, il se trouvait en lutte ouverte avec les Parlements. Il cherchait à s'appuyer du parti des philosophes; mais ce parti, par grâce d'état, était tout russe et prussien, réprouvant le fanatisme des Polonais et condamnant celui des Turcs. La « faction des maîtresses » considérait Choiseul comme un homme aventureux dont la politique troublait les loisirs de Versailles. La faction des dévots ne lui pardonnait ni l'expulsion des Jésuites ni l'alliance du Croissant. Choiseul se débattait dans « un défilé inextricable »; pour en sortir, il aurait fallu être à la fois un grand diplomate et un grand réformateur : un grand homme d'État, pour tout dire. Choiseul n'en avait que l'ambition et l'attitude. Un conflit de cour, qu'il ne laissa point de provoquer en partie, vint à propos pour le jeter hors des affaires, dont il aurait été fort empêché de sortir[1]. Il y eut, comme on aimait à le dire alors, une révolution de sérail à Versailles : le harem était depuis longtemps en guerre avec le divan; il finit par l'emporter. Mme du Barry triompha de Choiseul. La querelle de l'Angleterre avec l'Espagne fournit le prétexte : les ennemis de Choiseul prétendirent qu'il avait fomenté ce différend pour entraîner la France dans la guerre, se rendre nécessaire et se maintenir au pouvoir. Louis XV ne voulait de la guerre à aucun prix; la détestable coterie qui le gouvernait aurait sacrifié le Pacte de famille pour éviter cette extrémité. Le roi se contenta de sacrifier Choiseul. Le 24 décembre 1770, ce ministre fut exilé dans ses terres. La France disparut de la scène orientale et s'effaça sur la scène européenne. Elle resta six mois sans ministre des affaires étrangères. La diplomatie officielle s'anéantit. Ce qui subsistait de la diplomatie secrète du roi ne fut plus guère, malgré les efforts, le zèle et l'invention que déploya le comte de Broglie, qu'une fantasmagorie par laquelle Louis XV cherchait à se distraire de son incurable ennui et tâchait de se dissimuler à lui-même l'humiliante impuissance à laquelle il s'était condamné[2].

[1] Voir le *Secret du roi*, t. II, p. 348 et suiv.
[2] Voir le *Secret du roi*, t. II, ch. VIII. Cf. *Essais de critique et d'histoire*, l'étude intitulée : la Diplomatie secrète de Louis XV.

Choiseul était le seul homme qui inspirât encore quelque considération aux alliés de la France et quelque crainte à ses ennemis. Sa disgrâce fut un débarras pour tous les adversaires de la politique française. Kaunitz cessa de tenir aucun compte de ce que l'on pensait à Versailles. L'ambassadeur d'Autriche en France ne fut même plus instruit des négociations. Mercy écrivait, deux mois après, le 25 février 1771, dans une des lettres directes et secrètes qu'il adressait à l'impératrice : « Le prince de Stahremberg me mande que Votre Majesté a daigné l'autoriser à m'informer des résolutions prises sur ce qui concerne la paix et la guerre entre la Porte et la Russie : conséquemment il m'a instruit du point où en est cet important objet, et m'éclaircit par *quelques détails* ce que la chancellerie d'État m'en a *marqué sommairement.* » Seule peut-être Marie-Thérèse regretta sincèrement le duc de Choiseul. « J'avoue, écrivait-elle à Mercy le 4 janvier 1771, que la perte de Choiseul m'est très sensible, et je crains que nous ne nous en ressentions que trop... » « J'en suis bien affectée, mandait-elle à sa fille deux jours après, je n'ai vu dans leurs procédés que du honnête et du humain, et bien attaché à l'alliance... » Les regrets de l'impératrice n'étaient que trop fondés. Elle pressentait que rien désormais n'arrêterait plus l'Autriche dans la voie périlleuse où l'entraînaient l'ambition chimérique de Joseph, l'aveugle fatuité de Kaunitz et l'habileté machiavélique avec laquelle le roi de Prusse savait exploiter les passions et les faiblesses des hommes.

La chute de Choiseul et l'effacement de la politique française complétaient le triomphe de Catherine II. Elle montra pour le ministre de Louis XV une commisération où il y avait plus de mépris que de grandeur d'âme. « J'ai si peu de rancune envers M. de Choiseul, écrivait-elle à Mme de Bielke [1], que je le plains d'avoir été exilé. Cet homme-là, en croyant me faire le plus grand mal, s'est toujours trompé, parce que ses flatteurs ne lui ont jamais dit que ce qui lui était agréable, et lui ont laissé éternellement ignorer la vérité; cela l'a jeté dans un labyrinthe de fausses démarches, dont, à moi, il ne m'est revenu, par contre, que de la gloire. Je n'ai aucune mauvaise volonté contre lui; il était étourdi comme un hanneton... » Choiseul était le grand obstacle à une entente entre la Russie et l'Autriche sur les affaires de Pologne et sur les affaires d'Orient. Cette entente, la tsarine la désirait : avant de connaître la disgrâce du ministre français, elle s'efforçait de préparer l'accommodement, et quand on sait le dessein qu'elle formait en ce moment-là, on comprend la joie qu'elle ressentit en se voyant débarrassée d'un adversaire qui, sans être très redoutable en réalité, pouvait devenir très gênant. Panine avait à bien des reprises entretenu le prince Henri des avantages que l'Autriche pourrait retirer d'un accord avec la Russie et d'une triple alliance. Frédéric faisait une objection capitale : c'était l'alliance de l'Autriche avec la France, et l'influence qu'il attribuait bien gratuitement au duc de Choiseul sur la cour de Vienne.

La tsarine était allée à Moscou dans les derniers jours de décembre; elle revint le 6 janvier 1771. Le prince Henri l'avait accompagnée. Elle apprit en arrivant les préparatifs militaires de l'Autriche et l'incorporation du Zips. Ces mesures étaient dirigées contre la Russie. Si l'on avait eu le moindre doute à cet égard, les lettres

---

[1] 31 janvier 1771.

du roi de Prusse à son frère l'auraient levé. La tsarine cependant n'en parut point fort troublée, et, loin de voir là un motif d'abandonner ses plans de conquêtes, elle y découvrit un moyen d'en assurer le succès. Le roi de Prusse conseillait la modération, parce que, autrement, l'Autriche ferait la guerre, et qu'il ne voulait point y être compromis. Pour tout concilier, il fallait trouver un expédient qui fût de nature à satisfaire à la fois le roi de Prusse et la cour de Vienne. Il fallait en même temps rassurer Frédéric, l'attacher plus étroitement que jamais à la Russie et faire en sorte qu'au lieu de s'abstenir par crainte de l'Autriche, il eût intérêt à décider lui-même cette cour à souscrire aux conditions de la Russie. La tsarine se trouvait placée dans des conditions analogues à celles où était Frédéric lorsqu'il esquissait le projet du comte de Lynar ; les mêmes difficultés amenèrent Catherine II à proposer la même solution.

Le prince Henri écrivait au roi le 8 janvier 1771 que si la cour de Vienne n'était pas si solidement attachée à la France, la Prusse pourrait tirer des conjonctures présentes des arrangements avantageux ; que le général Bibikof, ami de Panine et fort bien vu de la tsarine, l'avait entretenu des bénéfices que le cabinet de Vienne pourrait obtenir à la paix. Bibikof avait ajouté qu'en ce cas il serait juste que la Prusse eût aussi son bénéfice ; qu'on était mal informé à Vienne des intentions de la cour de Russie ; qu'elle était disposée à se prêter à tout, pourvu qu'il ne s'agît que de dépouiller les Turcs, et qu'elle se contenterait de la plus petite part du butin[1]. — Cette lettre écrite, le prince se rendit à la cour, et,

---

[1] DUNCKER, p. 220.

en rentrant, il ajouta à sa dépêche le post-scriptum suivant[1] : — « J'ai été ce soir chez l'impératrice, qui me disait en badinant que les Autrichiens s'étaient emparés en Pologne de deux starosties[2], et qu'ils avaient arboré sur les frontières de ces starosties les armes impériales. Elle ajouta : — Mais pourquoi tout le monde ne prendrait-il pas aussi ? — Je répliquai que, quoique vous ayez, mon cher frère, un cordon tiré en Pologne, cependant vous n'aviez pas occupé de starosties. — Mais, dit l'impératrice en riant, pourquoi n'en pas occuper ? — Un moment après, le comte Czernichef m'approcha, et me parla sur le même sujet en ajoutant : — Mais pourquoi ne pas s'emparer de l'évêché de Warmie? Car il faut, après tout, que chacun ait quelque chose. — Quoique cela n'était qu'un discours de plaisanterie, il est très certain que ce n'était pas pour rien, et je suis convaincu qu'il sera très possible que vous profitiez de cette occasion. » Le même jour, Solms écrivait au roi de Prusse : « La prise de possession de la starostie de Sandecz a fait à Pétersbourg beaucoup d'effet ; on dit que la Prusse, pour s'indemniser des subsides qu'elle a payés, devrait prendre la Warmie, et que les Russes, pour se dédommager des frais de la guerre, devraient annexer la Livonie polonaise et la Lithuanie jusqu'à la Dwina et au Dnieper. Ces circonstances sont très favorables pour les trois cours », ajoutait le ministre prussien.

Le prince Henri reprit la conversation avec Panine. Ce ministre était médiocrement satisfait des invasions autrichiennes en Pologne. « Il ne m'a pas parlé de l'évêché de Warmie, écrivait le prince Henri le 11 jan-

---

[1] FRÉDÉRIC, Œuvres, t. XXVI, p. 345.
[2] Zips et Sandecz.

vier 1771. Tout cela provient de la division du conseil; tous ceux qui sont portés pour l'agrandissement voudraient que tout le monde prenne, afin que la Russie pût profiter en même temps, tandis que le comte de Panine est porté pour la tranquillité et la paix. J'éclaircirai cependant cette affaire, et je suis toujours d'opinion que vous ne risquez rien de vous emparer, sous quelque prétexte plausible, de cet évêché, au cas que la nouvelle soit véritable, que les Autrichiens aient effectivement pris ces deux starosties, sur lesquelles on prétend qu'ils réclament des droits qu'ils ont recherchés dans les archives, en Hongrie. »

Pendant que l'on causait ainsi à Pétersbourg, Frédéric s'impatientait à Berlin, et comme il lui semblait politique d'inquiéter la Russie, il ne dissimulait point sa mauvaise humeur. Il écrivit au prince Henri, le 11 janvier : « Si j'entreprenais les négociations sur les bases proposées par l'impératrice, la guerre entre l'Autriche et la Russie serait déclarée au printemps. Ne voyez-vous pas qu'ils veulent avoir le dos libre, pour disposer à leur gré de la Pologne à la première occasion ? Je commettrais l'impardonnable faute de me river moi-même mes chaînes, et je ne jouirais que du bénéfice de Polyphème, d'être dévoré à la fin. Ils veulent la guerre : autrement ils n'exigeraient ni la Valachie, ni l'indépendance des Tartares, ni l'île dans l'Archipel. Je ne travaillerai pas en esclave à leur agrandissement sans que l'on stipule quelque chose en ma faveur. Je m'en tiens à ce que j'ai écrit à l'impératrice, et je me retire du jeu si cela ne produit aucun effet. Vous ferez bien de penser à votre retour. » Cette lettre fit impression à Pétersbourg, trop d'impression même. « Je ne m'attendais pas, dit la tsarine, à entendre le roi de Prusse plaider la cause des Turcs. » Cependant elle se montra plus accommodante, et indiqua que dans le cours des négociations, elle se désisterait d'une partie de ses exigences. Elle écrivit le 20 janvier 1771 au roi de Prusse : elle ne négocierait jamais à Constantinople, disait-elle, et jamais avant qu'Obreskof fût libre. Azof et les deux Kabarda avaient autrefois appartenu à la Russie, et elles étaient nécessaires à la sécurité de ses frontières. Quant au séquestre de la Moldavie et de la Valachie, elle y renonçait entièrement et ne s'opposait point à ce que ces pays fussent indépendants. C'était l'intérêt de la cour de Vienne, et la cour de Vienne avait tort de ne pas le comprendre. L'équilibre de l'Orient ne serait pas altéré parce que la frontière de la Turquie serait reportée du Dniester au Danube. Quant à l'indépendance des Tartares de Crimée, c'était l'humanité qui l'exigeait : la puissance de la Porte n'en serait point diminuée, et d'ailleurs la Crimée ne touchait point aux frontières de l'Autriche. « Je n'obtiendrai jamais une bonne paix, concluait la tsarine, si je ne m'endurcis pas contre l'orgueil des Turcs et la partialité qui les soutient. »

Le jour où Catherine II écrivait cette lettre, le prince Henri quittait Pétersbourg. « Sachez qu'avec ce prince rien n'est perdu », avait dit la tsarine[1]. L'Europe n'allait pas tarder à vérifier l'exactitude de ce jugement. Les événements s'étaient précipités dans les dernières semaines de 1770, et il s'était établi de singulières corrélations entre ces événements très divers en apparence. Au moment où les Russes achevaient la conquête de la Moldavie et de la Valachie, l'Autriche prenait possession du Zips et de Sandecz, plantait ses aigles en Pologne

[1] Lettre à madame de Bielke, 11 décembre 1770.

et embrassait cinq cents villages dans cette ligne, qui s'avançait jusqu'à dix lieues de Cracovie. Le roi de Prusse avait élargi considérablement le cordon sanitaire qu'il avait tiré en Pologne ; ses troupes étaient entrées dans la Pologne prussienne ; elles s'étaient étendues sur l'évêché de Warmie, une partie du palatinat de Kulm et de la Pomérellie ; elles avaient même débordé, le long de la frontière de Silésie, sur plusieurs districts des palatinats de Kalisch et de Posen [1]. On armait à Vienne, on s'impatientait à Berlin. Les confédérés de Pologne étaient à bout. Le 24 décembre, Choiseul tomba : la France ne comptait plus. A Vienne, à Berlin, à Pétersbourg, on voulait à la fois beaucoup prendre et se battre le moins possible. Les faits qui s'étaient produits, les intérêts qui étaient en jeu, les passions qui étaient excitées semblaient en conflit et concouraient en réalité vers le même but. Le roi de Prusse l'avait vu dès le mois de janvier 1769 ; il avait jugé qu'il n'y avait au conflit qu'une solution pacifique, et que cette solution était à l'avantage de la monarchie prussienne : le projet Lynar avait devancé de deux ans le cours des choses. Mais le coup d'œil du roi de Prusse était si perçant, sa connaissance des hommes et des faits si pénétrante, que l'État qui semblait avoir le moins de goût et le moins d'intérêt à justifier ses conjectures fut cependant le premier à les justifier.

Frédéric avait formé le plan, l'Autriche avait donné l'impulsion, la guerre d'Orient fournissait le moyen. Il ne restait plus qu'à saisir le rapport secret qui reliait ces causes diverses. La tsarine le fit, le 8 janvier, en

---

[1] Rapports de l'agent saxon, à Varsovie, 19, 28 novembre et 25 décembre 1770. HERRMANN, p. 483.

badinant avec le prince Henri de Prusse, quand elle lui dit : « Pourquoi tout le monde ne prendrait-il pas aussi? » Les guerres et les révolutions ne sont que le spectacle de l'histoire; la critique s'attache moins à décrire ces grandes tragédies qu'à en rechercher la raison d'être dans le caractère des hommes qui en forment les personnages et dans la nature des événements qui en fournissent la trame. L'heure historique n'est point celle où la pièce se déroule devant les spectateurs, c'est celle où l'auteur, maître de son sujet, distribue les rôles, et pousse l'action vers la catastrophe que la force même des choses semblera rendre inévitable. Cette heure-là avait sonné pour la Pologne, et c'est dans le mois de janvier 1771 qu'il convient d'inscrire dans l'histoire les fameuses paroles : *Finis Poloniæ*.

CHAPITRE XIII

LES OUVERTURES OFFICIELLES DE PAIX ET DE PARTAGE.

(Janvier-juin 1771.)

Le roi de Prusse reçut le 22 janvier 1771 la lettre dans laquelle le prince Henri lui rendait compte de sa conversation du 8 avec la tsarine. L'idée de résoudre la question d'Orient en partageant la Pologne n'était pas faite pour surprendre le grand Frédéric, encore moins pour l'effaroucher. « Cette ouverture se fit à propos, dit-il en ses Mémoires; car, après avoir tout examiné, c'était l'unique moyen qui restait d'éviter de nouveaux troubles et de contenter tout le monde. » Mais il n'entendait point faire les choses à demi; si l'on partageait, il fallait que l'opération fût sérieuse et qu'elle fût efficace. Il fallait qu'elle empêchât la guerre entre l'Autriche et la Russie, et que, par conséquent, la Russie renonçât à toute prétention sur la Moldavie et la Valachie, pour choisir « une province de la Pologne à sa bienséance ». Il importait peu au roi de Prusse que le partage fût injuste, pourvu qu'il fût profitable et que, « par ce nivellement politique, la balance des pouvoirs entre les trois puissances demeurât à peu près la même[1] ». L'Autriche, en occupant le Zips et Sandecz, avait posé un précédent dont il était expédient de prendre acte; mais sa conduite

[1] FRÉDÉRIC, OEuvres, t. III, p. 30.

incertaine et timide n'était pas un exemple à suivre. L'évêché de Warmie, dont les Russes avaient parlé au prince Henri, formerait à la vérité une compensation à ce que gagnerait l'Autriche si elle gardait les deux starosties; mais les deux starosties ne suffiraient pas à désintéresser les Autrichiens dans les affaires d'Orient et ne les dédommageraient pas de la conquête de la rive gauche du Danube par les Russes. L'objet principal, la paix, ne serait pas atteint; on en serait quitte pour avoir commis un acte de violence inutile. Ce n'était pas ainsi que l'avait entendu le comte de Lynar.

Frédéric faisait par devers lui peu de cas du « droit de la nature et des gens »; mais il connaissait la force des idées et savait mesurer la valeur des préjugés. S'il croyait que la raison d'État commande quelquefois aux souverains de heurter les contemporains par des actions d'éclat, il tenait pour imprudent de les aiguillonner par des taquineries. A ses yeux, la conscience des princes devait se montrer aussi accommodante pour les grandes injustices que scrupuleuse pour les petites. Les péchés véniels, pensait-il, sont ceux que l'histoire pardonne le moins à ses héros; telle méchante escarmouche où l'on brûle un village passe pour un massacre; la bataille qui tue des milliers d'hommes et qui ruine un empire est un acte glorieux; tout est affaire de proportion et de nuances. Qui s'illustre en prenant une province se fait traiter de fripon en prenant un district. Telle était la morale de ce grand roi : elle avait, à défaut d'autre mérite, celui d'être claire et d'être conforme à la pratique du siècle.

Frédéric écrivait à son frère le 24 janvier : « Jamais les Autrichiens ne consentiront à l'abaissement de la Porte... Ce qu'on vous fait voir en perspective, l'Ermeland (Warmie), ne vaut pas la peine de dépenser six sous pour l'acquérir. Si les Autrichiens entrent en guerre avec les Russes, comme je le crains fort, il y aura bien entre eux d'autres choses à régler que ce cordon de la Pologne, qu'ils ont envahie; ainsi je ne me presserai pas, et j'attendrai si les événements favorisent pour faire quelque acquisition, ou bien je demeure comme je suis..... Je croirais faire une faute impardonnable en politique, ajoutait-il, si je travaillais à l'agrandissement d'une puissance qui pourra devenir un voisin redoutable pour toute l'Europe. » Ce qu'il désirait acquérir, il le savait fort bien, et le 31 janvier, après avoir reçu le rapport du prince Henri sur sa conversation du 11 avec Panine, il lui écrivait : « Je vois qu'il n'y a pas toute l'union possible dans le conseil de Pétersbourg; mais j'ose vous dire positivement qu'il y a une impossibilité manifeste dans l'exécution des idées du comte Panine relativement à l'Autriche. La haine secrète qu'on a dans ce pays pour les Russes surpasse toute imagination..... Et quant à l'article de prise de possession du duché de Warmie, je m'en suis abstenu, parce que le jeu n'en vaut pas la chandelle. Cette portion est si mince qu'elle ne récompenserait pas les clameurs qu'elle exciterait; mais la Prusse polonaise en vaudrait la peine quand même Danzig n'y serait pas compris, car nous aurions la Vistule et la communication libre avec le royaume (Prusse royale), ce qui ferait un article important. S'il s'agissait de dépenser de l'argent, cela en vaudrait la peine, et d'en donner même largement. Mais quand on prend des bagatelles avec empressement, cela donne un caractère d'avidité et d'insatiabilité que je ne voudrais pas qu'on n'attribuât plus qu'on ne le fait déjà en Europe. » Le point qui préoccupait le plus

Frédéric, c'était de connaître au juste les intentions de la cour de Vienne. Il insinuait même au prince Henri qu'il serait bon que la Russie se chargeât de sonder le terrain en Autriche. L'information qu'il désirait lui vint directement, quatre jours après, et ce fut van Swieten qui se chargea de la lui fournir.

Van Swieten était arrivé à Berlin le 26 décembre 1770; il avait eu son audience du roi le 30 décembre, et le 4 janvier 1771 Frédéric lui avait parlé en termes vagues et inquiétants des conditions de paix de la Russie : elles étaient « si excessives qu'il n'oserait les communiquer », disait-il[1]. On avait naturellement été fort ému à Vienne, et cette cour employa les quinze derniers jours de janvier à délibérer sur la conduite à tenir. Les dissentiments entre l'empereur et l'impératrice s'aggravaient et s'irritaient dans ces discussions épineuses que les habitudes pédantesques de la cour de Vienne prolongeaient démesurément. « Je serai toujours d'avis qu'il faut faire ou tout et agir de vive force, ou rien du tout », écrivait Joseph le 10 janvier. Il adressa le 14 à sa mère un long mémoire[2], où il exposait sa politique. Il n'était point d'avis que l'Autriche fît seule et sans allié la guerre aux Russes. Cette guerre rendrait le roi de Prusse arbitre de la paix en Orient et en Allemagne : tous les avantages seraient pour lui; il ménagerait ses forces, assisterait au spectacle et imposerait le dénouement. Joseph le soupçonnait, d'ailleurs, de s'entendre avec la Russie pour partager le gâteau. Sa conduite sentait le partage[3]. La Russie devait avoir tout fait,

[1] Joseph à Léopold, 10 janvier 1771.
[2] BEER, *Documents*, p. 16-23.
[3] Lettre à Léopold, 31 janvier 1771 : « Il se laisserait presque soupçonner, comme s'ils étaient convenus de partager le gâteau. »

elle ferait tout pour conserver son alliance. « Ne lui sacrifiera-t-elle pas volontiers, dans ce moment de détresse, Danzig, la Prusse polonaise, enfin tout ce qu'il pourra seulement désirer pour l'engager à agir? Peut-on compter sur sa droiture, sur ses promesses, sur sa politique? La première n'a jamais été dans son caractère; les secondes, il les a toujours réglées au gré de ses désirs et de la convenance du moment. Sur sa politique, que peut-on compter sur un homme qui n'a d'autre système que de profiter d'un jour à l'autre des circonstances?... » Il fallait le compromettre et le forcer à se démasquer. Le moyen, c'était de déclarer aux Turcs que l'Autriche était prête à faire la guerre pour eux, s'ils pouvaient décider Frédéric à y prendre part. Les Turcs, que le roi de Prusse avait bercés des plus belles promesses, ne manqueraient pas de faire appel à son amitié. « En peu de mots, disait Joseph, mon idée est de forcer le roi de Prusse par les Turcs à des démarches que nous ne pouvons obtenir de lui, ou de ruiner entièrement son crédit et influence, ce qui, à mon avis, vaut bien politiquement une bonne bataille que nous gagnerions sur les Russes. Les Turcs seraient réduits à se jeter entièrement entre nos bras..... » En tout cas, il fallait être prêt à agir de tous les côtés avec promptitude, soit pour profiter des moments de faiblesse des Russes, s'il s'en présentait, soit pour se « raccrocher avec eux », au besoin tirer sa quote-part, et « trouver moyen de convertir toute notre jalousie mutuelle d'agrandissement en des communs avantages et arrondissements que nous nous procurerions ». Le roi de Prusse, encore que déçu par ce coup de partie, serait bien forcé de se soumettre pour avoir son lot. « Que peut-il que nous ne puissions faire tourner à notre profit? concluait l'empereur. Le renversement de la puissance ottomane doit nous procurer nécessairement l'accroissement de belles provinces, non, à la vérité, si considérables que les Russes auront, mais moins dévastées. »

Demander au roi de Prusse de rompre avec la Russie, proposer aux Turcs de s'allier avec eux, tout en se réservant sous main les moyens de traiter directement avec la Russie, aux dépens de la Turquie dans tous les cas, et, s'il se pouvait, au détriment de la Prusse, n'était-ce pas imiter de point en point la conduite que l'on blâmait à juste titre chez Frédéric II et s'exposer aux reproches que l'on adressait à son manque de bonne foi et à l'inconstance de sa politique? Marie-Thérèse le sentit, et ses lettres montrent qu'elle fut cruellement affligée de découvrir chez son fils un tel manque de scrupules et tant d'aveuglement. Elle écrivit sa réponse à l'empereur. « Cela n'a pas réussi, dit-elle à Kaunitz en lui communiquant la note; mon cœur était trop opprimé; ma tête grise n'est plus pour gouverner; je sens ma décadence; mais je tiendrai bon tant qu'il n'y aura guerre et que vous me souteniez. » — « Dans toute ma pénible carrière, écrivait-elle à l'empereur, je n'ai rien eu de plus difficile que la décision que je dois prendre à cette heure... Mais ce qui me décide le plus, c'est que les Turcs sont les agresseurs, que les Russes ont eu toujours tout le ménagement pour nous, qu'ils sont chrétiens, qu'ils souffrent une guerre injuste, qu'on les a laissés faire en Pologne, opprimer une nation libre, et qu'à cette heure on s'ouvre un secours des Turcs... Jamais et encore moins je suis capable de me mettre avec les Russes pour chasser et détruire les Turcs... Mais ce dont je ne saurais convenir jamais, aussi peu qu'à faire la guerre aux Russes, c'est la façon de vouloir faire embarquer le roi de Prusse... Ma maxime, que je dois au prince Kaunitz et dont je me suis toujours bien trouvée, est l'honnêteté et la candeur, rien de double ou d'induire les autres... On trouvera cette décision faible, timide, je l'avoue; mais je ne me sens pas assez de force de décider sur une guerre que je crois injuste et ainsi contre ma conscience. »

Marie-Thérèse faisait trop d'honneur à Kaunitz. L'élévation de son caractère, la droiture de sa conscience, ses instincts de souveraine avaient dans ces sages et belles maximes infiniment plus de part que le diplomate retors qui avait su capter sa confiance. Les nobles scrupules, la modération, le respect du droit sont une religion à la cour de Vienne : la diplomatie autrichienne y a porté, dans la pratique, bien des accommodements. On a vu, dans mainte occasion, l'Autriche, après avoir protesté de la pureté de ses intentions, transiger avec ses principes, essayer de concilier l'adresse et la vertu, et se laisser décliner insensiblement des démarches équivoques jusqu'aux actes iniques. C'est ainsi qu'après ces pénibles délibérations, Kaunitz, de l'aveu de l'impératrice, déclara à Berlin comme à Constantinople que l'Autriche se prêterait à tous les partis, même les plus violents, si le roi de Prusse en secondait l'exécution. Il demanda à ce prince de s'engager secrètement à ne point défendre la Russie, si l'Autriche l'attaquait autre part qu'en Pologne. Il le pria de dire aux Turcs que l'Autriche ferait la guerre à la Russie plutôt que de permettre la destruction de l'empire ottoman. Il sonda le Divan pour savoir s'il serait disposé à payer une alliance défensive par un subside annuel de trente-quatre millions de florins, l'abandon de la petite Valachie et de Belgrade, enfin par la concession aux sujets autrichiens des avantages commerciaux attribués à la nation la plus favorisée. Un armement ostensible de cinquante à soixante mille hommes devait appuyer ces propositions[1].

Van Swieten vit le roi de Prusse le 10 février 1771 et lui fit sa déclaration. Frédéric répondit, comme il l'avait fait souvent, que son traité avec la Russie ne l'obligeait à soutenir la tsarine qu'en Pologne; mais Swieten ne put obtenir de lui la promesse de neutralité qu'il sollicitait. Le roi éluda constamment la question. « Le cas n'est pas encore posé, disait-il; les gens de Pétersbourg mettront de l'eau dans leur vin, et nous aurons la paix. » Frédéric avait flairé le piége; il était trop fin pour y tomber. Ce n'était point ce qu'on attendait à Vienne. Le langage que tenait le ministre russe Galytzine complétait la déception. La Russie déclinait poliment la médiation. « Elle promet, écrivait Joseph[2], de nous confier tous ses désirs, et qui ne tendent aucunement à conquêtes, mais seulement à dédommagements pour le passé et sûretés pour l'avenir, nous assurant en propres termes que dans ses propositions elle aura l'intérêt de l'Autriche autant devant les yeux que le sien même. » Frédéric, qui connaissait les conditions russes, les qualifiait d'exorbitantes; Galytzine déclarait qu'elles ne tendaient qu'à un simple dédommagement. L'empereur jugeait avec raison que tout cela n'était qu'un jeu pour endormir l'Autriche. Le fait est que l'Autriche s'endormait, et bien que le sommeil fût agité et traversé de rêves, Joseph s'en désespérait. « Je deviens aussi dé-

---

[1] Rescrits à van Swieten et à Thugut, 26 et 27 janvier 1771. Joseph à Léopold, 31 janvier.
[2] A Léopold, 21 février 1771.

goûté, et abandonne tout à la Providence; cela ira joliment! » écrivait-il à son frère Léopold. C'étaient là de ces impiétés qui navraient l'impératrice. Le pire était que toute cette politique n'avait qu'un résultat, et c'était justement celui que l'on avait voulu éviter : rendre le roi de Prusse arbitre de la paix et de la guerre. De Constantinople, de Pétersbourg, de Vienne, tout le monde recourait à lui et reconnaissait que sans lui on ne pouvait rien faire.

« Plus je réfléchis sur les négociations de la paix entre la Russie et la Porte, plus j'y entrevois de difficultés, écrivait-il le 7 février à son ministre Finkenstein. Le plus essentiel pour nous, c'est de ne pas nous laisser éblouir ni par la Russie ni par l'Autriche, et de ne consentir à rien qui pût être contraire à notre plan de neutralité... Je vous en préviens comme d'un principe dont je ne m'écarterai jamais. » C'est sur ces entrefaites que, le 17 février, le prince Henri revint à Potsdam. Ses récits complétèrent ses lettres. Frédéric n'hésita plus. Le moment d'agir était venu. Il répondit aux badinages de la tsarine et aux insinuations de ses conseillers, par une dépêche diplomatique qui transforma du coup les libres propos des soirées de Saint-Pétersbourg en une négociation réglée. Il écrivit, le 30 janvier, au comte de Solms, que l'occupation des starosties par l'Autriche n'était point un ballon d'essai, que c'était un acte parfaitement médité, que l'Autriche garderait ce qu'elle avait pris et que la chancellerie de Vienne ferait une déduction pour justifier et soutenir ces prises de différentes possessions. « En prenant ainsi le véritable état de la question, poursuivait-il, il ne s'agit plus de conserver la Pologne en son entier, puisque les Autrichiens veulent en démembrer une partie; mais il s'agit d'empêcher que ce démembrement ne donne atteinte à la balance entre la puissance de la maison d'Autriche et la mienne, dont le maintien est si important pour moi et si intéressant pour la cour de Russie elle-même. Je ne vois d'autre moyen pour en assurer la conservation que d'imiter l'exemple que la cour de Vienne me donne, de faire valoir comme elle d'anciens droits, que mes archives me fournissent du reste, et de me mettre en possession de quelque petite province de Pologne, pour la rendre si les Autrichiens se désistent de leur entreprise, ou pour la garder, s'ils veulent faire valoir les prétendus titres qu'ils allèguent. »

Il manda à ses ministres de rechercher les titres, et tandis qu'ils s'acquittaient de ce soin, il écrivit à Solms que si l'Autriche persistait à garder les territoires occupés, la Russie pourrait renoncer à la rive gauche du Danube, s'indemniser en Pologne et indemniser les Polonais avec un morceau de la Moldavie et de la Valachie[1]. Les archivistes de Berlin étaient tout aussi experts et beaucoup plus alertes que ceux de Vienne. Le 25 mars, les titres étaient en règle. « Je vous sais beaucoup de gré, écrivait Frédéric à Finkenstein, de votre promptitude à m'adresser les pièces de mes prétentions sur la Pologne. » Il se trouva que les *anciens droits, fournis par les archives de Prusse,* portaient justement sur les territoires que dès l'année 1731 Frédéric considérait comme des pièces détachées qu'il importait de recoudre à l'état prussien. C'étaient ceux aussi qu'en 1769 le comte de Lynar, sans se piquer d'érudition sur les droits anciens, avait

---

[1] 20 et 27 février, 5 mars 1771. DUNCKER, p. 235. ANGEBERG, *Traités de la Pologne,* p. 85.

indiqués dans son prophétique projet. Le roi de Prusse les désigna très clairement au comte de Solms, le 25 mars. « Tout dépend à présent de ma fortune, disait-il à Finkenstein; nous verrons comment le comte de Solms s'y prendra, et s'il sera assez intelligent et heureux pour choisir un bon canal à la réussite de cette négociation importante et délicate. »

La négociation était fort délicate en effet. Panine, qui prétendait faire de la Pologne un État vassal de la Russie, était opposé au partage; mais la tsarine y inclinait : une conquête aussi facile tentait son ambition. La « faction des favoris » se rangea à son sentiment, et le conseil rendit un avis favorable. Toutefois, avant de prendre une décision définitive, Panine obtint que l'on inviterait le roi de Prusse à s'enquérir des intentions réelles des Autrichiens sur les starosties qu'ils avaient occupées. Il pensait qu'en découvrant aux Autrichiens les conséquences que le roi de Prusse et la tsarine prétendaient tirer de cet acte, Kaunitz reculerait et aimerait mieux renoncer aux starosties que de contribuer à fortifier d'une façon aussi redoutable la puissance prussienne.

Le ministre d'Autriche à Berlin écrivait à Kaunitz, le 26 février 1771 : « Il y a de plus en plus lieu de croire que cette cour s'est entendue avec celle de Pétersbourg, qu'elles se sont mises d'accord sur un traité formel de partage, et qu'elles vont travailler à obtenir notre adhésion. » Les insinuations qu'il reçut ne le surprirent point. Le 28 mars, Finkenstein le manda près de lui; il lui dit que la tsarine avait été informée de la prise de possession des starosties, qu'elle avait considéré cet acte sans défiance ni jalousie, et que le roi de Prusse y trouvait l'occasion de témoigner son amitié pour la cour de Vienne en lui donnant un bon conseil. « Le roi pense, dit Finkenstein, que votre cour n'a qu'à alléguer ou faire valoir des droits ou prétentions anciennes sur ces starosties, d'autant que les autres voisins de la Pologne en feront de même. » C'était en termes clairs proposer le partage de la république. L'affaire, du reste, n'était plus un secret. Le ministre de Suède à Berlin disait au ministre de France, qui le mandait le 2 avril à sa cour : « Tout est déjà fini; le roi de Prusse a tout arrangé, et la paix sera signée avant quatre mois. La Pologne sera la victime de tout : c'est vous dire assez. »

C'était aller un peu vite en besogne et compter sans les hésitations, les scrupules et les lenteurs calculées de la chancellerie de Vienne. Panine ne se trompait pas, et la confidence produisit sur Kaunitz l'effet qu'il en attendait. Kaunitz était alors tout entier à ses négociations avec les Turcs; il espérait obtenir d'eux plus d'avantages qu'il n'en obtiendrait de la Russie, et échapper ainsi à la nécessité de procurer au roi de Prusse un accroissement de territoire. Dans le temps même où Finkenstein faisait à van Swieten cette ouverture toute « cordiale », au dire du roi de Prusse, Joseph écrivait à son frère Léopold[1] : « C'est d'un jour à l'autre que nous attendons des nouvelles de Constantinople très-intéressantes, d'une conversation que Thugut doit avoir avec le Reis et Osman-Effendi, qui en partie décidera notre parti à prendre. » En attendant, la cour de Vienne n'avait rien de mieux à faire qu'à se réserver le bénéfice « de la candeur et de l'honnêteté ». L'impératrice ordonna le 16 mars au gouverneur des

[1] 14 mars 1771.

starosties de changer son titre trop compromettant en celui de : « *administrator districtuum... qui linea cœserea includuntur* », et écrivit deux jours après à l'archiviste de compléter le précis des « anciens droits ». L'occupation se transformait en un cordon militaire, à la manière de celui du roi de Prusse, et les apparences étaient de nouveau sauvées. Cette précaution prise, Kaunitz manda le 10 avril à Swieten de répondre au gouvernement prussien que l'Autriche n'avait occupé les districts qu'à titre de prise de gage; quant aux droits anciens, elle n'avait jamais prétendu les faire prévaloir que par les voies pacifiques et juridiques, d'accord avec le gouvernement de Pologne; la paix rétablie, elle évacuerait les territoires occupés, si la Russie et la Prusse retiraient aussi les troupes qu'elles avaient en Pologne.

Frédéric comprit sans peine que cette réponse de l'Autriche transmise à Pétersbourg fortifierait singulièrement Panine dans son opposition au projet de partage; mais il connaissait à merveille les gens auxquels il avait affaire : il savait que la tsarine était disposée à céder à la tentation pour peu que l'Autriche lui en fournît le prétexte; il savait aussi que l'Autriche, placée devant un fait accompli, finirait par capituler, et il agit en conséquence. Lorsque, le 27 avril, il reçut la réponse de la cour de Vienne, il dit à Swieten : « Faites donc encore fouiller dans vos archives, et voyez si vous n'auriez pas des prétentions à élever sur quelque chose de plus que ce dont vous avez pris possession, quelque chose comme un palatinat qui serait à votre convenance. Croyez-moi, il faut profiter de l'occasion ; je prendrai aussi ma part, et la Russie en usera de même. » Tandis qu'il excitait ainsi les convoitises des

Autrichiens en leur insinuant qu'il était déjà d'accord avec la Russie, il s'efforçait d'amener les Russes à cet accord en les persuadant que l'Autriche était décidée à garder les starosties. « Ceci est clair, écrivait-il à Solms le 28 avril en résumant à sa manière les déclarations de Swieten; ces gens donnent l'exemple; ainsi les Russes et moi, nous sommes autorisés à en faire autant. » Ce n'était point là précisément ce que Panine avait attendu de lui lorsqu'il l'avait prié de sonder la cour de Vienne; c'était encore moins ce que Kaunitz pouvait attendre après la déclaration dont il avait chargé van Swieten; mais Frédéric avait son parti pris. « Dans une affaire de cette importance, dit-il en ses Mémoires, il ne fallait pas se laisser décourager par des bagatelles. » Il écrivait le 15 mai à son ministre Finckenstein : « J'avoue, mon cher comte, qu'il n'y a guère moyen d'être satisfait de la réponse de M. van Swieten... Ces gens craignent que leur portion du partage soit trop mince, et, plutôt que de voir notre avantage, ils renonceront au leur. Voilà... une conduite *anticatéchismatique*, car il est dit dans ce catéchisme kaunitzien que les puissances ne s'envieront pas réciproquement des petits avantages. Mais qu'importe que la cour de Vienne consente ou ne consente pas à cette acquisition : si nous nous entendons avec les Russes, ils seront bien forcés de consentir en rechignant à des choses qu'ils ne peuvent changer, et pour lesquelles ils ne feront pas de guerre. Sans doute qu'alors ils augmenteront leur portion et prendront le parti de se taire... Une circonstance qui mérite quelque attention, ajoutait-il, c'est d'insinuer à M. van Swieten que le projet de partager quelques districts de la Pologne vient directement de la cour de Russie et non de ma boutique. Quand ces gens sauront cette circonstance, ils y penseront plus d'une fois avant que de se heurter à deux puissances qui s'accordent dans leur plan, et il me semble qu'ils finiront par faire ce que les Russes et nous projetons. »

Frédéric ne voyait qu'un obstacle au succès de ce plan, c'était la France qui serait sans aucun doute opposée au partage et dont la résistance pourrait peut-être arrêter l'Autriche. Mais le roi de Prusse savait depuis Neisse et Neustadt comment l'Autriche entendait l'alliance; il se rappelait ces mots de Kaunitz, que l'Autriche n'avait pas accoutumé son alliée « à oser exiger d'elle ni des complaisances qui ne seraient pas conformes à son système de paix ni aucune sorte de dépendance ». Il savait aussi que Choiseul n'était plus au pouvoir. Ne le redoutant plus, il ne songeait qu'à se moquer de lui en attendant qu'il le calomniât. « L'idée que vous avez d'un dialogue des morts entre Alberoni et Choiseul est admirable, écrivait-il à son frère Henri; c'étaient des esprits à peu près de même trempe, inquiets, vastes et superficiels. » Mais au moment même où il se donnait ce plaisir peu royal de persifler un adversaire tombé, il était forcé de lui rendre encore hommage : « C'est un bonheur, disait-il à Finckenstein, que cette France soit dans l'état d'épuisement où elle est actuellement; les Autrichiens privés de son assistance en seront plus traitables et plus doux. »

Les Autrichiens, en ce moment, s'efforçaient d'être habiles; loin de se préparer à capituler entre les mains du roi de Prusse, ils se flattaient de tourner ses positions et de le surprendre à leur tour. Les Russes les sollicitaient adroitement à se compromettre. Panine, qui ne se fiait point à Frédéric, négociait directement avec eux. Il insinuait à Lobkowitz, leur ministre à Pétersbourg, que si l'Autriche s'entendait avec la Russie, elle pourrait obtenir la Moldavie et la Valachie soit pour elle, soit pour un archiduc, soit pour le prince de Saxe-Teschen [1]. Il assurait que la tsarine était décidée à conserver l'amitié de l'Autriche, qu'elle y sacrifierait au besoin celle de la Prusse; que Frédéric était le seul auteur des projets de partage de la Pologne, que la Russie n'y était pour rien et que le roi de Prusse voulait tromper tout le monde. « Ils trouvent sa conduite double, écrivait Joseph à son frère Léopold, au mois de mai 1771; ils le croient attentif à accrocher quelques lambeaux de la Pologne, ce qui ne leur conviendrait point. Voilà le roi de Prusse à découvert de nous avoir menti en nous proposant le démembrement de la Pologne comme venant de Pétersbourg. »

Kaunitz écrivit le 7 mai 1771 à Swieten pour décliner officiellement toute idée de partage et déclarer de nouveau que l'impératrice était prête à renoncer aux starosties qu'elle avait occupées, si tout le monde en faisait autant. La cour de Vienne crut par cette déclaration avoir démasqué le roi de Prusse. Il entrait dans les calculs de Frédéric de ne rien brusquer avec les Autrichiens : il les laissa dire, convaincu qu'ils seraient amenés malgré eux à servir ses desseins. Ils n'y manquèrent pas. Alexis Orlof, qui se trouvait à Vienne le 30 avril, fit entendre que la tsarine se contenterait de l'indépendance des Tartares, et de celle des principautés. Il y avait loin de là aux séduisantes suggestions de Panine. Kaunitz se récria et déclara que ces condi-

---

[1] Rapport de Lobkowitz, 12 avril 1771. ARNETH, t. VIII, p. 310. — *Le Secret du Roi*, t. II, p. 366, entretien de Mercy et du comte de Broglie.

tions étaient inconciliables avec les intérêts de l'Autriche. Ce langage, la nouvelle des préparatifs militaires des Autrichiens et le bruit de leurs négociations secrètes avec les Turcs, tous ces faits grossis et habilement groupés par Frédéric finirent, comme il dit en ses Mémoires, par « tirer la cour de Pétersbourg de la léthargie dans laquelle elle était plongée ». Solms manda au roi de Prusse, le 2 juin 1771, que la tsarine n'attendait, pour entrer en conférence, qu'un projet de partage. Lobkowitz annonça le même jour à Kaunitz que la Russie exigeait décidément l'indépendance des principautés, celle des Tartares, la cession d'Azof, d'une île de l'Archipel et des garanties pour les chrétiens de Turquie.

Tandis que les Russes et les Prussiens se concertaient ainsi pour imposer leur volonté à la cour de Vienne, Kaunitz se préparait à frapper un grand coup, destiné à les surprendre et à les diviser, mais qui n'eut en réalité pour effet que de resserrer leurs liens et de hâter la conclusion de leur accord. Il écrivit le 5 juin à Swieten de ne plus parler du partage de la Pologne et de se borner à transmettre à Vienne ce qu'on lui dirait sur ce chapitre. Justifiant une fois de plus les conjectures du roi de Prusse, les Autrichiens gardaient sur toute cette négociation le silence le plus complet à l'égard de Versailles. « Je n'ai pas besoin de vous dire combien cette affaire doit être secrète parce que, ébruitée, elle ferait un terrible effet surtout en France », écrivait l'empereur à son frère au mois de mai 1771. La combinaison qui formait alors le pivot de toute la politique autrichienne, c'était la négociation que Thugut poursuivait à Constantinople, et elle était sur le point d'aboutir; mais la cour de Versailles s'était accommodée de façon à en être informée par un canal que Kaunitz ne soupçonnait pas.

CHAPITRE XIV

L'ALLIANCE AUSTRO-TURQUE ET LES PROJETS
DE DÉMEMBREMENT DE LA TURQUIE.

(Janvier-octobre 1771.)

Le rôle du résident autrichien à Constantinople était des plus délicats : il exigeait une dextérité singulière et un aplomb à toute épreuve. C'est à cette école que se forma le diplomate aventureux et subtil qui devait plus tard succéder à Kaunitz dans la direction de la chancellerie de Vienne et dépasser singulièrement son maître dans l'art de concilier les contradictions, et d'accommoder avec les principes les plus sévères la politique la plus équivoque qui fut jamais. Ce personnage était parti de bas, s'était élevé par des chemins très tortueux et se trouvait à Constantinople même dans une situation beaucoup plus qu'ambiguë. Né en 1736, fils d'un petit employé, élevé par les Jésuites, admis en 1754 à étudier à Vienne les langues orientales, il était devenu drogman à Constantinople. Kaunitz, qui l'avait distingué, le rappela à Vienne en 1766 et lui donna, avec le titre d'interprète de la Cour, une place de secrétaire à la chancellerie d'État. Choiseul, alors dans toute son ardeur polonaise, se méfiait de Kaunitz. Il envoya à Vienne un sieur Barth et le chargea de lui procurer quelqu'un qui observerait pour son compte le chancelier de Marie-Thérèse. Thugut était en bon poste pour cet emploi; il était besogneux, cupide et ambitieux. Le sieur

Barth le distingua. Thugut se laissa distinguer et, pour employer l'euphémisme d'un ambassadeur qui devint son collègue à Constantinople, M. de Saint-Priest, « il entra au service du Roi en l'année 1767 ». Il faut croire que le Roi fut content des services de Thugut, car il lui accorda en 1768 une pension et un brevet de lieutenant-colonel, en tout 13,000 livres par an, avec la promesse d'un asile en France dans le cas où le secret serait découvert. Thugut continua de « servir » à Vienne, jusqu'à l'époque où Kaunitz l'envoya à Constantinople en qualité de résident. « Comme il demeure inébranlable dans son dévouement », écrivait le sieur Barth en juillet 1769, il demande la conduite qu'il doit tenir envers M. de Saint-Priest. Cet ambassadeur était dans tous les secrets, ceux de Choiseul et ceux du roi. On répondit à Barth : « Mandez à M. Freund (Monsieur l'Ami, c'était le nom de guerre de Thugut) de se borner à établir une confiance personnelle avec notre ambassadeur. » C'est ce que fit Thugut, qui continua d'écrire à Paris directement. M. de Saint-Priest ne se douta point que Thugut « servait » le roi, et en cela il se montra perspicace. Thugut ne servait et ne servit jamais que la maison d'Autriche, et s'il recevait sans scrupules l'argent du roi de France, c'est qu'il avait le sentiment intime de soigner sa propre fortune sans nuire aux intérêts de ses maîtres. Il se mit dans les secrets de Louis XV, mais il n'eut garde de mettre ce libertin trop crédule dans les secrets de la cour de Vienne. Il y fallait d'ailleurs de la dextérité, et il en déploya beaucoup, dans les mois de l'hiver de 1770-1771[1].

---

[1] Voir *Revue historique*, t. XVII, l'étude intitulée : *l'Autriche et le Comité de salut public*, p. 37 et suiv.

Il devait à la fois endormir Saint-Priest, occuper Choiseul, distraire Louis XV, encourager la Porte à la résistance et la détourner d'accepter l'appui d'une puissance étrangère. Choiseul, qui le payait vraisemblablement pour conduire les Turcs à rechercher l'appui de la France, lui fournit l'occasion d'exercer son habileté. Les Turcs avaient sollicité l'alliance de la France; l'offre avait été déclinée; mais le ministère français avait suggéré l'idée de fournir aux Turcs, moyennant un subside, le secours d'une flotte française, laissant entendre qu'elle serait suivie d'une flotte espagnole. Ce qui séduisit le plus les Turcs dans ce projet, c'est qu'ils y virent un moyen d'entraîner à la guerre l'Autriche, alliée de la France. Thugut, qui sut, au mois de janvier 1771, se faire confier par les ministres ottomans les propositions de la France, ne leur permit pas de conserver cet espoir. Il leur démontra qu'une flotte ne leur servirait à rien contre les armées russes; il leur peignit l'inconsistance et la faiblesse du ministère français; il persuada le divan que cette alliance, au lieu d'abréger la guerre, la prolongerait au contraire, qu'elle exaspérerait la Russie et que la Porte payerait en définitive la satisfaction que M. de Choiseul se serait donnée d'embarrasser un instant la tsarine. Le ministre prussien Zegelin seconda son collègue autrichien dans cette entreprise, et le projet français semblait abandonné par les Turcs, lorsque la chute de M. de Choiseul mit fin à la négociation.

Thugut apprit la disgrâce de cet allié, que sa cour traitait en rival et que lui-même traitait en dupe, dans le même temps qu'il recevait l'ordre de reprendre dans le plus grand secret la négociation d'alliance entre la Porte et l'Autriche. Après avoir fait échouer la combinaison de Choiseul, sous le prétexte que l'Autriche ne la soutiendrait pas, il devait offrir aux Turcs ce qu'il avait mission de leur refuser quelques semaines auparavant. C'est que le terrain était déblayé. L'Autriche entendait se réserver le bénéfice de la médiation et les avantages de la guerre; elle négociait à la fois avec la Russie et avec la Porte. En traitant seule avec les Turcs, elle demeurait libre de les soutenir ou de les abandonner, selon l'intérêt du moment; au contraire, une intervention commune avec la France n'aurait permis à la cour de Vienne ni de nouer partie avec la Russie ni de s'indemniser soit aux dépens de la Turquie, soit aux dépens de la Pologne, qui étaient l'une et l'autre alliées de la France. Thugut pour changer de rôle ne changeait point de caractère, et il dut dans sa négociation nouvelle contrecarrer sous main son collègue prussien comme il contrecarrait naguère l'ambassadeur de France. L'Autriche en agissait avec l'ami de Neustadt comme avec l'allié de Versailles, et elle interprétait le *catéchisme politique* de 1770 avec la même liberté que le traité de 1756.

Les circonstances parurent la servir. La campagne qui s'ouvrit au printemps de 1771 confirma la défaite des Turcs; s'ils n'éprouvèrent point de grands désastres, c'est qu'ils évitèrent les grands combats. Les généraux russes comprirent qu'en passant le Danube ils s'exposeraient à être pris à revers par une armée autrichienne et qu'ils s'aventureraient inutilement dans un pays dépourvu de ressources. Ils se bornèrent à conserver le territoire conquis sur la rive gauche et à tenir les Turcs en échec sur la rive droite du fleuve. Ils tournèrent tous leurs efforts du côté de la Crimée.

Le 1er juillet les Tartares de Crimée se soumirent, et le

traité qu'ils conclurent les déclara, comme les Tartares de Bessarabie, indépendants, sous le protectorat russe. Consternés par des succès si rapides, les Turcs se dirent que s'ils voulaient sauver une partie des territoires conquis par les Russes, ils n'avaient plus qu'à se jeter dans les bras de l'Autriche et à souscrire aveuglément aux désirs de Thugut.

Ils se rendirent, et le traité fut signé dans la nuit du 6 au 7 juillet 1771. L'Autriche s'engageait à s'unir à la Turquie « pour délivrer des mains de la Russie, par la voie des négociations ou par la voie des armes, et à faire restituer les forteresses, provinces, territoires qui, se trouvant dans la possession de la Sublime Porte, ont été envahis par les Russes ». Elle promettait de hâter la conclusion de la paix, qui devait se faire « sans que l'indépendance et les libertés de la république de Pologne, sujet de la présente guerre, souffrissent la moindre altération », et d'une manière satisfaisante pour la dignité et les intérêts de la Turquie. Pour prix de cette alliance, la Turquie promettait un subside de 20,000 bourses de 500 piastres chacune, soit 11,250,000 florins ; 4,000 bourses seraient payées immédiatement, le reste serait payé par quarts, de mois en mois. Un fonds secret de 2 à 3,000 bourses serait, au besoin, mis à la disposition de l'Autriche. La Porte accorderait aux sujets autrichiens le traitement commercial de la nation la plus favorisée ; elle réglerait la question litigieuse des frontières de Transylvanie, de façon à satisfaire la cour impériale. Enfin, et c'était l'article capital, elle céderait à l'Autriche le territoire de la Valachie compris entre la Transylvanie, le banat de Temesvar, le Danube et l'Aluta. Le traité devait être tenu rigoureusement secret, surtout à l'égard de la

France. Thugut s'empressa d'annoncer à Vienne ce grand succès de sa diplomatie et de demander les ratifications de la cour impériale.

Kaunitz suivait pas à pas la négociation, et l'espoir qu'il avait de la voir promptement arriver à bonne fin décidait toute sa conduite. Il déclarait à Pétersbourg et à Berlin que l'Autriche prendrait les armes si les Russes passaient le Danube, et qu'elle ne voulait en aucun cas entendre parler du partage de la Pologne. L'impératrice confirmait avec une entière bonne foi ces déclarations, sous lesquelles son ministre dissimulait tant d'arrière-pensées et de sous-entendus. Le jour même où Kaunitz expédiait ces dépêches, le 1ᵉʳ juillet 1771, elle disait au ministre anglais, lord Stormond : « Je ne veux pour ma part conserver aucun village qui ne m'appartienne pas. Je ne veux entreprendre sur les droits de personne. Je ne le permettrai pas à d'autres, autant que je le pourrai. Aucun plan de partage, si avantageux qu'il fût, ne pourrait me tenter un instant... Je ne m'en fais point un mérite, car en agissant ainsi, j'obéirai autant aux conseils de la prudence et de la politique, qu'aux principes de la justice et du droit. »

Tandis que la diplomatie autrichienne s'entravait elle-même dans le réseau compliqué de ses combinaisons, le roi de Prusse poursuivait avec l'audace méthodique qui était le propre de son caractère, l'exécution de son plan. Dès qu'il avait vu les Russes disposés au partage, il s'était hâté d'envoyer à Solms des pouvoirs pour conclure. Il lui mandait, le 14 juin 1771, après avoir déterminé la part qu'il s'était réservée depuis longtemps, qu'il laissait table rase à la Russie pour choisir sa portion suivant ses intérêts et son bon plaisir. L'Autriche n'avait rien à dire puisqu'on se fondait sur l'exemple qu'elle avait donné; si elle trouvait sa part trop faible, on lui offrirait, pour la mettre en repos, la lisière de l'État de Venise qui la coupait de Trieste. « Et quand même ils feraient les méchants, je vous réponds sur ma tête que notre union bien constituée avec la Russie la fera passer par tout ce qu'on voudra. » — « Si cela est une fois conclu, écrivait-il deux jours après au prince Henri, je me moque des Autrichiens. »

Tout conspirait au succès de son dessein. En Pologne, les Russes, impuissants à soumettre les confédérés, commençaient à désespérer d'en venir à bout sans le secours de Frédéric. Ce secours, Frédéric n'était nullement disposé à le leur fournir. Lorsque, le 9 juillet, il connut le refus formel que les Autrichiens opposaient aux conditions de paix de la Russie, il en conclut que, dans l'embarras où ils allaient se trouver, les Russes consentiraient à tout ce qu'il voudrait. Il ne se trompait pas. Il écrivit le 21 juillet 1771 à son frère : « J'ai reçu aujourd'hui des lettres de Russie touchant notre convention; ma portion consistera, à ce que je crois, dans la Pomérellie jusqu'à la Netze, Kulm, Marienbourg et Elbing. Cela est fort honnête et vaut la peine des subsides payés et d'autres dépenses inévitables que cette guerre des Turcs m'a causées. On m'écrit de Vienne que le prince Kaunitz continue d'être de très mauvaise humeur. Comme je ne crois pas qu'il puisse compter sur les Français, cela pourrait bien y contribuer. »

Kaunitz ne comptait guère avec la France et s'en souciait fort peu; mais il faisait son possible pour la mettre dans son jeu. Ce jeu était, en ce moment-là, d'afficher le désintéressement le plus complet à l'égard de la Pologne; il s'en faisait un mérite auprès du ministère français. Il pensait bien que le cabinet de Versailles on instruirait la cour de Prusse, et il y trouvait ce dernier avantage de rassurer entièrement la France, de sorte que si l'Autriche jugeait opportun d'adhérer au plan de partage, la France n'en aurait point de soupçon et ne s'y opposerait pas. Le ministère français, où M. d'Aiguillon avait, le 6 juin, remplacé M. de Choiseul, continuait de montrer pour les Polonais un zèle plus bruyant qu'efficace[1]. Il avait jusqu'alors vainement sollicité la cour de Vienne de faciliter, au moins sous le manteau, les secours qu'il envoyait aux confédérés. L'Autriche parut tout à coup changer de conduite. M. d'Aiguillon, sur les rapports du chargé d'affaires de France à Vienne, écrivit, le 1er août, à M. de Saint-Priest, à Constantinople : « L'attente où on est à Vienne de recourir aux armes a déjà opéré un changement dans les dispositions de l'Autriche relativement aux confédérés. Elle vient de nous faire témoigner qu'elle sait gré au Roi des secours qu'il leur accorde, et leur promet de donner de son côté toute l'assistance possible, en ne leur fournissant néanmoins ni troupes ni argent. »

Kaunitz comptait abuser le roi de Prusse avec la même facilité qu'il décevait le ministère français. Il adressait, le 5 avril, à Swieten, une longue dépêche destinée à inquiéter Frédéric et à l'engager à suspendre l'exécution de son plan. L'infatuation du diplomate autrichien s'y peint au vif. Lue à distance, cette dépêche semble plus étrange encore quand on considère que l'homme qui l'écrivait n'a su, malgré toutes ses prétentions à la prévoyance, que préparer la dissolution et l'abaissement de

[1] FAGES, *Instructions de Pologne*, instruction de Viomesnil, 9 juillet 1771, t. II, p. 298. — Duc DE BROGLIE, *le Secret du Roi*, t. II, p. 293, 377 et suiv. Voir l'épisode fantasque et romanesque de l'enlèvement de Stanislas-Auguste.

l'État autrichien, tandis que le prince auquel elle était adressée fondait, malgré son affectation d'inconséquence et son goût pour les expédients, l'établissement le plus solide qu'ait vu l'Europe depuis un siècle. « Il importe, dans ce moment-ci, écrivait Kaunitz, de guérir le roi de l'idée que nous pourrions peut-être bien encore nous laisser entraîner par l'appât d'un misérable avantage momentané à perdre de vue, ainsi qu'il le fait, le seul et le vrai intérêt politique des grands États, qui consiste à tout sacrifier, même à tout risquer pour assurer, de préférence à toute autre considération, la sûreté et la tranquillité à ceux qui doivent venir après nous. Il m'importe en même temps de le tenir dans une sorte d'inquiétude sur la possibilité d'un arrangement avec la Porte, au cas que la Russie osât s'obstiner sur des conditions de paix que nous ne pourrions admettre. Ce sont là mes vues sur ce que je vous mande aujourd'hui d'office, je n'y ajouterai rien, parce que *sapienti pauca.* »

Les Russes reçurent en même temps la nouvelle du succès du traité conclu avec les Tartares de Crimée et la déclaration comminatoire de l'Autriche sur les conditions de la paix. La tsarine se montra fort irritée de la résistance que lui opposait la cour de Vienne, et la réponse officielle qu'elle lui adressa le 15 août 1771 ne dissimulait point ses sentiments. Elle fit entendre à Lobkowitz que, s'il y avait guerre, elle avait lieu de compter sur l'appui du roi de Prusse. Panine ne se montra pas moins mécontent que sa souveraine. La Russie, dit-il à Lobkowitz, ne peut se départir de ses conditions, mais, au surplus, si l'Autriche est si épouvantée de la pensée que les Principautés danubiennes changent de maître, que ne les prend-elle pour elle-même[1]? Ce n'était point une simple boutade; le ministre russe ne s'engageait que contraint et forcé dans l'affaire du partage de la Pologne. Il lui répugnait fort de livrer une partie de cet État au roi de Prusse et de fortifier un voisin aussi redoutable. Sa combinaison favorite était toujours d'amener l'Autriche à régler l'affaire d'Orient d'accord avec la Russie. Comme Frédéric, il pensait que si les Autrichiens se plaignaient si fort et se montraient si menaçants, c'est qu'ils trouvaient leur portion trop faible et leur bénéfice trop précaire. Il voulut les sonder, et dans le même temps qu'il adressait par la voie officielle une réponse belliqueuse à leurs déclarations menaçantes, il leur fit insinuer par un chemin détourné une proposition de partage de la Turquie. Le comte Massin, qui avait été au service de la Russie avec le grade de contre-amiral et qui se trouvait alors à Florence, fut chargé de la confidence. Ce n'est point à titre de curiosité historique que ces propositions méritent d'être étudiées : elles sortirent bientôt de la diplomatie secrète pour passer dans le domaine de la diplomatie officielle; la cour de Vienne les discuta très sérieusement, et elles reçurent, quelques années plus tard, de la main même de Catherine, une consécration solennelle.

Les propositions secrètes du comte Massin se rapportaient à six hypothèses différentes dans lesquelles l'Autriche et la Russie pouvaient s'entendre et trouver mutuellement leur avantage. Les deux premières supposaient une alliance destinée à chasser définitivement les Turcs de l'Europe : en ce cas, le partage pourrait

---

[1] Rapport de Lobkowitz, du 24 juillet 1771. Arneth, t. VIII, p. 310.

s'opérer de deux façons : 1° l'Autriche prendrait la Serbie, la Bosnie, l'Herzégovine, l'Albanie et la Macédoine jusqu'à la Morée; le reste avec Constantinople et les Dardanelles serait attribué à la Russie; 2° la Macédoine, l'Albanie, la Roumélie, la plus grande partie de l'Archipel avec les pays riverains de l'Asie Mineure, formeraient un royaume qui aurait Constantinople pour capitale et dont l'investiture appartiendrait à la Russie; la Russie garderait pour elle la plus grande partie des territoires de la rive gauche du Danube, les rives de la mer Noire, sauf la Crimée, qui resterait indépendante sous le protectorat russe, et les deux Kabarda; l'Autriche prendrait la Valachie entre le Danube et l'Aluta, la Serbie, la Bulgarie et l'Herzégovine; la Morée formerait un État indépendant sous un archiduc autrichien ou serait rendue à Venise qui céderait en ce cas à l'Autriche l'Istrie et le Frioul et conclurait avec les alliés une ligue contre les Turcs. Le troisième projet était plus modeste : il supposait que les Turcs resteraient en possession de la rive gauche du Danube; la Serbie, la Bosnie et l'Herzégovine iraient à l'Autriche; la Russie garderait ses conquêtes sur la mer Noire; les Tartares seraient indépendants; la Prusse se dédommagerait en Pologne, et les Polonais dans les Principautés danubiennes. Les trois derniers projets ne considéraient plus qu'un partage de la Pologne entre la Russie et la Prusse, et offraient à l'Autriche de prendre sa portion soit en Pologne, soit en Silésie, soit en Allemagne [1].

Tandis que ces singulières propositions s'en allaient de Florence à Vienne par les chemins de traverse que

---

[1] Rapport de Kaunitz à l'Impératrice, 17 janvier 1772. Arneth, t. VIII, p. 330-343. Beer, t. II, p. 130. Duncker, p. 252.

suit la diplomatie occulte, la diplomatie officielle était tout à la guerre. Les Russes le déclaraient à Berlin; les Autrichiens le laissaient entendre en termes fort clairs. Frédéric se sentit un instant ébranlé. Le succès allait-il lui échapper? S'était-il trompé dans ses conjectures? S'était-il mépris à ce point sur les pensées et les passions de gens qu'il croyait si bien connaître? Il voulait partager la Pologne, mais il ne voyait dans ce partage qu'un moyen de rétablir la paix; si le partage devait conduire à la guerre, ou résulter de la guerre, il préférait y renoncer. Les Russes qui, décidément, étaient hors d'haleine en Pologne, le suppliaient de se mettre en possession et de venir à leur aide. Il n'en avait garde, c'eût été déchaîner l'orage. « Swieten, écrivait-il à son frère le 14 août 1771, m'a parlé aujourd'hui de telle sorte que je dois croire que la guerre sera déclarée au commencement de l'année prochaine. Saldern[1] m'envoie un officier pour me prier d'étendre jusqu'à la Wartha et Posen le cordon sanitaire que j'ai rompu depuis huit jours. Toute la Lithuanie est en insurrection. J'ai refusé. » Ses inquiétudes percent au vif dans un billet qu'il écrivait le 13 septembre à son ministre Finckenstein : « Je ne néglige rien pour prévenir par tous les moyens imaginables une rupture entre les deux cours impériales, et je tenterai même l'impossible pour étouffer le feu d'une guerre générale qui en serait la malheureuse suite. Mais je souhaite plus que je ne saurais espérer, que mes peines soient accompagnées d'un heureux succès. »

Ainsi la face des choses semblait retournée. La fortune paraissait abandonner le roi de Prusse et servir le

---

[1] Saldern dirigeait l'armée et la diplomatie russe en Pologne.

chancelier autrichien, tromper le calculateur et favoriser le chimérique. Mais c'était là un de ces jeux de scène qui, dans les pièces bien conçues, ne traversent un instant l'action que pour réveiller l'intérêt et préparer le dénouement. Frédéric avait vu juste, et Kaunitz avait compté sans sa souveraine. Au moment où le roi de Prusse se montrait si agité, un courrier lui apportait une dépêche qui allait en quelques instants apaiser toutes ses inquiétudes et rendre à son activité tout son ressort. Rhode, l'agent prussien à Vienne, savait entendre à demi-mot et relater en termes clairs ce qu'il avait entendu. Le 6 septembre au soir il était allé faire sa cour à l'impératrice-reine. Marie-Thérèse lui parla longuement des embarras où elle se trouvait; elle lui dit « qu'elle voulait uniquement trouver un moyen de sortir d'affaires sans recourir aux armes...; qu'elle se porterait volontiers à tous les expédients raisonnables qu'on pourrait trouver »; que, d'ailleurs, elle n'entrerait point en guerre sans s'être concertée avec le roi de Prusse; que les Turcs ne voulaient rien entendre, qu'elle priait le roi de Prusse de les mettre à la raison; qu'elle ne voyait pas comment on pourrait éviter la guerre si la Russie ne se relâchait pas sur ses demandes, et si le roi de Prusse ne voulait pas trouver bon de parler haut; que, du reste, elle n'empêcherait pas les Russes de faire les maîtres en Crimée, mais qu'elle leur défendrait d'en agir de même en Moldavie et en Valachie. Ce fut un trait de lumière pour Frédéric; il connaissait Marie-Thérèse, il était au fait des conflits secrets qui divisaient la cour et la famille impériale à Vienne. Il jugea que toutes les démonstrations belliqueuses de Kaunitz n'avaient pour objet que d'intimider ses partenaires et de les amener à composition; que l'impératrice ne ferait pas la guerre; que Kaunitz, pour sortir de l'impasse où il s'enfermait lui-même, consentirait à tout, et que l'Autriche, placée entre une retraite humiliante et un traité avantageux, se déciderait pour le traité et accéderait au partage de la Pologne. Convaincu qu'il pouvait désormais s'avancer sans périls, Frédéric se montra d'autant plus belliqueux qu'il voyait la guerre moins probable.

Il manda van Swieten, le 18 septembre, et lui dit qu'il était instruit de la véritable pensée de l'impératrice, qu'il l'approuvait fort, qu'il était enchanté de connaître l'*ultimatum* de l'Autriche, qu'il allait en informer les Turcs et faire son possible pour décider les Russes à renoncer à l'indépendance des Principautés, mais qu'il ne voyait pas quel inconvénient il y aurait pour l'Autriche à leur concéder l'indépendance des Tartares; que si, à la vérité, il n'avait point garanti les Principautés à la Russie, il ne permettrait pas cependant qu'on attaquât impunément son alliée. Il pria Swieten d'instruire au plus tôt possible Kaunitz de sa conversation [1]. Les Autrichiens ainsi avertis, il se retourna vers les Russes et envoya, le 1ᵉʳ octobre, à la tsarine un plan de partage de la Pologne. Il engageait vivement Catherine à abandonner les Principautés, vu l'animosité de l'Autriche. Il ajouta qu'il s'était disposé à s'entendre avec son alliée pour lui fournir un secours militaire dans le cas où les Autrichiens l'attaqueraient. Il n'attendait qu'une réponse de Pétersbourg pour se mettre à l'œuvre. « Pour donner plus de poids à cette déclaration, dit-il en ses Mémoires, l'on augmenta et remonta

---

[1] Frédéric à Solms, 25 septembre 1771, *Correspondance de Solms*, p. 523. — Martens, t. VI, p. 69-70.

toute la cavalerie. Les ordres donnés pour cet effet s'exécutèrent promptement et partout. » Ils firent d'autant plus d'effet que, par mesure d'économie, autant que par politique, Frédéric trouva bon d'accomplir en Pologne cette opération. Il reforma le cordon sanitaire qu'il avait rompu, et fit entrer en Pologne un corps de 4,000 cavaliers pour protéger une remonte de 6,000 chevaux, qu'il avait décidé de faire[1]. « Voilà bien de la besogne à expédier, écrivait-il au prince Henri, le 27 septembre 1771; mais l'homme est né pour le travail, et trop heureux quand il peut travailler pour l'avantage de sa patrie. » Et il ajoutait, le 2 octobre : « J'ai fait partir hier le courrier avec tout ce qui est relatif à la convention de la Russie. J'ai fait une tentative pour essayer si nous pouvons mettre Danzig dans la portion qui nous échoira. Il est sûr que si nous ne l'obtenons pas dans les circonstances présentes, il n'y faudrait jamais plus penser; c'est à présent le moment de terminer nos traités avec la Russie, parce que les impressions des armements autrichiens sont à présent à Pétersbourg dans leur plus grande force, et que probablement l'arrivée de 50,000 Russes en Pologne rendra les Autrichiens plus circonspects. »

[1] Rapport de l'agent français, 24 septembre 1771. Boutaric, t. I, p. 167.

CHAPITRE XV

LES EMBARRAS DE L'AUTRICHE.

(Octobre 1771-janvier 1772.)

Frédéric avait d'un coup de plume bouleversé le savant édifice de Kaunitz. Les embarras de l'Autriche étaient plus graves encore qu'il ne pouvait le supposer. L'empereur Joseph écrivait à son frère Léopold : « Pour parler de guerre, il ne faut pas être dans les tristes circonstances dans lesquelles se trouvent nos pays, la Bohême et la Moravie. Le roi de Prusse, avec 20,000 hommes, les peut conquérir sans bataille, et toute notre armée, faute de subsistances, et par l'impossibilité d'en ramasser, se devra sauver au Danube. Voilà, sur mon honneur, la situation dans laquelle le plus beau royaume de la monarchie se trouve, et parler de grosses dents ne me paraît pas le moment. Ce risque seul vaut bien le mal qui, par l'acquisition de la Crimée à la Russie, nous en rejaillirait; ainsi la paix, si elle est possible, et surtout point de guerre pour nous [1]. » Telle était la réalité; Kaunitz s'était vainement efforcé de la dissimuler sous les enchevêtrements de sa diplomatie. « Kaunitz, dit l'éminent historien de la maison d'Autriche, fut comme frappé de la foudre lorsqu'il apprit, par le rapport de van Swieten, la teneur de l'entretien

[1] Joseph à Léopold, 27 octobre 1771.

de l'impératrice avec Rhode[1]. » — « Sa Majesté lui a joué un bon tour, écrivait Joseph ; elle a, dans une conversation qu'elle a eue avec Rhode, ministre de Prusse, renversé tout notre système... Nous voilà à cette heure jolis garçons, mais il faudra voir quel parti l'on pourra encore prendre pour en sortir ; bref, mon sentiment est qu'en agissant avec fermeté, ou tout sera remis comme avant la guerre, ou, si l'un des deux partis gagne, il faudra que nous et le roi de Prusse gagnent aussi à proportion. » C'était justement le point où Frédéric voulait les amener ; il n'y avait pas d'autre issue, car d'agir avec fermeté, l'empereur savait mieux que personne qu'il ne pouvait en être question. Kaunitz en devait venir bien vite à la même conclusion ; mais il eut un premier mouvement de colère et de dépit, et ne sut point le dissimuler. « Le baron de Rhode attribue à Votre Majesté des propos incroyables, écrivit-il à l'impératrice le 20 septembre ; ils détruisent en un moment l'ouvrage de trois ans... Votre Majesté imaginera sans peine quelle doit avoir été ma consternation à la lecture de cette dépêche, et je ne saurais lui cacher que si je n'entrevoyais quelque remède, dans la persuasion que je crois devoir être, qu'il est impossible que M. de Rhode eût bien entendu, je perdrais courage pour la première fois de ma vie. » L'impératrice lui répondit que le ministre prussien avait mal rendu sa pensée au sujet de la Crimée, qu'il l'avait pressée de faire cette concession aux Russes, qu'elle ne s'était engagée à rien, mais qu'il était bien vrai qu'elle ne voulait point la guerre, parce qu'elle y répugnait en principe et qu'on n'était point en mesure de la faire. « Ainsi, ajoutait-elle,

---

[1] Arneth, t. VIII, p. 325.

nous devons sérieusement penser à sortir de tout cela le moins mal possible. Les Turcs et cette convention m'embarrassent plus que tout le reste, et ce n'est qu'en vous que je mets toute ma confiance de m'en tirer et de sauver de la ruine totale cette monarchie qui nous a tant coûté de soucis et peines. »

Cette dernière phrase suffit à calmer l'amour-propre du susceptible chancelier. En réalité, il ne demandait qu'à recommencer la partie et à prendre sa revanche. S'il y eut peu d'hommes d'État ainsi infatués de leur génie on en vit rarement d'aussi alertes d'esprit, d'aussi souples et d'aussi féconds en expédients. L'empereur considérait qu'il y avait trois partis à prendre[1] : le premier consistait à attendre que la guerre épuisât les belligérants et les forçât à traiter sur le pied de *statu quo ante*; le second consistait à proposer à la Russie de régler son différend avec les Turcs : on obtiendrait des Russes qu'ils se contentassent d'acquisitions modérées, et on leur offrirait de s'unir à eux pour empêcher le partage de la Pologne. La Turquie, sauvée par l'Autriche, se jetterait dans ses bras et lui céderait les territoires promis par le traité du 6 juillet; l'Autriche renoncerait aux territoires qu'elle avait occupés en Pologne, elle se bornerait à régler, d'accord avec cette république, l'affaire de ses anciens droits et à *dégager* le Zips. La Pologne livrée à elle-même retomberait dans son anarchie traditionnelle, c'est-à-dire sous la suprématie russe; le roi de Prusse perdrait tout crédit à Constantinople. Tandis que la Russie acquerrait des territoires turcs, tandis que l'Autriche *dégagerait* le Zips et recevrait un morceau de la Valachie, il serait forcé de s'en

[1] Mémoire du 20 septembre 1771. Beer, *Documents*, p. 26.

aller les mains vides et de renoncer à ses desseins sur la Prusse polonaise. En agissant ainsi, l'Autriche demeurerait fidèle à ses engagements envers les Turcs; mais il fallait prévoir le cas où elle aurait intérêt à les violer; c'était l'objet de la troisième hypothèse posée par l'empereur. Si l'on ne pouvait décider la Russie à se modérer, si elle prétendait opérer de vastes conquêtes et faire une part au roi de Prusse, il importait que l'équilibre fût maintenu et que l'Autriche eût sa portion. L'Autriche n'avait alors rien de mieux à faire qu'à s'entendre avec la Russie et la Prusse, mais que leur demanderait-elle? Aux dépens duquel de ses deux voisins, le Turc son allié ou la Pologne son amie, l'Autriche trouverait-elle bon de s'indemniser? Prendrait-elle la Bosnie, l'Herzégovine et la Dalmatie turque; aimerait-elle mieux la Moldavie et la Valachie; ou bien enfin Cracovie avec les palatinats d'alentour? Joseph tenait le premier parti, l'attente, pour chimérique; le second, l'entente avec la Russie, pour le plus sage; le troisième, le partage, comme le plus scabreux. Marie-Thérèse n'hésita point et se prononça pour le second plan : elle y voyait ce triple avantage de déjouer les calculs du roi de Prusse, de contenir les ambitions de la Russie et d'exécuter les engagements pris par l'Autriche. Kaunitz se rendit à l'avis de sa souveraine, et l'accord entre les trois pouvoirs de la monarchie autrichienne parut un instant rétabli. « Je suis toute consolée sur ce que vous êtes aussi pour le numéro second, écrivait Marie-Thérèse à Kaunitz, et j'abandonne de grand cœur et avec beaucoup de tranquillité le tout entre vos mains. Je m'en suis toujours bien trouvée. Point de guerre, point de défection de notre système et point d'abandon des Turcs total, et point d'argent. »

Marie-Thérèse pensait et écrivait en bonne Autrichienne; serait-elle parvenue, par cette politique prudente en même temps qu'honnête, à sauver les Turcs et à éviter le partage de la Pologne? Il est permis d'en douter; à coup sûr l'Autriche se serait évité de grands embarras pour l'avenir et de cruelles défaillances dans le présent. Mais la simplicité n'était point le propre de Kaunitz, et l'empereur avait appris le droit des gens à l'école du roi de Prusse. Ils s'accordaient pour ruser avec l'impératrice et l'attirer subtilement à leur plan. Tout en s'arrêtant au « numéro second », ils entendaient bien se ménager les chances du « numéro troisième »; leur diplomatie se proposait cet étrange dessein de combattre le partage de la Pologne et d'y réserver, le cas échéant, la meilleure part à l'Autriche. De là l'équivoque constante de leur langage et la duplicité de leur conduite. S'ils avaient sincèrement suivi le plan approuvé par Marie-Thérèse, ils se seraient empressés de ratifier le traité d'alliance conclu le 6 juillet avec les Turcs, ils auraient engagé la Porte à la résistance, conseillé fermement la modération aux Russes et exclu de leurs combinaisons l'hypothèse même du partage. Ils n'en eurent garde. On les vit en même temps soutenir les Turcs et se réserver les moyens de les abandonner, repousser dans leurs dépêches officielles les conditions de paix de la Russie et proposer aux Russes, dans des entretiens secrets, de transiger sur ces mêmes conditions.

C'est avec les Turcs que la négociation fut le plus délicate. Les Turcs avaient scrupuleusement rempli leurs engagements. Le 25 juillet 1771, un premier convoi de deux millions était parti de Constantinople, et le commissaire autrichien l'avait reçu à Semlin. Les Turcs, naturellement, demandaient la ratification du traité.

Kaunitz ne se pressait point de les satisfaire. L'alliance turque, dans sa pensée, n'avait jamais été qu'un épouvantail. Si la Russie se rendait aux conseils de l'Autriche et renonçait au partage de la Pologne, le traité, encore que non ratifié, aurait produit son effet et recevrait son exécution; les Turcs n'auraient pas à se plaindre. Si, au contraire, il fallait en venir aux moyens violents et partager la Pologne, le traité devrait être abandonné; il convenait d'éviter à la cour de Vienne la douleur de violer un engagement solennel : Kaunitz se réservait le moyen de répondre aux Turcs, que d'après tous les docteurs en droit des gens, un traité non ratifié est un traité sans valeur. Cependant, tout imparfait qu'il était, les Turcs l'avaient exécuté : ils avaient payé; l'Autriche avait besoin de deux millions, ne fût-ce que pour décider les Russes par des menaces de guerre à faire la paix aux dépens de la Turquie. Il importait, d'ailleurs, que les Turcs crussent que les promesses du 6 juillet tenaient toujours, car l'Autriche pouvait être amenée à les remplir, et c'eût été une imprudence que de renvoyer l'argent. Kaunitz prit un biais et gagna du temps. Il n'envoya point les ratifications réclamées; mais il écrivit le 14 octobre 1771 au kaïmakan que l'impératrice demeurait fidèle à l'alliance, et notamment à l'article 5 du traité, par lequel elle s'était engagée à procurer à la Porte une paix acceptable.

Kaunitz y travaillait, sinon très loyalement, au moins très activement. Il eut, en ce mois d'octobre, de fréquents entretiens avec le ministre de Russie à Vienne, Galytzine. L'un et l'autre avaient également peur de se compromettre, et ils s'escrimèrent longtemps en feintes savantes avant d'engager la partie. Kaunitz

connaissait-il déjà les grands projets que le comte
Massin avait été chargé d'insinuer à Florence? Il ne
paraît pas qu'il en ait été alors question entre Galytzine
et lui. Ce qui les préoccupait le plus l'un et l'autre,
c'était de savoir ce que chacun d'eux pensait de la
Pologne. Galytzine engageait Kaunitz à compléter
l'occupation du Zips et à faire avancer les aigles autrichiennes de manière à comprendre Cracovie dans le
cordon. Kaunitz répondait que l'occupation du Zips
était une question de principes, et que, sur le reste,
il ne pouvait pas se prononcer, avant d'être renseigné
au juste sur le plan de partage que l'on attribuait aux
cours de Berlin et de Pétersbourg. Galytzine déclara
catégoriquement, le 13 octobre, que tous ces bruits
étaient faux[1]. Kaunitz se mit alors sur la défensive, et
il n'en sortit que le 24 octobre.

Ce jour-là, jugeant sans doute que l'heure était
venue et que le temps pressait, il manda Galytzine à
sa chancellerie. Il lui communiqua une dépêche officielle qu'il envoyait à Lobkowitz : L'Autriche ne pouvait accepter la médiation aux conditions posées par
la Russie; elle considérait que la Porte ne pouvait faire
la paix qu'aux conditions suivantes : l'annexion d'Azof
et des deux Kabarda, le commerce de la mer Noire et
une indemnité de guerre : il fallait que la Russie
renonçât à la conquête des Principautés et à l'indépendance des Tartares. Tel était le programme de la
diplomatie autrichienne; elle ne s'en écarterait pas, à
moins que la cour de Russie ne se montrât disposée à
entrer avec la cour de Vienne dans un échange d'idées
confidentielles qui pourraient modifier singulièrement

[1] Martens, t. II, p. 16.

lours rapports[1]. C'était le moment des confidences compromettantes ; avant de les entamer, Kaunitz prit ses précautions. « Je ne puis me décider à faire ce pas, dit-il, que si j'ai la certitude que votre cour tiendra dans le plus profond secret ce que je vais vous confier, que ce secret sera absolu et que ni ami, ni ennemi, ni aucune cour que ce soit au monde n'en aura la moindre révélation. Le secret doit s'étendre jusqu'à notre propre ministre à Pétersbourg, M. de Lobkowitz. Et si votre cour, contre notre attente, en ouvre la bouche, je dois vous prévenir que nous démentirons tous les propos comme des inventions, et que nous vous donnerons à vous-même, monsieur le prince, un formel démenti. » Après cet exorde insinuant, il exposa le premier projet de paix, celui qui avait pour objet d'épargner la Pologne, d'isoler la Prusse et de tout arranger entre Vienne et Pétersbourg ; puis il ajouta : « Il y aurait un second moyen de pacification dans le cas où la Russie serait disposée non seulement à s'agrandir elle-même d'un autre côté, mais à procurer là aussi un agrandissement à son allié, et où l'on arriverait à s'entendre et à s'accommoder de sorte que notre cour obtînt en territoire et en population des avantages proportionnés, de telle sorte que l'équilibre ne fût pas ébranlé, mais fût au contraire maintenu. Bien que ce moyen de pacification ne doive pas être tenu pour impraticable et inadmissible, et que, par suite, notre cour ne doive pas s'opposer à l'exécution d'un plan de partage ainsi préparé et délibéré en commun, je dois vous avouer en toute sincérité de cœur que nous le

---

[1] Voir, pour les détails, la relation de Kaunitz sur cet entretien, BEER, *Documents*, p. 32, et ARNETH, t. VIII, p. 330.

considérons comme une œuvre extrêmement difficile, et que, aussi bien dans notre intérêt que dans celui de la Russie, nous préférerions l'autre moyen. »

Kaunitz se rendait bien compte que les Russes auraient de la peine à concilier cette offre de partage de la Pologne et d'abandon de la Turquie avec l'alliance française. Il sentit la nécessité de rassurer les Russes sur ce point délicat. « On a répandu le bruit, dit-il, et ce bruit a trouvé créance, que tout ce que nous avons fait en Turquie et en Pologne l'a été d'accord avec la cour de France; rien n'est moins vrai, et à telles enseignes que si nous avons, à la vérité, pour cette cour tous les justes égards et toute la considération qu'il convient d'observer envers une cour alliée, nous sommes si éloignés d'être entrés avec elle dans un concert au sujet de la Turquie et de la Pologne, que nous ne lui avons jusqu'ici communiqué aucune des pièces qui ont été échangées à ce propos entre nous et la Russie. » Kaunitz comptait par cette dernière confidence produire un grand effet sur les Russes. Il produisit au moins un effet de surprise; le fait est qu'il avait une étrange façon de démontrer la sincérité de l'Autriche. Galytzine savait son rôle; il tint son personnage et se montra fort poli. « Le ministre russe n'a pas été médiocrement étonné, dit Kaunitz en son rapport, mais il m'a assuré aussitôt qu'il accordait une entière créance à mes assertions. »

C'est ainsi que par les voies détournées et les sentiers couverts l'Autriche s'acheminait insensiblement vers le partage de la Pologne. L'impératrice y répugnait, son fils et son ministre l'y entraînaient sans qu'elle s'en doutât, et tandis qu'elle se croyait fidèle à l'alliance française, sa chancellerie traitait l'allié de Versailles avec le même sans-façon que l'allié de Constantinople. Durand, le chargé d'affaires de France, avait un vague soupçon des négociations qu'on lui dissimulait. Il trouvait Kaunitz beaucoup trop rassuré lorsqu'il lui dénonçait les intrigues du roi de Prusse. Kaunitz affirmait ne rien savoir. Le 26 octobre, deux jours après l'entretien avec Galytzine, Durand le pressait de nouveau; Kaunitz lui répondit : « Quant aux engagements que le roi de Prusse peut prendre avec la Russie, nous ne pouvons supposer que Catherine II veuille travailler à son agrandissement ; les engagements que ce prince nous a formellement déclarés ne tombent que sur la composition des troubles de la République et sur la garantie du roi de Pologne [1]. » Kaunitz avait dit la vérité sur un point; il trompait bien réellement la cour de France, et Galytzine aurait eu tort de ne pas le croire lorsqu'il l'en assurait.

Le roi de Prusse était moins facile à persuader. Kaunitz n'avait eu garde de lui révéler les confidences qu'il avait faites à Galytzine, il s'était borné à lui communiquer la dépêche officielle adressée à Lobkowitz. Il espérait qu'en voyant l'Autriche si résolue, le roi de Prusse, par peur de la guerre, pousserait les Russes aux concessions, et faciliterait ainsi entre Vienne et Pétersbourg l'entente qui devait tourner à sa confusion. C'était trop demander au grand Frédéric : il n'était point de ceux qui se prennent en leurs propres filets. Il écrivit à Finkenstein le 18 octobre 1771 : « Le dénouement de toutes les affaires dépend, à mon avis, de la tournure que prendra notre négociation de la convention secrète avec la Russie. Si celle-ci a le succès

---

[1] Voir Boutaric, t. I, p. 170-171, et Ferrand, t. I, p. 170-174.

que je désire, toutes les autres difficultés qui pourront nous venir de la cour de Vienne me paraissent sans conséquence et assez faciles à écarter. » L'Autriche lui fournit, pour hâter la décision des Russes, un argument qu'il n'attendait point. Lord Murray, l'ambassadeur anglais à Constantinople, qui surveillait avec une sollicitude jalouse les menées de Thugut, avait eu connaissance du convoi d'argent envoyé en Autriche le 25 juillet. Il en informa son collègue de Paris, qui s'empressa d'en avertir le chargé de Prusse, et Frédéric envoya la nouvelle toute chaude à Pétersbourg. Il comptait que les Russes en seraient alarmés, qu'ils se jetteraient dans ses bras, et que, pour éviter la guerre avec ses deux voisins, l'Autriche n'hésiterait pas à trahir la Turquie et à démembrer la Pologne; par cette habile manœuvre, le roi de Prusse ruinerait le crédit de l'Autriche à Constantinople en même temps qu'il forcerait cette cour à devenir sa complice à Varsovie. Il écrivit à Zegelin de démontrer aux Turcs tout ce qu'il y avait de chimérique dans les espérances qu'ils fondaient sur l'Autriche. Les Turcs, selon lui, n'avaient qu'un parti à prendre : négocier directement avec la Russie[1]. Enfin, convaincu qu'en toute cette affaire l'Autriche agissait en arrière de la France, Frédéric n'eut garde de perdre une aussi bonne occasion de soulever de l'aigreur entre Versailles et Vienne, et de forcer Kaunitz à exclure lui-même les Français de la négociation. Il manda à Sandoz, son agent à Paris, d'exprimer à M. d'Aiguillon, qui avait succédé à Choiseul, le désir du roi de Prusse de voir les négociations pour la paix s'établir à Constantinople sous la forme d'un congrès, et de prier le

---

[1] Beer, t. II, p. 140.

ministre français de faire agréer cette ouverture à Vienne[1]. On voit que le grand Frédéric n'était que sincère avec lui-même lorsqu'il avoue en ses Mémoires que c'est « *à force de négocier et d'intriguer* », qu'il parvint à incorporer à ses États la Prusse polonaise.

Les Russes étaient à toute extrémité en Pologne; ils pressaient Frédéric de venir à leur secours. Le roi de Prusse annonça qu'il était prêt à occuper les palatinats qu'il s'était adjugés. Il insista sur la prise de possession de Danzig : l'impératrice objectait que c'était une ville libre et qu'elle en avait garanti l'indépendance. « Je regarde cette affaire comme une grande bagatelle, écrivait Frédéric. Avignon était au pape, les Français l'ont prise. Strasbourg était une ville libre, Louis XIV en fit l'acquisition. Combien de cas pareils ne fournit pas l'histoire! et d'ailleurs, ce n'est pas d'une ville commerçante que je me soucierais. Mais... elle coupe toutes mes possessions... Il faut au moins qu'en faveur des risques auxquels je vais m'exposer pour la Russie, j'obtienne la continuité de mes possessions... D'ailleurs, je me garderai bien de faire marcher un chat avant que d'être nanti de mon dédommagement[1]. » C'était à prendre ou à laisser : « Point de prise de possession, point de troupes[2]. » « Si l'on veut me mettre en mouvement, ajoutait-il, il faut que ce soit à bonnes enseignes. » Les atermoiements des Russes ne le préoccupaient, d'ailleurs, qu'à demi. « Il importe peu, écrivait-il à Finkenstein, le 6 décembre 1771, que cette convention soit signée quelques semaines plus tôt ou plus tard; bien au

---

[1] Boutaric, t. I, p. 168.
[2] Frédéric à Solms, 30 octobre, 6 novembre, 13 novembre 1771. *Correspondance de Solms*, p. 547, 554, 558.

contraire, plus elle traînera en longueur, et plus grand deviendra l'embarras de la Russie. Peut-être même ne se prêtera-t-elle à nos conditions que lorsqu'elle sentira la nécessité urgente de nous les accorder et le besoin extrême qu'elle a de mon alliance. »

Le jour même où Frédéric écrivait cette lettre, la Russie justifiait ses conjectures. Les Russes étaient victorieux, mais ils étaient épuisés. Ils n'avaient plus d'argent, les hommes commençaient à manquer, les soldats désertaient, les officiers demandaient des congés. La guerre de Pologne les avait plus abattus et fatigués encore que la guerre de Turquie. Un diplomate allemand écrivait le 14 décembre 1771 de Pétersbourg : « Malgré les brillants avantages que l'armée a remportés en Turquie et en Pologne, partout où elle en a eu l'occasion, les conditions où elle se trouve sont loin d'être favorables. Les Russes ont perdu beaucoup de monde par la fatigue et surtout par la mauvaise organisation des ambulances. Depuis le commencement de cette guerre, on a fait cinq levées de cinquante mille hommes; mais la moitié à peine des recrues arrive sur le théâtre de la guerre; le reste meurt en chemin ou déserte... Ils sont plus faibles qu'on ne peut se le figurer. On donne à l'impératrice des états falsifiés. D'après ces états, la principale armée compterait soixante mille hommes; il est certain qu'en dehors des irréguliers, il n'y a pas plus de vingt mille hommes. Le comte Panine n'a que douze mille hommes [1]. » Dans ces conditions, si la guerre continuait et si l'Autriche y prenait part, le concours armé du roi de Prusse devenait indispensable à Catherine. La paix lui semblait préférable; mais

---

[1] Rapport de Sacken. HERRMANN, t. V, p. 702.

pour la signer à des conditions avantageuses, il fallait encore donner satisfaction à Frédéric. Catherine lui écrivit, le 6 décembre 1771, qu'elle renonçait à ses prétentions sur la Moldavie et sur la Valachie, mais que la Turquie devrait céder Bender, Otchakof ou tout au moins Kinburn. Le roi de Prusse acquerrait la Prusse polonaise et la Warmie, mais il n'en prendrait point possession immédiatement; quant à Danzig, les engagements de la Russie avec les puissances maritimes ne permettaient pas de l'accorder. Le roi de Prusse devait faire marcher vingt mille hommes dans les Principautés si l'Autriche faisait la guerre, et, en outre, opérer une forte diversion en Pologne. Si les Autrichiens attaquaient le roi de Prusse, la Russie lui fournirait six mille fantassins et quatre mille Cosaques, sauf à l'appuyer de toutes ses forces après que la paix aurait été signée avec les Turcs. Ces propositions étaient encore loin de répondre aux désirs de Frédéric; elles lui laissaient beaucoup de risques à courir et ne lui attribuaient point, comme il l'aurait voulu, le droit de se nantir aussitôt après la signature du traité. C'est que la tsarine tenait à s'assurer que le traité serait exécuté; elle n'entendait point que le roi de Prusse, une fois établi en Pologne, se bornât à conserver ce qu'il avait pris et laissât la Russie aux prises avec les Turcs et les Autrichiens.

En même temps qu'elle prenait ses précautions du côté de la Prusse, la tsarine tâchait de gagner les Autrichiens et de les amener à composition. Kaunitz avait fait à la Russie une déclaration officielle et des confidences; Panine répondit dans la même forme. Il écrivit, le 5 décembre 1771, à Galytzine une dépêche officielle : il repoussait les conditions de paix proposées par l'Autriche; puis il passait aux affaires de Pologne. — Le prince de Kaunitz s'approprie, disait-il, des districts polonais; il proteste contre toute idée de partage; il allègue des droits anciens, soit, mais il ne contestera pas qu'il n'existe aucun État qui n'ait certains « droits ouverts » à l'égard de ses voisins; c'est le fait de la Russie et de la Prusse à l'égard de la Pologne; ces droits sont incontestables, et l'on s'est accordé pour les faire valoir. Si l'Autriche veut accéder à la négociation et joindre ses revendications à celles des deux cours alliées, on est disposé, à Berlin comme à Pétersbourg, à faire cause commune avec elle. — Les instructions confidentielles qui accompagnaient cette dépêche répondaient aux insinuations de Kaunitz et montraient qu'on n'en avait pas été la dupe à Pétersbourg. « Il a joué double jeu, écrivait Panine, il a voulu intimider la Russie, il s'est trompé. Il a conclu un traité de subsides avec les Turcs, on le sait à Pétersbourg; on sait que plongé dans l'ornière de ses perfidies pour mieux aveugler et tromper sa propre cour, il n'a compris ni les intérêts fondamentaux ni la dignité d'une puissance chrétienne. » C'est affaire à lui; mais la Russie a pris des mesures en conséquence; elle a renforcé ses troupes en Pologne, et étendu son alliance avec la Prusse « à tous les cas possibles de rupture ». Cette rupture, cependant, elle préfère l'éviter, et le moyen est très simple. La tsarine, d'accord avec le roi de Prusse, « a résolu de faire tomber sur les Polonais les conséquences de leur propre ingratitude et de faire à leurs dépens des acquisitions convenables au profit tant des frontières de son empire que de celles de son allié le roi de Prusse, *suivant en cela l'exemple de la cour de Vienne...* Il est actuellement indispensable, poursuivait Panine, que le prince de Kaunitz soit amené à comprendre comme de lui-même, que nous avons déjà tout décidé, et que, par conséquent, il vaudrait mieux pour la cour de Vienne faire également des acquisitions, et, plutôt que de s'exposer à une guerre incertaine, agrandir sans plus tarder son territoire aux dépens de la Pologne, ce à quoi ni nous ni le roi de Prusse ne ferons aucune opposition, si seulement elle en réfère à nous et au roi en temps opportun[1]. »

Tous les artifices de Kaunitz se retournaient contre lui. Il se débattait dans le réseau subtil qu'il avait si laborieusement tissé. Sa politique chancelante n'était plus que feintes, échappatoires, mouvements à contresens et propos contradictoires. Durand lui dénonçait les menées du roi de Prusse en Pologne. « Nous ne pouvons supposer, répondait Kaunitz, que la Russie consente à l'agrandissement d'un prince que, jusqu'à présent, elle a cherché à écarter des affaires de Pologne, ni qu'elle s'occupe d'un démembrement qui entraînerait une guerre générale en Pologne[2]. » Ce démembrement, Durand ne cessait d'en démontrer le danger. Kaunitz le prenait de très haut avec les Français : Durand sans doute osa lui parler du Zips; il écrivit le 4 décembre à Mercy : « Notre procédé pour le roi de Pologne est trop grand, trop honnête et trop raisonnable pour pouvoir plaire là où vous êtes; mais je suppose cependant qu'ils auront la prudence de ne pas le témoigner. En tout cas, nous avons fait comme nous l'entendons, et nous nous passerons fort bien de leur approbation. Je juge, d'ailleurs, comme vous, de la tournure d'esprit et du caractère de M. d'Aiguillon, qui joue un jeu double auquel

---

[1] Martens, t. II, p. 16-18.
[2] Lettre de Durand, 6 novembre 1771.

il pourrait bien se casser le nez, et qui pourrait bien par-dessus le marché, si bientôt il ne change pas de conduite vis-à-vis de nous et de l'Espagne, faire rester sa cour, comme on dit, le c.. entre deux chaises. J'ai lâché à M. Durand, d'un ton de mépris et de persiflage, cependant que je savais de Berlin que M. d'Aiguillon cajolait beaucoup M. Sandoz, et que le roi de Prusse prétendait avoir des assurances positives du duc que la France ne mettrait aucun obstacle aux projets d'agrandissement qu'il pouvait avoir aux dépens de la Pologne...; que, moyennant cela, je ne pouvais m'empêcher d'être un peu étonné toutes les fois que lui Durand s'avisait de me témoigner ses frayeurs au sujet des vues du roi de Prusse sur la Pologne... »

Durand ne fut pas mieux reçu lorsqu'il vint apporter à Kaunitz la proposition du congrès suggérée à Versailles par Sandoz. Kaunitz lui répondit, le 11 décembre 1771, que le congrès était impossible, puisque la tsarine n'en voulait point et que son but était justement d'exclure la France de la négociation; que le roi de Prusse trompait tout le monde; que l'Autriche ne pouvait tremper dans ces intrigues; « qu'une assemblée formée avant que d'avoir ébauché avec les parties un projet de pacification ne présentait aucune espérance de succès; que c'était tout ce qu'il pouvait en dire..., et qu'on pourrait craindre qu'une entrevue n'aboutît à faire la paix au préjudice d'un tiers, et qu'un démembrement de la Pologne ne pourrait qu'altérer le système de l'Europe ». Cependant, Kaunitz crut devoir se montrer un peu moins rassuré sur ce dernier point qu'il n'affectait auparavant de le paraître. Durand écrivait, le 14 décembre : « Une seule chose tempère son inquiétude; c'est qu'il ne se figure pas que les Russes puissent seconder les vues ambitieuses d'un monarque que l'acquisition de Danzig et de la Prusse polonaise rendrait bientôt rival de son commerce et de sa puissance. » Tout autre était le langage que Kaunitz tenait aux Prussiens, et l'agent de Frédéric, Rhode, pouvait lui écrire le 1er décembre : « L'impératrice-reine aussi bien que l'empereur ont touché quelque chose, quoique en termes généraux et à demi-mot seulement, qu'on voulait avoir sa part, en cas qu'il s'agissait d'un démembrement de la Pologne, et qu'il fallait s'entr'expliquer là-dessus. »

Cette explication qu'elle sollicitait à demi-mot, l'Autriche allait être mise en demeure de la fournir. Kaunitz connut, le 20 décembre 1771, les réponses que Panine avait adressées à Lobkowitz. L'Autriche apprit en même temps que les Russes avaient terminé la campagne par des succès décisifs; que les Turcs réclamaient plus vivement que jamais les ratifications et l'exécution de leur traité; que, d'ailleurs, ils répugneraient médiocrement à un partage de la Pologne, s'ils regagnaient à ce prix les principautés du Danube; qu'enfin, la Russie et la Prusse avaient resserré leur alliance, qu'elles s'étaient mises d'accord pour le partage, et que l'Autriche avait à choisir entre une guerre plus que périlleuse et une paix féconde en bénéfices. Le premier mouvement de Marie-Thérèse fut la consternation. « Je suis dans les grandes agitations... », écrivait-elle le 30 décembre à Kaunitz en le mandant auprès d'elle. La délibération commença.

Kaunitz exposa l'état des affaires dans un mémoire daté du 17 janvier 1772 [1]. Il était trop politique pour hésiter entre la guerre et le partage. La seule question

---

[1] ARNETH, t. VIII, p. 336-346.

qui le préoccupât sérieusement était celle de savoir si le partage devait s'opérer aux dépens de la Pologne, aux dépens de la Turquie ou aux dépens de l'une et de l'autre. « Les Russes, dit-il, ont fait insinuer par le comte Massin qu'il y avait à choisir entre plusieurs plans. » Il résuma les propositions de l'agent russe et les discuta avec une entière liberté d'esprit. La question du traité d'alliance avec la Porte ne semblait être à ses yeux qu'une question de forme. La Porte en avait usé à diverses reprises très librement avec l'Autriche; l'Autriche pouvait agir de même. Kaunitz laissait à l'impératrice le soin de choisir entre les différentes propositions qu'il lui présentait; il semblait cependant préférer que l'opération se fît aux frais « du barbare, ennemi héréditaire » de Constantinople, plutôt qu'à ceux de « l'innocente Pologne ». Marie-Thérèse communiqua le travail de Kaunitz à l'empereur. Joseph opinait pour la continuation de la guerre[1]. L'Autriche, selon lui, ne pouvait qu'y gagner : les deux adversaires s'épuiseraient réciproquement. On se nantirait en Pologne, sauf à restituer ce qu'on aurait occupé si tout le monde renonçait au partage, et à s'indemniser en Turquie, d'accord avec les Russes, lorsqu'on ferait la paix. Kaunitz répondit, le 20 janvier, aux observations de l'empereur, et n'eut pas de peine à démontrer que, vu l'alliance de la Prusse et de la Russie, la continuation de la guerre tournerait au détriment de l'Autriche[2]. Joseph se rendit à l'évidence. « Il ne reste plus, écrivait-il à l'impératrice, le 22 janvier, qu'à décider quel est celui des projets de compensation qu'il faut choisir. *Militariter, politice et*

---

[1] Mémoire de Joseph, 19 janvier 1772. BEER, *Documents*, p. 39.
[2] Mémoire de Kaunitz. BEER, *Documents*, p. 42.

cameraliter, rien ne nous conviendrait mieux que Glatz et Neisse; Bayreuth et Ansbach, en aucun cas; si cela n'est point considéré comme possible, ce dont malheureusement je ne doute pas, le plus avantageux serait de prendre Belgrade avec une portion de la Bosnie jusqu'au golfe de la Drina. Telle est ma faible opinion; mais comme le prince de Kaunitz ne dévoile pas les siennes et n'indique pas à laquelle des sept propositions il donne la préférence, j'ai cru nécessaire de le lui demander. »

Kaunitz fit connaître son opinion le lendemain; mais la simplicité n'était pas son fort, et il s'appliqua à marquer « les progressions » qu'il croyait devoir établir entre les « différentes propositions ». L'empereur et l'impératrice acceptèrent les « propositions graduées » qu'il leur présenta. En première ligne, l'Autriche plaçait le comté de Glatz et une portion de la Silésie; en seconde ligne, Belgrade avec un morceau de la Bosnie; en troisième ligne, Ansbach et Bayreuth; puis enfin, sur la ligne de retraite, l'insinuation d'une cession de la Valachie et, faute de mieux, le partage de la Pologne. On décida d'instruire van Swieten de ces résolutions, mais on ajouta qu'il devait laisser au roi de Prusse le soin de faire les premières avances et n'indiquer « les propositions graduées » que sous forme de suggestions toutes personnelles. C'est qu'avant de se compromettre et de découvrir ses convoitises, l'Autriche voulait être sûre de ne s'engager qu'à bon escient. Les instructions envoyées à van Swieten le 25 janvier 1772 l'indiquaient fort clairement : « Il serait affreux de vouloir s'attirer le plus grand mal possible, qui est la guerre, lorsqu'on peut sans risques et sans dangers, et bien plus sûrement, parvenir au but qu'on se propose, et nous croyons, par conséquent, le moment arrivé dans lequel on se doit entre bons amis de parler à cœur ouvert... Ce prince éclairé (le roi de Prusse) sentira que, pour prévenir toute jalousie et ne pas nous croiser dans nos mesures, il sera indispensable de commencer d'abord et au plus tôt par une promesse solennelle, foi de roi, qu'il sera observé *l'égalité la plus parfaite* dans les acquisitions dont il pourrait être question pour lui et pour nous, et que, tout de suite, comme il n'y a pas un moment à perdre dans les affaires de ce genre..., il faudrait incessamment se confier à cœur ouvert ce que l'on désirerait de part et d'autre. Nous proportionnerons nos demandes à celles que le roi jugera à propos de faire. »

Swieten ainsi catéchisé, Kaunitz se chargea lui-même de causer avec Galytzine. Il le vit le 27 janvier 1772. Galytzine lui exposa les considérations présentées par Panine dans ses deux dépêches du 5 décembre 1771. Le diplomate russe n'eut pas à faire de grands frais d'éloquence pour convaincre le ministre autrichien. Le parti de Kaunitz était pris. « Je vis bien, rapporte Galytzine, que le prince, contre son ordinaire, était tout oreilles; qu'il ne se cabrait contre rien, m'avouant enfin que je n'avais pas tort en raisonnant ainsi, et que lui-même avait de la peine à se familiariser avec l'idée d'une nouvelle guerre qui pourrait facilement devenir générale. » Il déclara qu'ayant reçu sur « *les détails et circonstances* » des « *éclaircissements* » qui lui avaient manqué jusque-là, il considérait *actuellement* comme tout à fait justes les exigences de la Russie envers la Porte. Le lendemain, 28 janvier, il donna par écrit à Galytzine la déclaration formelle du consentement de l'Autriche aux principes des agrandissements respectifs, posés par Panine dans sa dépêche du 5 décembre. L'Autriche, disait-il, aurait préféré qu'il n'y eût point de partage de la Pologne; mais s'il y en avait un, elle ne pouvait rester indifférente ni à l'accroissement de la puissance de ses voisins, ni à la destruction de l'équilibre européen, et elle était disposée à entrer en négociation sur la part qui reviendrait à chacun. Kaunitz ajouta même, au cours de l'entretien, que, le principe du partage de la Pologne une fois posé, « il y aurait moyen d'enlever encore du terrain à quelque autre qui en avait de reste et qui serait obligé d'y donner les mains malgré lui, en trouvant là-dessus les trois cours d'accord ». Galytzine fit observer que ce propos ne pouvait s'appliquer qu'à la Turquie. Kaunitz ne le démentit pas [1].

C'est ainsi que l'Autriche, après avoir promis, le 6 juillet 1771, de faire restituer à la Porte, *par la voie des négociations ou par celle des armes*, les territoires envahis par la Russie, et de faire conclure la paix *sans que l'indépendance et les libertés de la Pologne souffrissent la moindre atteinte*; après avoir touché, à titre d'arrhes, une avance de deux millions de florins, en était venue, au mois de janvier 1772, à proposer à la Prusse et à la Russie le démembrement de la Pologne et le partage de la Turquie. Triste résultat de tant de subtilités! Kaunitz pouvait s'aveugler lui-même sur la valeur de son œuvre, tout son art n'avait pu déguiser la cruelle vérité aux yeux de Marie-Thérèse, et le jugement qu'elle portait sur la politique de son ministre demeurera celui de l'histoire. « Il n'est pas possible de revenir sur nos pas, écrivait-elle [2]. Le ton trop mena-

---

[1] Martens, t. II, p. 18-19.
[2] Le 22 ou le 25 janvier. Arneth, *Joseph II et Marie-Thérèse*, t. I, p. 362; t. VIII, p. 594, note.

çant avec les Russes, notre conduite mystérieuse tant avec nos alliés que nos adversaires, tout cela est provenu qu'on a mis pour principe à chercher à profiter de la guerre entre la Porte et la Russie pour étendre nos frontières... *On voulait agir à la prussienne, et l'on voulait en même temps retenir les apparences de l'honnêteté.* Sous ce point de vue, on s'est fait illusion sur les moyens, et l'on cherche et se flatte encore sur les apparences et sur les événements. Il se peut que je me trompe, et que ces événements soient plus favorables que je ne puis les envisager; mais dussent-ils nous procurer la première ébauche du partage..., dussent-ils nous procurer le district de la Valachie, Belgrade même, je les regarderai toujours comme achetés trop chèrement, l'étant aux dépens de l'honneur, de la gloire de la monarchie, de la bonne foi et religion de nous autres... J'avoue, j'ai peine à le soutenir, et que rien au monde ne m'a plus coûté que la perte de notre renommée. Malheureusement, je dois avouer que nous le méritons... »

CHAPITRE XVI

LE PRINCIPE DE LA TRIPLE ALLIANCE L'ÉGALITÉ DES PARTS.

(Janvier-février 1772.)

Le grand Frédéric enseignait à ses contemporains la politique à la prussienne; mais il ne se souciait nullement d'apprendre d'eux à garder les apparences de l'honnêteté. Il ne perdait pas son temps à ces « bagatelles ». La réponse des Russes ne le satisfaisait point : ils demandaient trop et ne promettaient pas assez. Il refusa péremptoirement d'envoyer son armée sur le Danube; par compensation, il renonça à annexer la ville de Danzig, considérant « que le possesseur de la Vistule et du port de Danzig assujettirait cette ville avec le temps, et qu'il ne fallait pas arrêter une négociation aussi importante pour un avantage qui, proprement, n'était que différé ». Il ajouta comme une condition *sine quâ non* qu'il se mettrait en possession de la Prusse polonaise et de la Warmie dès que le traité serait signé. C'est le 4 janvier 1772 qu'il envoya à Solms cet *ultimatum*. Ce n'était qu'à son corps défendant qu'il s'était décidé à promettre à la Russie de la soutenir de toutes ses forces, dans le cas où elle serait attaquée par l'Autriche. Il employa dès lors toute son activité à rendre cette clause inutile et à décider l'Autriche à la paix et au partage. L'Autriche vint au-devant de ses désirs.

Swieten reçut les instructions que Kaunitz lui avait adressées le 25 janvier, et se présenta chez le roi de Prusse le 4 février 1772. Frédéric n'attendait pas que les choses iraient aussi vite et aussi bien. « Vous serez aussi étonné que je l'ai été moi-même, écrivait-il à son frère, lorsque vous connaîtrez les propositions de Swieten. » Le diplomate autrichien posa d'abord la question de principe, c'est-à-dire la parfaite égalité dans les acquisitions respectives des trois cours. « Cette proposition, *qui était juste*, fut reçue sans empêchement », dit Frédéric en ses Mémoires. C'était le moment de « se confier à cœur ouvert ce que l'on désirait de part et d'autre ». Frédéric parla le premier et déclara quelle serait sa part. L'Autriche, ajoutait-il, peut trouver une portion équivalente dans les palatinats voisins de la Hongrie, y compris Cracovie. Swieten objecta qu'entre la Hongrie et la Pologne, il y avait les Karpathes, et que ces montagnes empêchaient l'Autriche de s'étendre de ce côté. — Cependant, dit Frédéric, vous seriez fort vexés si l'on voulait vous prendre le Milanais, malgré les Alpes qui le séparent de vos États. Swieten repartit qu'il y aurait un meilleur moyen de satisfaire sa cour, et que ce serait un échange. « Lequel? demanda le roi. — Nous vous donnerions toute notre part de la Pologne pour le comté de Glatz et la Silésie. — Comment? comment? » s'écria Frédéric. Il fallut que Swieten répétât sa proposition. Il s'efforça de démontrer que la Prusse s'arrondirait bien mieux en doublant ses acquisitions en Pologne. « Non, monsieur, dit Frédéric, cela ne me convient point. J'en ai la goutte dans les pieds, et ce serait une proposition à me faire si je l'avais dans la tête. Il s'agit de la Pologne et non de mes États. Je ne réclame et n'exige rien d'autre que la Prusse polonaise. Prenez la part qui vous revient en Pologne ou ailleurs, mais point dans mes États. » — C'est alors que Swieten fut conduit à exposer les « propositions graduées » du prince de Kaunitz; il parla de Belgrade, de la Bosnie et de la Serbie. Frédéric le laissa dire; il l'encouragea même : il n'était pas fâché de connaître le fond de la pensée de Kaunitz. Instruit du traité de l'Autriche avec les Turcs, il trouvait, en bon Prussien, une satisfaction singulière à constater la duplicité de la cour de Vienne. « Je lui dis en badinant, rapporte-t-il, que j'étais bien aise d'apprendre que les Autrichiens n'étaient pas encore circoncis, comme on les avait accusés de l'être, et que c'était aux dépens de leurs bons amis les Turcs qu'ils voulaient prendre leur portion. » « J'avoue, écrivait-il à son frère, que c'est une perfidie de la part de cette cour de vouloir prendre du territoire à ceux qui se sont fiés à elle, qui l'ont choisie comme médiatrice de la paix, et de prétendre imposer aux Turcs des cessions qui les affaibliraient autant du côté de la Hongrie que la conquête de la Crimée les affaiblira du côté de la Russie [1]. »

L'Autriche s'était livrée. Frédéric avait découvert le jeu de Kaunitz. « Je vois combien ce dernier doit être embarrassé de voir son plan dérangé, écrivait-il à Finkenstein, le 7 février 1772. Mais quels que puissent être les projets qu'il roule dans sa tête, je crois cependant entrevoir assez qu'il n'en veut point découdre, et cette persuasion me suffit pour me tranquilliser... En effet, pourvu que nous tenions ferme, la Russie et moi, et

---

[1] Frédéric au prince Henri, 8 février 1772, DUNCKER, p. 240. — Frédéric à Solms, 5 février 1772, *Correspondance de Solms*, p. 630. — Rapport de Swieten, 5 février, BEER, t. II, p. 154.

que mon traité avec cette dernière soit signé, il faudra bien que la cour de Vienne s'accommode et qu'elle se contente à la fin, bon gré, mal gré, de la portion qui lui sera assignée de la Pologne. » Il était évident que l'Autriche aurait préféré ne point tremper dans l'affaire polonaise, prendre ses acquisitions aux dépens du Turc et laisser à ses deux voisins tout l'odieux du partage. Frédéric ne l'entendait pas ainsi. Il fallait que l'Autriche fût complice. « Si l'Autriche n'obtient rien de la Pologne, écrivait-il à Solms, le 16 février, toute la haine des Polonais se tournera contre nous. Ils regarderaient alors les Autrichiens comme leurs uniques protecteurs, et ces derniers y gagneraient tant de crédit et d'influence, qu'ils auront mille et mille occasions d'y faire jouer toute sorte d'intrigues. » Si l'Autriche avait respecté la Pologne en 1772, elle aurait pu, dans la suite, s'en faire la protectrice; Frédéric, qui prévoyait qu'un partage en entraînerait nécessairement un autre, ne voulait point laisser cet embarras à ses neveux. L'histoire ne prouva que trop la sagacité de ce raisonnement. En attendant, sûr que l'Autriche « n'en voulait point découdre », et qu'elle se laisserait forcer la main, Frédéric n'hésita plus à promettre aux Russes une assistance militaire qu'il jugeait désormais inutile, et il écrivit à Solms, le 16 février, de hâter la conclusion du traité. Son vœu se rencontra avec celui de la tsarine, et le courrier qui portait ces ordres à Solms se croisa en chemin avec celui qui portait à Frédéric l'instrument du traité. Le 15 janvier, Panine et Solms signèrent à Pétersbourg deux conventions : par la première, la Russie et la Prusse, considérant « la confusion générale où se trouve la République de Pologne par la division des grands et la perversité des esprits de tous les citoyens », déclaraient la nécessité de « réunir à leurs États certains districts de ce royaume »; elles déterminaient ces districts; elles se promettaient de se soutenir réciproquement contre l'Autriche, le cas échéant; et, par la seconde convention, elles réglaient les conditions de leurs secours respectifs. Mais Frédéric comptait bien que l'on n'en aurait pas besoin. « Je crois, écrivait-il à Solms, qu'il faudrait se borner, après avoir pris possession, de leur déclarer sèchement qu'on l'avait fait pour telles ou telles raisons... Ce ton de fermeté en imposerait à la cour de Vienne, et je mettrais bien ma tête à prix que cela n'occasionnerait aucune guerre [1]. »

A Vienne, les perplexités redoublaient. Lorsque Marie-Thérèse connut l'entretien que le roi de Prusse avait eu le 4 février avec Swieten, elle commença par se désoler. Elle protesta de sa vertu et invoqua le droit public. « Je ne comprends pas, disait-elle dans un écrit qu'elle qualifie elle-même de *jérémiades*, je ne comprends pas la politique qui permet qu'en cas que deux se servent de leur supériorité pour opprimer un innocent, le troisième peut et doit, à titre de pure précaution pour l'avenir et de convenances pour le présent, imiter et faire la même injustice... Un prince n'a d'autres droits que tout autre particulier; la grandeur et le soutien de son État n'entreront pas en ligne de compte quand nous devrons tous comparaître à le rendre. » La conscience de l'impératrice condamnait ces injustes spéculations; sa pudeur politique en était froissée : « Que diront la France, l'Espagne, l'Angleterre, si tout d'un

---

[1] Martens, t. VI, p. 70 et suiv. : Texte des deux conventions. — Frédéric à Solms, 8 décembre 1771, 4 janvier 1772, *Correspondance de Solms*, p. 569 et 597.

coup on se lie étroitement avec ceux auxquels nous avons tant voulu imposer et dont nous avons déclaré le procédé injuste?... Passons plutôt pour faibles que pour malhonnêtes. » C'était là, certes, un beau langage, et nul souverain ne pouvait se proposer de plus nobles résolutions. La difficulté consistait à y conformer sa conduite, et c'est ici que la politique commençait à gâter la morale. « Tâchons, poursuivait l'impératrice, de diminuer les prétentions des autres, au lieu de penser à *partager* avec eux *à des conditions si inégales.* » Ces derniers mots formaient le biais par lequel le sophisme s'insinuait subrepticement dans l'âme de l'impératrice, et la poussait, sans qu'elle s'en doutât, vers les accommodements. Elle inclinait à confondre l'équité du partage avec l'égalité des parts; elle commençait à se figurer que la justice serait satisfaite lorsque l'aiguille de la balance serait droite et que les deux plateaux pèseraient le même poids. « Nous sommes liés avec la Porte, disait-elle; nous en avons même reçu de l'argent : les prétextes qu'on pourrait ou voudrait trouver pour faire manquer les Turcs les premiers, pour profiter après de leurs dépouilles, ne combinent pas avec l'exacte droiture, et avec les vrais principes. Jamais je ne saurais m'y soumettre; il ne peut donc être question de la Serbie et de la Bosnie, seules provinces qui nous conviendraient. Il ne nous reste que la Valachie et la Moldavie : pays malsains, dévastés, ouverts aux Turcs, Tartares, Russes, sans aucune place; enfin, pays où il faudrait employer bien des millions et du monde pour s'y maintenir. » Que faire alors, et quel moyen restait-il pour maintenir, sans froisser la justice, le précieux équilibre de la balance? Il n'y en avait qu'un; le roi de Prusse l'avait indiqué depuis longtemps, et l'impératrice y était amenée à son tour. C'était la Pologne; mais il était inique de dépouiller un tiers sans l'indemniser. Marie-Thérèse jugea que « les pays malsains, dévastés, ouverts aux Turcs, Tartares et Russes », feraient parfaitement l'affaire des Polonais. « Il faudrait, poursuivait-elle, revenir à la Pologne, et lui assigner, à titre d'indemnisation, la Valachie et la Moldavie; ce serait encore le seul moyen, le moins mauvais, auquel je pourrais me prêter. » Le fait est que les Turcs n'auraient rien à reprocher à leur alliée l'Autriche, puisqu'elle ne leur prendrait rien, et que les Polonais seraient bien mal venus à se plaindre de l'expropriation qu'on leur ferait subir, puisqu'on leur donnerait un si beau dédommagement !

Ces luttes tragiques et subtiles à la fois, qui déchiraient l'âme de Marie-Thérèse et dont l'histoire nous a conservé le singulier témoignage, Frédéric, incapable peut-être de s'en figurer les cruelles péripéties, n'en avait que trop justement prévu la fin. Le philosophe de Sans-Souci, qui prenait un plaisir si raffiné au spectacle des contradictions des hommes, qui persiflait si volontiers chez les autres les faiblesses dont il était exempt et qui éprouvait une si étrange volupté à dévoiler les âmes, aurait sans doute donné quelques thalers de son trésor pour lire le billet que Marie-Thérèse adressait à Kaunitz en lui envoyant ses *jérémiades*. La pieuse souveraine de l'Autriche en arrivait à poser, presque dans les mêmes termes, les mêmes conclusions que le parfait libertin qui régnait à Potsdam. Un an auparavant, le 21 janvier 1771, Frédéric écrivait à son frère, à propos de la Warmie : « Cette portion est si mince, qu'elle ne récompenserait pas les clameurs qu'elle exciterait. » Le 13 janvier 1772, Marie-Thérèse écrivait à son chancelier : « Il faut savoir s'exécuter, et pour un profit mince ne pas perdre sa réputation ni droiture devant Dieu et devant les hommes. »

Kaunitz s'était imaginé, d'après le rapport de Swieten, que le roi de Prusse se prêterait volontiers à un agrandissement de l'Autriche en Turquie; il avait pris les questions de Frédéric pour des offres, et sa curiosité pour un acquiescement. Il préférait beaucoup cette combinaison, et il proposa, le 13 février, de prendre toute la Valachie, la partie sud de la Moldavie et de la Bessarabie; le reste de ces deux provinces serait attribué aux Polonais. En dédommageant ainsi la Pologne de ce que d'autres lui enlevaient, en évitant de lui rien demander pour soi-même, en ne prenant aux Turcs que ce qu'ils avaient irrévocablement perdu, Kaunitz jugeait que l'impératrice « satisferait à la délicatesse la plus scrupuleuse et remplirait en même temps les devoirs sacrés de son état de souveraine ». Ce ne fut point l'avis de Joseph. « Qu'est-ce que la Pologne a à exiger de nous, écrivait-il, le 14 février 1772, quand nous ne lui prenons rien? Est-ce que nous avons la conscience assez délicate pour vouloir la dédommager des injustices (si c'en est une?) que les Russes et le roi de Prusse commettent en prenant quelques morceaux? Je finis, en peu de mots, par dire qu'il nous faut toute la Moldavie et la Valachie... » Le Danube et le Pruth formeraient la frontière de l'Autriche. Joseph prétendait même acquérir sur la rive droite du Danube Belgrade et le Vieil-Orsova.

On délibérait sans avancer; Joseph esquissait projets sur projets; Kaunitz préparait de savantes dépêches pour Berlin et pour Pétersbourg. L'impératrice rejetait le lendemain ce qu'elle s'était résignée à accepter la veille. Elle ne pouvait se résoudre ni à prendre aux

Polonais, ni à prendre aux Turcs, ni à ne rien prendre à personne. « J'avoue, disait-elle dans une note dictée à son secrétaire Pichler [1], j'avoue que dans aucune époque de ma vie je n'ai éprouvé autant d'anxiété. Lorsque tous mes États étaient menacés, je m'appuyais sur mon bon droit et sur l'aide de Dieu. Mais aujourd'hui, où non seulement le droit n'est pas de mon côté, mais où les engagements, l'équité et le bon sens combattent contre moi, il ne me reste aucun repos. Je n'ai plus que l'inquiétude d'un cœur qui n'était habitué ni à s'étourdir lui-même ni à faire passer la duplicité pour la franchise. La confiance et la foi sont pour jamais perdues, et avec elles les plus purs joyaux et la vraie force d'un souverain contre les autres. Que penseront et jugeront de nous toutes les puissances en nous voyant risquer notre réputation pour un bénéfice aussi misérable que la Valachie et la Moldavie? Deux provinces? *qui en ligne d'intérêt* sont nuisibles à la monarchie, *en ligne de politique*, nous conduiront peut-être à notre ruine après nous avoir fait perdre notre crédit... Je ne suis plus de force à conduire seule les affaires; je les laisse donc, pour mon plus grand chagrin, suivre leur cours. » Ce qui la blessait et l'abattait le plus, c'étaient les railleries de Frédéric à propos de ce malheureux projet de partage de la Turquie, qu'on avait eu l'imprudence de lui communiquer. « Le roi ne pouvait revenir de notre noirceur, écrivait-elle; nos dépêches m'ont mérité cela, et c'est ce qu'il y a de plus déplorable. »

Kaunitz, cependant, finit par l'emporter. Il établit

---

[1] Cette note est en allemand. Voir Arneth, t. VIII, p. 365, et ch. XIII, le récit et les textes des délibérations de la cour de Vienne.

que, tout en se réservant de proposer dans l'avenir des combinaisons différentes, il convenait de prendre acte du partage de la Pologne, de se nantir dans ce pays et d'établir formellement les droits de l'Autriche à un dédommagement. L'équivoque qui subsistait dans cette proposition, le prestige décevant qu'exerçaient sur l'esprit de Marie-Thérèse les belles paroles d'équilibre et d'égalité, triomphèrent de ses scrupules. Le 19 février 1772, elle apposa sa signature au bas du projet de déclaration suivant, qui fut contre-signé par l'empereur :

« *S. M. l'impératrice de toutes les Russies et S. M. le roi de Prusse ayant des droits et prétentions sur quelques palatinats et districts de la Pologne, ainsi que nous en avons de notre côté; pour obvier à tout ce qui pourrait naître de difficultés à cet égard et altérer l'amitié et la bonne harmonie qui subsistent heureusement entre nous, nous nous promettons foi et parole de souverain, par le présent acte, signé de notre main : Que, quelles que puissent être l'étendue ou les bornes de nos prétentions respectives, les acquisitions qui pourront en résulter devront être parfaitement égales; que la portion de l'un ne pourra pas excéder la portion de l'autre, et que, bien loin de mettre des obstacles aux mesures que chacun de nous pourrait juger devoir prendre pour réaliser ses prétentions, nous nous entr'aiderons au besoin, mutuellement et de bonne foi, pour nous en faciliter le succès, nous promettant, en même temps, le plus parfait secret sur le présent engagement réciproque.* »

Cette déclaration fut d'abord expédiée à Berlin. Si le roi de Prusse la signait, Swieten devait l'envoyer à Pétersbourg. Il ajouterait alors que l'Autriche attendait, pour découvrir ses prétentions, de connaître celles de la Russie. Le roi de Prusse signa le 28 février 1772; la déclaration partit immédiatement pour Pétersbourg, et la tsarine, à son tour, la signa le 5 mars. L'Autriche ne pouvait plus espérer de tourner la difficulté et d'échapper à la complicité du partage. Le 15 janvier, la Prusse et la Russie étaient convenues à Pétersbourg de partager la Pologne et d'inviter l'Autriche à accéder au partage, et, le 19 février, l'Autriche, qui ignorait encore ce traité, se déclarait prête à donner son consentement au partage sous la condition que l'égalité y serait observée. Aussi, lorsque Galytzine communiqua à Kaunitz le traité de partage de Pétersbourg, le chancelier autrichien comprit que l'affaire était irrévocablement décidée, et que c'était en Pologne que, bon gré, mal gré, l'Autriche devait prendre sa part. Il l'exposa, le 8 mars, à l'impératrice; Marie-Thérèse se soumit. « Je trouve, répondit-elle à Kaunitz, qu'il n'y a plus désormais rien autre chose à faire; cette considération ne me tranquillise cependant ni sur l'agrandissement de ces deux puissances ni, encore moins, sur la nécessité où nous sommes de partager avec elles. »

En attendant que l'on se fût mis d'accord sur les parts respectives, chacun se nantissait. Les Russes occupaient les deux tiers de la Pologne depuis 1768 : les Autrichiens et les Prussiens avaient, en 1769 et 1770, tiré des cordons le long des frontières de la République, et ces cordons s'étaient successivement étendus de manière à englober la meilleure part des lots que chacun de ces deux États prétendait s'attribuer. Les trois armées qui envahissaient ainsi le territoire polonais y préparaient, chacune à sa manière, la domination de l'État auquel elles appartenaient. Avant d'être assujettis à leurs voisins, les Polonais apprenaient à en connaître les mœurs, les habitudes, les traditions et le caractère.

La guerre que les Polonais se faisaient entre eux et faisaient avec les Russes était une guerre atroce et sauvage. Les soldats de Catherine rivalisaient de violences avec les confédérés; ils les dépassèrent bientôt. De part et d'autre, on tuait, pillait, brûlait, violait et rançonnait au nom de la religion; on se convertissait mutuellement à coups de sabre et à coups de fouet. « Les confiscations, dit Herrmann [1], rapportèrent au trésor russe plus d'un million de ducats. » « La Pologne est précisément aujourd'hui ce que l'Allemagne était du temps où le *Faust-Recht* y était reçu », écrivait le résident de Saxe à Varsovie. Divisant les partis, les excitant les uns contre les autres, semant les discordes, fomentant les haines dans la nation, écrasant ceux qu'ils ne pouvaient corrompre, artificieux et fanatiques, rusant et frappant tour à tour, les Russes agissaient à la manière des conquérants tartares. Leur ministre à Varsovie, le baron de Saldern, était, au dire d'un témoin, « un enragé auquel on a donné un sabre. — Il parle continuellement de faire brûler, pendre, ravaler. Il dit des sottises et des grossièretés à tous les ministres étrangers [2]. »

Les Autrichiens, plus cultivés, s'inspiraient des exemples du Bas-Empire. Ils délimitaient gravement et minutieusement, plantaient, déplantaient et replantaient leurs aigles, fouillaient les archives, compilaient et placardaient de méthodiques déductions de leurs titres et *droits anciens*, verbalisaient, dressaient des protocoles, signaient des passeports, instrumentaient,

---

[1] Herrmann, t. V, p. 496.
[2] Rapport du résident de Saxe, Essen, 25 mai 1771.

rendaient la justice et paraient d'un long titre, en latin juridique, l'agent chargé de lever les contributions et d'appliquer aux districts « réincorporés » et occupés le rude et rigoureux gouvernement des États héréditaires de l'Autriche.

Le grand Frédéric en usait tout crûment à la prussienne, et ne perdait pas un temps inutile à se donner les apparences de la légalité. Se réservant d'organiser plus tard ses possessions polonaises avec autant d'art qu'il en avait apporté à l'assimilation de la Silésie, il traitait alors en pays conquis, taillable et corvéable à merci, les territoires enserrés dans son cordon. Il y formait des magasins, s'y ravitaillait en vivres et en fourrages, remontait sa cavalerie, faisait vivre ses troupes sur le pays et payait tout ce qu'il prenait avec une fausse monnaie qu'il refusait ensuite de recevoir dans ses caisses. Le roi philosophe reproduisait dans la Pologne du nord les procédés que naguère le Tartare Krim-Guéray, qui se piquait aussi de philosophie, appliquait à la Pologne du sud. Le khan des Tartares abandonnait les esclaves mâles et enlevait les femmes afin de les convertir, d'en peupler les harems de Crimée et d'en faire souche de musulmans [1]. « Le roi de Prusse, écrivait le résident de Saxe le 18 mars 1771, a fait emporter de la Pologne presque sept mille filles de seize à

---

[1] « Ma religion, disait Krim-Guéray à l'envoyé français, me permet de donner aux chrétiens des esclaves mâles et me proscrit de garder les femelles, afin d'en faire des prosélytes. — C'est, répondit le Français, que les jolies filles vous plaisent davantage. — Point du tout; mais j'obéis à la loi la plus raisonnable... La conversion d'un homme est toujours un miracle; celle des femmes, au contraire, est la chose du monde la plus naturelle et la plus simple : elles sont toujours de la religion de leurs amants. » *Mémoires du baron de Tott*, t. I.

vingt ans, et il exige que, de chaque certain nombre d'arpents, il lui soit livré une pucelle ou fille avec une vache, un lit et trois ducats en argent. » Le lit devait être de plume, avec quatre oreillers; deux porcs complétaient la dot [1]. Ces Polonaises, avec leur bagage, étaient transportées et mariées dans la Poméranie prussienne, où l'accroissement du peuple et la propagation de la race porcine laissaient, paraît-il, quelque chose à désirer. « Cette rigueur, concluait le diplomate saxon, a poussé les habitants au désespoir. »

« A présent, mon cher frère, le gros de notre ouvrage est fait, écrivait Frédéric [2]... Cela réunira les trois religions grecque, catholique et calviniste; car nous communierons d'un même corps eucharistique, qui est la Pologne, et si ce n'est pas pour le bien de nos âmes, cela sera sûrement un grand objet pour le bien de nos États. » Ce grand objet, ce n'était pas l'acquisition de quelques provinces, œuvre assez secondaire en elle-même et qui ne valait pas tant de peines; c'était la solidarité d'intérêts, la complicité politique, l'alliance établie entre les trois cours du Nord; enfin, la Prusse portée au premier rang dans cette alliance, moins par l'étendue de ses territoires et la puissance de ses ressources que par la supériorité de la position où elle avait su se placer entre l'Autriche et la Russie. « Si tout cela conduit à une alliance durable des trois puissances, avait dit le prince Henri, cette alliance fera la loi à l'Europe [3]. » L'Europe l'a depuis lors appris à ses dépens.

De si grands résultats obtenus à si peu de frais auraient

---

[1] Ferrand, t. I, p. 129.
[2] Au prince Henri, 9 avril 1772.
[3] Lettre au roi, 5 mars 1772.

dû satisfaire le roi de Prusse; il aurait pu se contenter d'exposer à la postérité, dans ses Mémoires, ce chef-d'œuvre d'intrigue et de diplomatie. Mais il fallait toujours que chez lui le cynique, qui avait trop souvent taché le héros, vînt rabaisser le politique. Jusqu'en leurs occupations privées, durant cette grande crise de l'histoire européenne, les trois souverains alliés devaient marquer l'empreinte de leurs singuliers caractères. Tandis que la grande Catherine II faisait graver des médailles en l'honneur d'Alexis Orlof, et élaborait un code de lois destinées à éclairer le genre humain en général et la nation russe en particulier; tandis que Marie-Thérèse se frappait la poitrine et s'efforçait, par une subtile direction d'intention, d'apaiser les angoisses de sa conscience, le grand Frédéric persiflait les victimes de son implacable politique et distillait, dans de petits pamphlets, parodiés de Voltaire, la mordante raillerie dont il aimait à accabler ses adversaires vaincus. « Pour vous rendre compte de mes occupations, écrivait-il à Voltaire, le 18 novembre 1771, vous saurez qu'à peine eus-je recouvré l'articulation de la main droite (il avait eu un violent accès de goutte), je m'avisai de barbouiller du papier, non pour éclairer, non pour instruire le public de l'Europe, qui a les yeux très ouverts, mais pour m'amuser. Ce ne sont pas les victoires de Catherine que j'ai chantées, mais les folies des confédérés. » Il ne lui suffisait pas de dépouiller les Polonais, il voulait leur enlever l'espèce de prestige qui s'attache toujours aux malheureux, et il prétendait les rendre ridicules :

> Enfants bâtards des discordes civiles,
> Quoique hautains, entiers dans leurs débats,
> Ils n'étaient point à vaincre difficiles,
> Et préféraient le pillage aux combats.

Il ne les peint ainsi au début de son poëme que pour justifier l'étrange discours que leur tient la Paix à la fin du chant sixième :

> ...Vous avez à vos puissants voisins,
> Sans y penser, longtemps servi la nappe.
> Vous voudrez donc bien trouver bel et beau
> Que ces voisins partagent le gâteau.
> Tels sont les fruits de votre extravagance.

Telle est la morale de la *Guerre des Confédérés*. On en a tiré plus tard, en Prusse, toute une philosophie de l'histoire; Frédéric se contentait, et c'est déjà trop, de délayer cette idée en un lourd pastiche de la *Guerre civile de Genève*, œuvre insipide et digne en tous points de l'inspiration subalterne qui l'a dictée. L'esprit du roi se retrouve, au contraire, avec toute sa verve, dans le *Dialogue des morts entre le duc de Choiseul, le comte de Struensée et Socrate*, que Frédéric écrivit également « pour s'amuser », au mois de février 1772, c'est-à-dire au moment où les porteurs du traité de partage couraient la poste entre Vienne, Berlin et Pétersbourg. Inutile d'insister sur le côté odieux de ce badinage. Struensée avait été emprisonné le 17 janvier; il était sous le coup d'une condamnation capitale. « Le duc de Choiseul, disait le roi, peut être considéré comme civilement mort depuis son exil, et le sieur Struensée peut être considéré comme déjà condamné à mort par la sentence qu'on portera contre lui. Rien n'empêche donc un auteur peu scrupuleux sur la chronologie de les traiter comme d'anciens morts. » Le grand Frédéric faisait ici trop d'honneur à la chronologie, et il est d'autres chapitres sur lesquels il aurait pu se poser des scrupules. Il avait beau jeu avec celui qu'il appelait dédaigneusement « le sieur Struensée » : c'était, en somme, une bien piètre étoffe de conspirateur que ce Ruy-Blas danois. Frédéric se tire encore d'affaire avec Socrate : il fait de lui un fruit sec de l'Encyclopédie, un disciple empêtré de Wolf et de Puffendorf, dont le sourire d'un homme du monde déroute tous les systèmes; mais avec Choiseul, le royal pamphlétaire en est le plus souvent réduit aux injures. D'ailleurs, la force de la logique l'emporte sur ses haines, et l'on ne voit plus vraiment, à la fin, de qui l'auteur veut se moquer. C'est l'intérêt piquant de cet ouvrage, c'en est aussi la leçon. Comment admettre que le prince qui cite avec orgueil, en ses Mémoires, le démembrement de la Pologne comme « le premier exemple que l'histoire fournisse d'un partage réglé et terminé paisiblement entre trois puissances », n'ait pas fait un retour sur lui-même lorsqu'il prête à Struensée cette maxime : « Un vaste génie se signale par des entreprises hardies; il veut du nouveau; il exécute des choses dont il n'y a pas d'exemple; il laisse les petits scrupules aux vieilles femmes, et marche droit à son but sans s'embarrasser des moyens qui l'y conduisent. » Le démon littéraire est traître de sa nature et grand dénonciateur de consciences; il ne sait point garder les secrets qu'on lui confie, et ceux-là seuls ont pu dissimuler toute leur vie, qui n'avaient point d'esprit et ne sentaient point l'aiguillon du talent. Ce n'était point le cas du roi de Prusse, et qui l'a étudié d'un peu près ne peut s'empêcher de croire qu'il plaide sa propre cause lorsqu'il fait dire à Choiseul, traité de *scélérat* par Socrate : « Que votre tête pelée apprenne que les coups d'État ne sont point des crimes, et que tout ce qui donne de la gloire est grand... Monsieur le philosophe, sachez qu'il ne faut pas avoir la conscience étroite quand on gouverne le monde. »

CHAPITRE XVII

LA RÉPARTITION DES LOTS.

(Janvier-mai 1772.)

La déclaration signée à Vienne le 19 février, à Berlin le 28, à Pétersbourg le 5 mars 1772, consacrait le principe du partage de la Pologne, et, sans déterminer les portions qui reviendraient à chacun des trois copartageants, décidait que ces portions seraient parfaitement égales. Le partage résolu, l'égalité posée en principe, il restait à tracer les frontières et à préparer l'Europe à la nouvelle de cet étrange remaniement de la carte. De là, une double négociation tout aussi épineuse que la première. Il était malaisé d'exécuter le partage, plus encore de l'expliquer. L'Autriche se préoccupait beaucoup de cette explication; la Russie s'en inquiétait un peu, la Prusse pas du tout. Frédéric voulait que chacun, au plus vite, se mît en possession, sauf à délimiter ultérieurement les frontières et à instruire l'Europe du traité lorsqu'il aurait reçu son exécution. La Russie était moins pressée : elle occupait beaucoup plus de territoires qu'elle n'en prétendait garder, et elle n'avait par suite nul besoin de se nantir. Catherine espérait, d'ailleurs, induire la cour de Vienne en tentation du côté de l'Orient, la rendre sa complice à la fois en Turquie et en Pologne, et préparer ainsi une alliance destinée à résoudre un jour la question orientale par le partage de la Turquie d'Europe entre l'Autriche et la Russie. L'Autriche prétendait justifier le partage et le rendre aussi avantageux que possible pour elle, en faire une entreprise à la fois moins inique et moins inégale, et c'est pourquoi, hésitant fort à se prononcer sur ses propres désirs, elle avait demandé de connaître au préalable les intentions de la Russie.

La Russie ne fit pas attendre sa réponse. Panine dressa « un plan de concert » entre les deux cours et le communiqua au ministre autrichien dans les derniers jours de mars 1772. Panine laissait entendre qu'outre sa part de Pologne, l'Autriche pourrait, lors des négociations de la paix, se faire céder par les Turcs Belgrade, avec une partie de la Bosnie et de la Serbie. « Sans doute, ajoutait-il, l'Autriche obtiendrait ainsi un agrandissement supérieur à celui de la Prusse et de la Russie; le principe de l'égalité en serait altéré; mais on saisirait néanmoins avec empressement cette occasion de prouver son bon vouloir envers la cour de Vienne et d'en préparer les voies à *une triple alliance* entre l'Autriche, la Russie et la Prusse [1]. »

Dans l'intervalle, Kaunitz avait réfléchi qu'il valait mieux s'en tenir purement et simplement au principe de l'égalité; que ce principe avait été posé, qu'il convenait de l'appliquer dans toutes ses conséquences; qu'en mêlant un projet de partage de la Turquie à l'exécution du partage de la Pologne, l'Autriche courait le risque de perdre la proie pour l'ombre. Puisqu'elle pouvait se nantir aux dépens du Polonais, c'était par là

[1] Rapport de Lobkowitz, 30 mars 1772. ARNETH, t. VIII, p. 599.

qu'elle devait commencer. Kaunitz fit donc connaître à Pétersbourg et à Berlin la portion que réclamait l'Autriche : c'était, bien entendu, le comitat de Zips, puis la plus grande partie de la Russie Rouge, y compris Lemberg et la Petite Pologne jusqu'à la Vistule ; ce qui embrassait les salines de Wieliczka. « La cour de Vienne, écrivait Kaunitz à Lobkowitz, le 12 avril 1772, maintient sa résolution de ne faire aucun mal à la Porte tant que celle-ci n'y fournirait pas elle-même de motifs *justes* et fondés. » Si la Porte fournissait de *justes* motifs, l'Autriche réservait de s'accommoder avec elle et de lui demander de *justes* dédommagements ; mais ce serait affaire entre l'Autriche et la Turquie ; le partage de la Pologne n'aurait rien à démêler avec ce nouveau procès. Les bénéfices particuliers de cette opération ne préjudicieraient point au *juste* principe de l'égalité des parts. Joseph écrivait, en ce même mois d'avril, à son frère Léopold : « La Russie est tranquillisée de notre côté ; elle ne se soucie plus guère de faire la paix avec la Porte, et qui sait si cette dernière ne nous fournit pas encore par ses faux procédés une *juste* cause de nous en mêler, et que l'année qui vient, nous ne mettions en poche Belgrade et une partie de la Bosnie, tout comme nous ferons cette année des palatinats de Pologne ? Il n'y a plus de mystère qu'un corps de troupes entrera au mois de juin, de nous, en Pologne ; mais sur le partage, il faut garder le secret le plus inviolable, quoiqu'il commence à percer et que les Français ont déjà eu vent de la mine à Berlin. »

Sûr de la complicité de la cour de Vienne, le roi de Prusse, qui ne perdait jamais une occasion de semer la discorde entre la France et l'Autriche, avait révélé à Versailles le démembrement de la Pologne et insinué que l'Autriche y devait prendre sa part[1]. Louis XV fit communiquer ces insinuations à Mercy, qui s'empressa d'en avertir sa cour, mais n'en conçut, d'ailleurs, aucune inquiétude. « Comme les mouvements d'intrigues absorbent ici tous les esprits et les distraient des objets du dehors, écrivait-il à l'impératrice, le 15 avril 1772, il y a moins à craindre des démarches que le ministère de France aurait pu faire en tout autre temps pour gêner les opérations qu'occasionnera la prochaine pacification de la guerre, et ce qui sera arrangé relativement à la Pologne. Tout ce que, jusqu'à présent, le duc d'Aiguillon m'a dit à ce sujet ne m'a occasionné que très peu d'embarras. Ce ministre traite les affaires sans énergie, sans nerf et sans vues; son génie le porte à employer les petits moyens de fausseté; mais cette méthode ne peut jamais être bien redoutable et n'oblige qu'à un peu de vigilance et d'observation. »

L'ambassadeur que Louis XV venait d'envoyer à Vienne ne devait pas, croyait-on, se montrer plus clairvoyant et plus exigeant sur le chapitre de l'alliance que ne l'était le ministre des affaires étrangères. D'Aiguillon écrivait à cet ambassadeur : Les résolutions de la cour de Vienne décideront de l'état de la partie orientale de l'Europe et du sort de la Pologne. « Le rôle passif est le seul qui soit assorti aux vœux et aux sentiments du roi[2]. » La cour de Vienne n'en demandait pas davantage. Cette déclaration la rassura, et l'homme qui la lui fit tenir acheva, par sa personne même, de la mettre à son aise. C'était le prince Louis de Rohan, coadjuteur

---

[1] Louis XV au comte de Broglie, 12 janvier 1772.
[2] Instructions d'Autriche, d'Aiguillon à Rohan, 6 février 1772, p. 447.

de l'évêque de Strasbourg, prélat de cour, fastueux, prodigue, ambitieux, brillant, spirituel, remuant; au demeurant un noble libertin, mais un diplomate médiocre, bien qu'il eût au fond plus de pénétration qu'il n'en laissa paraître. Il présenta, le 10 janvier 1772, ses lettres de créance à l'impératrice. Il lui déplut dès le premier abord. Sa conduite la révolta. « C'est un bien mauvais sujet, sans talents, sans prudence, sans mœurs; il soutient fort mal le caractère de ministre et d'ecclésiastique », écrivait-elle à Mercy. « Rohan est toujours le même, mais presque toutes nos femmes, jeunes et vieilles, belles et laides, ne sont pas moins ensorcelées de ce bien mauvais original d'extravagances et étourderies. » Si la dévote Marie-Thérèse était scandalisée du libertinage de l'ambassadeur, la prudente souveraine de l'Autriche ne laissait pas d'en être rassurée pour ses entreprises politiques. « L'empereur, écrivait-elle à Mercy, le 18 mars 1772, aime, à la vérité, à s'entretenir avec lui; mais c'est pour lui faire dire des inepties, bavardises et turlupinades. Kaunitz paraît aussi content de lui, parce qu'il ne l'incommode pas et lui montre toute sorte de soumission. » L'alliée de Louis XV en venait, comme ses pires ennemis, à se féliciter de la faiblesse de son gouvernement et de l'incapacité de ses agents. Après avoir versé quelques larmes sur « la mort civile » de Choiseul et répandu à pleines mains sur la tombe de Chanteloup les fleurs de la rhétorique allemande, Marie-Thérèse s'était promptement consolée en pensant qu'un ami de ce caractère l'aurait fort embarrassée. « Le dénouement de la scène n'obtiendra certainement pas l'applaudissement de nos alliés, écrivait-elle au mois d'avril 1772. Si le duc de Choiseul était encore en place, il voudrait sans doute profiter de l'occasion pour nous enlever quelque partie des Pays-Bas, où nous ne serions pas en état de faire la plus légère résistance. »

Les luttes de la conscience et de l'intérêt n'étaient pourtant pas apaisées dans l'âme de l'impératrice, et la pensée de la France réveillait toutes les anxiétés qui l'agitaient. En guerre avec elle-même, elle se répétait sans cesse, comme l'Apôtre :

> Je ne fais pas le bien que j'aime,
> Et je fais le mal que je hais.

Ce mal, elle en ressassait continuellement les causes ; elle jugeait et condamnait avec une sagacité singulière « ces démarches fausses, mal combinées, inconséquentes, dangereuses et peu conformes à la droiture et à l'honnêteté », qui, d'erreur en erreur, de maladresse en maladresse, avaient conduit l'Autriche à cette humiliante extrémité de « se voir accuser avec raison, par le roi de Prusse même, de fausseté et de duplicité ». Si le complice de Berlin était en droit de qualifier ainsi la conduite de l'Autriche, quelle serait la légitime indignation de l'allié de Versailles ? Cependant, la dissimulation envers lui était une nécessité ; on ne s'en pouvait plus départir désormais, et c'était l'étrange conclusion de l'examen de conscience de l'impératrice[1] : « Au reste, comme nous avons usé jusqu'ici de tant de réserve avec la France, il faudra déjà continuer sur le même pied jusqu'à la conclusion de la paix et l'exécution de nos arrangements avec la Russie et avec la Prusse ; alors on devra alléguer des raisons *au moins spécieuses* pour se justifier. »

---

[1] Voir dans ARNETH, t. VIII, p. 601, pièces justificatives, le texte de ce curieux examen de conscience.

Kaunitz n'avait besoin d'aucun effort sur lui-même pour accomplir la tâche délicate de duper dans les formes l'ambassadeur de Louis XV. Rohan le pressait de questions. Ses réponses seraient dignes de servir de commentaires aux *Lettres provinciales*. « Pour ce qui regarde la Pologne, disait-il au mois d'avril 1772, c'est-à-dire au moment où il venait d'envoyer à Berlin et à Pétersbourg ses propositions de partage; pour ce qui regarde la Pologne, ainsi que le roi de Prusse et l'impératrice de Russie, nous sommes décidés à ne point souffrir que nos voisins s'y procurent aucun agrandissement qui puisse altérer l'équilibre ou diminuer l'égalité de la balance politique du Nord. C'est en conséquence de ce principe, dont nous ne nous départirons jamais, que nous sommes résolus à faire entrer incessamment une armée en Pologne... » Rohan n'était point un profond politique; mais, encore que prélat de cour, il avait quelque teinture de casuistique et avait effleuré au moins ces études de théologie morale qui, selon Talleyrand, sont la grande école de la diplomatie. Tout frivole qu'il était, il ne s'y trompa point, et comprit que si l'Autriche, la Prusse et la Russie étaient décidées à ne point permettre *aux voisins* de la Pologne de s'agrandir aux dépens de l'équilibre européen, c'est qu'elles avaient résolu de s'agrandir elles-mêmes aux dépens de leur *voisine* la république polonaise. Il l'écrivit, le 13 avril 1772, à d'Aiguillon, et déclara que, pour lui, le partage était d'ores et déjà une affaire réglée [1].

Cependant, Frédéric, qui naguère pressait si vivement l'Autriche de consentir au partage, trouvait main-

---

[1] Voir les rapports de Rohan dans Saint-Priest, *le Partage de la Pologne*, ch. v.

tenant qu'elle y mettait trop d'entrain, et que le lot qu'elle s'attribuait était sans proportion avec ceux de la Prusse et de la Russie. « Permettez-moi, dit-il en souriant à Van Swieten, le 28 avril, permettez-moi de vous le dire, vous avez bon appétit. » Ce fut aussi là l'impression des Russes, et dès les premiers mots que dit Lobkowitz, Panine ne le dissimula point[1]. L'annexion de Lemberg et des salines de Weliczka lui paraissait excessive. La cour de Vienne avait une autre prétention qui ne le froissait pas moins : elle affectait de ne prendre cette part énorme que contrainte et forcée. « Comme la Russie et la Prusse ont déjà conclu entre elles une convention de partage, disait Lobkowitz, l'essence même de l'affaire exige que l'Autriche n'accède au traité définitif qu'en qualité de *pars principalis contrahens*. » De même que le roi de Prusse, Panine tenait à ce que la complicité de l'Autriche fût patente et dûment constatée par les instruments diplomatiques. Il le dit en termes courtois, mais nets, à Lobkowitz, dans une conférence qu'ils eurent le 28 mai 1772. Il ajouta que le plan de l'Autriche tendait à l'anéantissement complet de la Pologne.

La tsarine et son ministre ne consentaient à laisser ronger et à ronger eux-mêmes les frontières de la Pologne qu'avec l'arrière-pensée de conserver à leur discrétion le cœur de cette république. Ce fut le fond des *Observations fondées sur l'amitié et la bonne foi* que Panine communiqua, dans ce même entretien, au ministre d'Autriche. La Pologne, disait-il, doit rester à perpétuité une puissance intermédiaire destinée à empêcher toute collision entre les intérêts des trois cours; il faut donc lui laisser « une force et une consistance intrin-

---

[1] Rapports de Lobkowitz des 28 avril et 1er mai 1772.

sèque analogues à une telle destination ». C'est pour maintenir cette juste balance entre leurs intérêts que les trois souverains ont posé le principe de l'égalité dans le partage qu'ils se proposent d'accomplir. Mais, poursuivait Panine, « une telle égalité ne saurait être si parfaite et si stricte en tout point que chacune des trois parts comporte la même étendue de pays, la même fertilité de sol, la même population, ni enfin *la même valeur politique* ». Le sens de ces derniers mots peut paraître assez vague; mais il ne l'était point pour la chancellerie de Vienne. Ce sont des termes consacrés. Metternich, qui se piquait plus que personne d'être jurisconsulte, se chargea, un demi-siècle plus tard, de les définir avec une grande clarté. « L'évaluation des territoires se fera d'après la population, écrivait-il, le 24 décembre 1814, dans son projet d'organisation de la *commission de statistique*; l'évaluation de la population elle-même ne sera pas faite *sous le simple rapport de quotité; elle le sera aussi sous celui de l'espèce ou qualité.* » C'est ainsi que l'entendit le congrès de Vienne, c'est même de la façon que le comprenait Panine. Il établissait que le lot de la Prusse étant pris « dans un pays sablonneux et inculte », celui de la Russie ne consistant qu'en « bois, marais et terrains sablonneux », il y avait, tant sous le rapport des productions que sous le rapport de la population, « une différence prodigieuse entre ces lots et celui que s'attribuait l'Autriche ». Il concluait en conséquence que, pour rétablir l'équilibre, maintenir le principe de l'égalité et conserver à la Pologne « une consistance intrinsèque » suffisante, il convenait que l'Autriche renonçât aux salines de Weliczka, « seul objet certain de subsistance du roi de Pologne », et à la ville de Lemberg, qui « de temps immémorial est et doit être le rendez-vous général de la nation polonaise ».

La cour de Vienne avait prévu ces objections. Joseph pensa qu'il était expédient de prendre ses précautions et de se nantir à tout événement. Il écrivait à Kaunitz le 2 mai : « La prise de possession d'une plus grande ou d'une moindre partie de la Pologne que celle qui nous resterait ne tirerait à aucune conséquence, et n'établirait aucun droit ; les troupes russes et prussiennes sont actuellement dans des endroits qu'ils ne comptent pas garder... Ne pourrions-nous pas entrer en possession de quelque palatinat? ne pourrions-nous pas entrer de même, prendre une étendue arbitraire de terrain, des positions militairement avantageuses et commodes pour la subsistance, enfin, reconnaître bien le pays et ensuite arranger la démarcation de nos limites, selon les avantages que le terrain, le pays, et selon ce que la convenance exigera et dont on conviendra mutuellement? » Ainsi fut fait : Kaunitz approuva le plan, et Marie-Thérèse donna son *placet*. Le 25 mai, le maréchal Lacy reçut un ordre autographe de l'empereur lui prescrivant d'entrer en Pologne, d'occuper Lemberg, « surtout les deux salines », d'en faire continuer l'exploitation, mais d'en garder le produit dans une « caisse à part », et de n'en plus laisser rien passer au roi de Pologne, « afin, disait l'empereur, que ces deux endroits (les salines et Lemberg) fussent à nous avant que des représentations nous en empêchent ou en difficultent l'exécution ». Les troupes se mirent en marche, et le ministre d'État, comte Pergen, fut chargé, en qualité de commissaire plénipotentiaire, de prendre le gouvernement des territoires polonais occupés.

CHAPITRE XVIII

LA CONSÉCRATION DE L'ALLIANCE : LE TRAITÉ DE PARTAGE.

(Mai-août 1772.)

« Je crois bien, écrivait Marie-Thérèse à Mercy, le 1er juin 1772, je crois bien que le parti que nous venons de prendre à l'égard de la Pologne aura fait de la sensation en France. Quelque persuadée que je sois des sentiments du Roi, je ne saurais me déterminer à lui écrire sur ce sujet; mais je vous laisse entière liberté de lui en dire de ma part tout ce que vous trouverez à propos. » Kaunitz avait catéchisé Mercy : l'Autriche avait tout fait pour éviter le partage de la Pologne, mais elle avait été seule à résister; toutes les puissances, la France et l'Angleterre surtout, l'avaient abandonnée. Elle avait dû se résigner à laisser aller les choses. C'est alors qu'elle avait appris le traité du partage conclu entre la Prusse et la Russie, et que, pour maintenir l'équilibre, elle s'était décidée à entrer en Pologne et à faire valoir à son tour d'*anciens droits* qu'elle pouvait avoir sur quelques provinces de ce royaume, très inférieures, du reste, en étendue, à celles que s'étaient attribuées la Russie et la Prusse. Il convenait, disait Kaunitz, d'insister sur le traité passé en 1412 entre la Hongrie et la Pologne, car c'est sur ce traité que l'on fonderait les revendications de l'Autriche sur la Russie

Rouge et la Podolie[1]. C'était le dernier mot de l'affaire du Zips, et l'on voit que si *mince opinion* que l'Autriche eût de ses titres sur ce comitat, elle les croyait cependant assez solides pour les étendre à la Galicie tout entière.

D'Aiguillon parut médiocrement touché de ces « déductions savantes », et montra quelques velléités d'opposition. Il tenta même d'émouvoir les Anglais et de les engager à protester. *Vanæ sine viribus iræ!* répondit Kaunitz lorsque Mercy l'avertit de la mauvaise humeur du ministre français[2]. Le fait est que la France ne pouvait rien faire. Ce n'était pas à coup sûr chez le roi de Prusse qu'elle trouverait de quoi sauver la Pologne. Bon gré, mal gré, il lui fallait s'en tenir, en fait d'alliance, à la portion congrue que lui réservait l'Autriche. Viomėnil fut rappelé. « La France, écrivait Vergennes en 1775, a cessé de s'occuper du salut de la Pologne; elle a même cessé de donner des conseils aux patriotes, par la raison qu'elle n'était pas en mesure de les soutenir, ni par son influence ni par la force de ses armes[3]. » Louis XV, d'ailleurs, avait son siège fait. « Je vois clairement, écrivait Mercy à l'impératrice, le 15 mai 1772, que les arrangements projetés en Pologne n'ont point personnellement affecté le Roi; qu'il croit que Votre Majesté ne pouvait pas se dispenser de donner la main aux arrangements susdits, et qu'ils sont une suite incontestable des circonstances. La seule chose qui pourrait peiner le monarque serait d'être dans le cas de croire que l'amitié de Votre Majesté s'est refroidie pour lui. »

[1] Kaunitz à Mercy, 29 avril, 15 mai, 31 mai 1772. Arneth, t. VIII, p. 428-429. Correspondance de Mercy, t. I, p. 315, note.
[2] Mercy à Kaunitz, 15 mai; Kaunitz à Mercy, 31 mai 1772.
[3] Vergennes à M. de Pons, résident à Danzig, *Instructions de Pologne*, t. II, p. 310.

Le duc d'Aiguillon, « *méfiant, ignorant des affaires, confondant les idées* », ne savait point juger les conjonctures actuelles, et faute de comprendre, blâmait et critiquait. Mais il semblait que tous ses efforts pour faire varier son maître n'aboutiraient qu'à le perdre lui-même. « Le Roi Très-Chrétien, écrivait le même ambassadeur un mois après, le 15 juin, envisage cet objet d'un œil d'équité et de modération qui me rassure pleinement sur la stabilité de ses sentiments et de son attachement à l'alliance... Il ne restera plus qu'à calmer les effets de l'amour-propre du duc d'Aiguillon, qui est personnellement piqué du triste rôle qu'il joue dans le début de son ministère. Je me flatte qu'il y aura des moyens efficaces à employer pour le ramener : *celui des bonnes dispositions de la favorite* ne me paraît pas devoir être négligé. »

Marie-Thérèse avait eu bien de la peine à se décider au partage; mais, la décision prise, elle l'exécutait sans s'arrêter aux « bagatelles ». Rohan la calomniait près de d'Aiguillon, qui passait d'ailleurs pour « bon Prussien ». Elle jugea nécessaire de prouver au roi de France que son amitié était plus chaleureuse que jamais, et de couper court à l'opposition d'un ministre sans lumières excité par les insinuations d'un ambassadeur sans scrupules. Elle n'avait pas le choix des moyens de défense : comme elle avait sacrifié ses principes lorsqu'il s'agissait de prendre, elle n'hésita pas, maintenant qu'il s'agissait de garder, à sacrifier sa pruderie. Elle en appela de Rohan à la du Barry, du grand Frédéric à la maîtresse du roi, et chargea sa fille de plaider sa cause. Elle écrivit le 5 juillet 1772 à Mercy : « Pour empêcher ces maux et ces désagréments pour la monarchie et la famille, il faut employer tout, et il n'y a que ma fille, la dauphine, assistée par vos conseils et connaissance du local, qui pourrait rendre ce service à sa famille et à sa patrie. Avant tout, il faut qu'elle cultive par ses assiduités et tendresse les bonnes grâces du roi, qu'elle tâche de deviner ses pensées, qu'elle ne le choque en rien, *qu'elle traite bien la favorite*. Je n'exige pas des bassesses, encore moins des intimités, mais *des attentions dues en considération de son grand-père* et maître, en considération du bien qui peut en rejaillir à nous et aux deux cours; peut-être l'alliance en dépend... Je m'attends de vos soins et ceux de ma chère fille que vous emploierez tous vos soins et elle tous ses agréments, en se détachant des préjugés qu'on pourrait lui suggérer contre. Il n'y en a aucun de valable en comparaison du bien qu'elle peut faire. »

Il ne faut point sourire à cette étrange lecture; ce serait méconnaître les mœurs de l'époque et le caractère des personnages. Marie-Thérèse parlait ici de la famille comme elle parlait ailleurs du droit; elle invoquait le respect dû à un vieillard pour vaincre les préjugés de sa fille, avec la même gravité mélancolique qu'elle invoquait naguère le respect dû à ses peuples pour vaincre ses propres scrupules. La fatalité voulait que depuis l'invasion du Zips, jusqu'à ces cajoleries à la du Barry, elle imitât de point en point la conduite du roi de Prusse; mais elle ne s'en doutait point, et elle continuait à considérer ce prince comme le scandale des rois. C'est que Frédéric se vantait de sa duplicité et tirait gloire de sa rouerie; Marie-Thérèse se condamnait au contraire et demandait pardon au ciel et à la terre de chacune de ses défaillances. Elle trouvait Frédéric impudent, elle se jugeait faible; elle voyait en lui le libertin triomphant et fier de son vice, en elle la victime déplorable du malheur des temps et des méchantes passions des hommes. L'intrigue de Frédéric était cynique; celle de Marie-Thérèse était trempée de larmes, et ces belles et savantes larmes, destinées à abuser le monde, l'aveuglaient toute la première. « Ma maxime est honnêteté et candeur, rien de double et d'induire les autres », écrivait-elle au mois de janvier 1771, alors qu'on commençait à parler du partage. Le partage décidé, elle se croyait certainement aussi sincère lorsqu'elle disait au prince de Saxe : « Ma seule consolation est dans la droiture de mes intentions, dans la constance de mes efforts pour empêcher un résultat auquel j'ai été forcée de prendre part[1]. »

Kaunitz ne pleurait point et ne se reprochait rien. Tranquille du côté de la France, il savait qu'il n'avait rien à craindre de la part de l'Angleterre. Les ministres anglais n'approuvaient point le partage de la Pologne; mais comme ils ne pouvaient ni ne voulaient rien faire, ils déclarèrent gravement que, « bien que cet *événement extraordinaire et inattendu* fît naître des appréhensions plausibles pour l'avenir du commerce de l'Europe, Sa Majesté non plus que les autres puissances commerciales, ne regardait pas la chose comme d'une importance actuelle, au point de s'y opposer directement ou d'entrer en activité pour y obvier[2] ». Kaunitz pouvait donc hardiment pousser sa pointe. Pour la première fois depuis le commencement de cette scabreuse négociation, il se trouvait en veine de succès. Son plan réussissait.

[1] Rapport de Rohan, 28 mai 1772. Saint-Priest, t. I, p. 286.
[2] Le secrétaire d'État aux affaires étrangères à l'ambassadeur anglais en Turquie, 24 juillet 1772.

Les troupes autrichiennes s'avançaient en Pologne. « Le général d'Alton a occupé les salines et a fait prêter serment aux employés de ne plus faire aucun rapport au roi », écrivait Joseph le 17 juin 1772. Esterhazy marchait sur Lemberg. L'Autriche envahissait, prenait, gardait. Kaunitz argumentait, mesurait les districts, dénombrait les habitants, discutait « la valeur politique » des lots et démontrait que celui de l'Autriche était certainement le moins avantageux des trois. Il le prenait de haut avec les deux alliés et leur faisait la leçon. Il écrivait à Lobkowitz, le 5 juillet 1772 : « La Russie et le roi de Prusse traitent la négociation de ce partage comme s'il s'agissait ici de trois particuliers et de biens-fonds à partager, pendant qu'il s'agit ici de trois grandes cours dont l'une a adopté l'arrangement qui lui a été proposé par les deux autres, nullement par envie ou besoin d'étendre sa domination, mais uniquement pour sauver à toutes les trois le malheur d'une guerre affreuse... On pourrait à Pétersbourg et à Berlin nous faire, ce me semble, l'honneur de croire que nous savons un peu ce que c'est qu'un calcul politique... On devrait se dire que, pour la cour de Vienne, il s'agit, dans tout cet arrangement, non pas *de lucro captando*, mais seulement *de damno vitando*, et l'on devrait, ce me semble, moyennant cela, au lieu de vétiller longuement sur un peu plus ou un peu moins, envisager cette affaire dans le grand, ainsi que doivent l'être toutes celles de ce genre... » En attendant, les troupes autrichiennes marchaient toujours. « Nos opérations en Pologne vont passablement, écrivait Joseph le 9 juillet ; nous avons soufflé aux Russes Tinietz ; cela leur donnera de l'humeur. Reste à savoir ce qu'ils feront. »

Les Russes se seraient peut-être fâchés, mais heureusement pour l'Autriche, le grand Frédéric était là. « Les arguments munis de canons et de baïonnettes » lui semblaient logiques et pleins de conséquence. « Je vois, écrivait-il au prince Henri, le 18 juin, que l'impératrice de Russie n'est plus si contente des Autrichiens qu'elle paraissait l'être d'abord; aussi le prince Kaunitz met-il dans cette négociation tout l'esprit de chicane dont elle est susceptible. Cela me fait enrager, parce que cela arrête notre prise de possession, et que cela expose à toute sorte de désagréments, tant par les questions des Polonais que d'autres puissances étrangères auxquelles, dans cet état d'incertitude, on ne sait que répondre. » Le roi de Prusse *enrageait* d'autant plus de ces retards qu'il avait visité le *morceau* qui lui revenait, et qu'il l'avait trouvé excellent. « Convaincu qu'il importait de se hâter de conclure, et qu'en apportant trop d'exactitude à évaluer les différentes portions, on donnerait prise aux ingérences des étrangers et courrait risque de perdre le fruit de tant de peines, il conseillait aux Russes d'accepter l'ultimatum de l'Autriche [1]. » La tsarine apprécia la justesse du raisonnement. Kaunitz, lorsqu'on lui concéda la portion qu'il réclamait, renonça à discuter sur la forme des actes. Les avantages qu'obtenait l'Autriche levèrent ses scrupules, et elle n'hésita plus à accéder au partage au même titre que la Prusse et la Russie. Les traités furent signés à Pétersbourg le 25 juillet 1772.

Au nom de la très-sainte Trinité, l'esprit de faction qui maintenait l'anarchie en Pologne y faisant craindre la *décomposition totale de l'État*, qui pourrait troubler les intérêts des voisins de cette république, altérer la

---

[1] *Mémoires. Œuvres*, t. VI, p. 46.

bonne harmonie qui existe entre eux, et allumer une guerre générale, l'Autriche, la Prusse et la Russie, ayant, d'ailleurs, à la charge de la Pologne, des *prétentions et des droits aussi anciens que légitimes*, avaient décidé de les faire valoir, de rétablir l'ordre dans l'intérieur de la Pologne, et de donner à cet État une *existence politique plus conforme aux intérêts de leur voisinage* [1]. La théorie du partage ainsi posée, les partageants passaient à l'application. L'Autriche prenait le Zips, presque toute la Russie Rouge, avec Galitch, Lemberg, Belz, une partie de la Podolie et de la Volhynie avec Tarnopol, la partie méridionale de la Petite Pologne sur la rive droite de la Vistule supérieure, avec les salines de Weliczka et de Bochnia : le Zips fut réincorporé à la couronne de Hongrie; le reste forma le royaume de Galicie : le tout constituait pour l'Autriche un accroissement de 2,600,000 habitants. La Prusse acquérait toute la Prusse polonaise, c'est-à-dire l'évêché de Warmie, les palatinats de Pomérellie, de Culm et de Marienbourg (sauf les deux villes de Thorn et de Danzig), les districts septentrionaux de la Grande Pologne et de la Cujavie avec Bromberg : en tout 600,000 habitants. La Russie s'annexait le pays entre la Dwina, le Dniéper et le Drusch, c'est-à-dire les palatinats de Polsk, Witepsk, Molihef, Mcislaf, environ 1,000,000 habitants.

L'Autriche avait de quoi apaiser ses scrupules: L'impératrice, tout en persistant à déplorer le moyen, ne pouvait se défendre de se réjouir du résultat, et les sentiments qui se partageaient son âme se traduisaient

---

[1] Préambule des trois traités de partage. ANGEBERG, p. 97, 100, 103. MARTENS, t. II, p. 24.

dans son style en propositions habilement balancées. Elle écrivait, le 23 août 1772, au maréchal Lacy : « Le courrier de Pétersbourg a rapporté signé *le malheureux partage*. Je vous dois à vous encore *ce grand avantage, si c'en est un*. Mais ce qui est certain, c'est que vous avez fait le plan et avez *su demander tant* et par là *procurer à l'État ce bien*, sans avoir trempé dans la question, si cela était juste ou non. »

La tsarine ne connaissait pas ces restrictions mentales. Elle avait une âme impassible, et la raison d'État gouvernait sa conscience. Rulhière avait publié un récit de la révolution de 1762 [1] : il n'avait rien voilé, ni les conspirations de la tsarine, ni ses intrigues, ni ses amours. Catherine avait grand désir de connaître ce livre; elle pria Diderot de le lui procurer. La demande était embarrassante. Le philosophe prit ses précautions. « Quant à ce qui vous regarde, madame, lui dit-il, si vous faites très grand cas des bienséances et des vertus, guenilles usées de votre sexe, cet ouvrage est une satire contre vous; mais si les grandes vues, les idées mâles et patriotiques vous intéressent davantage, l'auteur vous y montre comme une grande princesse, et, à tout prendre, il vous fait plus d'honneur que de mal. — Vous me donnez plus d'envie de lire cet ouvrage », répondit Catherine [2]. Ces traités à la Sémiramis enchantaient les encyclopédistes. On conçoit qu'après le partage, aucun trouble secret ne vint troubler la joie de la tsarine. « Jamais je n'ai signé d'acte avec autant de satisfaction », disait-elle à Lobkowitz [3]. Elle écrivit

[1] *Anecdotes sur la révolution de Russie en l'année* 1762.
[2] Durand, à d'Aiguillon, 9 novembre 1773. Publications de la Société d'histoire de Russie, t. XVII, p. 288.
[3] Rapport de Lobkowitz, 24 septembre 1772. Beer, t. II, p. 198.

à Marie-Thérèse le 15 septembre : « C'est avec la joie la plus vive que je vois s'établir, par le concert sur les affaires de Pologne, un nouvel intérêt si propre à s'unir à ceux qui subsistent permanemment entre nos monarchies. » Le contentement était de saison, mais le rire était forcé, et il y a de l'affectation dans le ton badin que prend Catherine II pour annoncer cette bonne nouvelle à son ami Voltaire : « Nous n'avons point trouvé d'autres moyens de garantir nos frontières des incursions des prétendus confédérés commandés par des officiers français, que de les étendre. Le cours de la Dwina et du Borysthène, dont j'ai fait prendre possession ces jours-ci, fera cet effet : ne trouvez-vous pas raisonnable que ceux qui ferment les oreilles à la raison payent les violons? J'ai ordonné de faire venir le comédien dont vous me parlez. A propos, que dites-vous de la révolution de Suède [1]? »

Voltaire trouva que c'était juste, et que l'œuvre était bonne. « C'est assurément le vrai gâteau des rois, écrivait-il à Frédéric, le 16 octobre 1772, en lui citant les mauvais vers de la *Guerre des confédérés*; votre destin a toujours été d'étonner la terre. Je ne sais pas quand vous vous arrêterez; mais je sais que l'aigle de Prusse va bien loin. » Il suffisait pour le moment au grand Frédéric que cette aigle se fût posée sur la Prusse polonaise. « Dieu merci, écrivait-il, le 22 août, à Finkenstein, cette affaire est terminée; il en était bien temps, car le coup aurait manqué. » Il répondit le 1er novembre aux compliments de Voltaire sur le ton qui convenait au savant badinage de leur correspondance. « Heureux,

---

[1] 12 septembre 1772. Texte publié par la Société d'histoire de Russie.

disait-il en louant l'éternelle jeunesse de l'ermite de Ferney, heureux qui peut ainsi réunir l'imagination et la raison! Cela est bien supérieur à l'acquisition de quelques provinces dont on n'aperçoit pas l'existence sur le globe général, et qui, des sphères célestes, paraîtraient à peine comparables à un grain de sable. Voilà les misères dont nous autres politiques nous nous occupons si fort. Ce qui doit m'excuser, c'est que lorsqu'on entre dans un corps, il faut en prendre l'esprit. J'ai connu un jésuite qui m'assurait gravement qu'il s'exposerait au plus cruel martyre, ne pût-il convertir qu'un singe. Je n'en ferais pas autant; mais quand on peut réunir et joindre des domaines entrecoupés pour faire un tout de ses possessions, je ne connais guère de mortels qui n'y travaillassent avec plaisir. Notez toutefois que cette affaire s'est passée sans effusion de sang, et que les encyclopédistes ne pourront déclamer contre les brigands mercenaires, et employer d'autres belles phrases dont l'éloquence ne m'a jamais touché. *Un peu d'encre à l'aide d'une plume a tout fait*, et l'Europe sera pacifiée, au moins des derniers troubles. » Frédéric prenait les devants avec la critique; précaution inutile, la critique désarmait. « On prétend, lui répondit Voltaire, le 17 novembre, que c'est vous, Sire, qui avez imaginé le partage de la Pologne; et je le crois, parce qu'il y a du génie, et que le traité s'est fait à Potsdam. » Si flatteur que fût l'éloge, le roi de Prusse le déclina. « Je ne connais point de traités signés à Potsdam ou à Berlin. Je sais qu'il s'en est fait à Pétersbourg. » — « Je sais que l'Europe croit assez généralement que le partage qu'on a fait de la Pologne est une suite de manigances politiques qu'on m'attribue; cependant, rien n'est plus faux. Après avoir proposé vainement des tempéramenls différents, il fallut recourir à ce partage comme à l'unique moyen d'éviter une guerre générale. » Il n'y avait pas eu là de plan concerté ni de dessein mûri de longue date et poursuivi de longue main ; ce n'était qu'un expédient, et il l'avait saisi parce qu'il n'y en avait pas d'autres. « J'ai fait l'office de capucin, j'ai éteint les flammes [1]. » Si Frédéric déclinait le mérite de l'invention, ce n'était point, à coup sûr, qu'il crût avoir à rougir de sa conduite ; mais son commerce de lettres avec Voltaire était pour lui une sorte de correspondance semi-officielle ; il y présentait les choses, non telles qu'il les voyait, mais telles qu'il avait intérêt à les faire voir au public. L'opinion n'était pas pour lui un juge devant lequel on s'incline : c'était un moyen de gouvernement, une arme dont il faut se défendre quand on ne peut pas l'employer. « Je garde le silence sur des événements si récents dont il y aurait de l'indiscrétion à parler [2] », disait-il. En attendant, il accommodait fort dextrement la vérité aux besoins de sa politique. Il réservait les révélations pour ses Mémoires et les aveux pour les conversations intimes. Il traitait Voltaire en diplomate ; il en usait avec ses familiers comme avec la postérité, et dans les libres propos des soirées de Potsdam, il racontait les événements et les jugeait aussi crûment qu'il a mis son orgueil à le faire en ses Mémoires. D'Alembert vint le voir après le partage et, dit un contemporain [3], « lui parla avec franchise de cette violation du droit des gens et des souverains ». Frédéric ne chercha pas à se justifier. « L'impératrice Cathe-

---

[1] Frédéric à Voltaire, 6 décembre 1772, 9 octobre 1773, 19 septembre 1774.

[2] A Voltaire, 19 septembre 1774.

[3] *Essais de Mémoires sur Suard.* Paris, 1820, p. 153.

rine et moi, répondit-il, sommes deux brigands; mais cette dévote d'impératrice-reine, comment a-t-elle arrangé cela avec son confesseur? »

Quant au prince Henri, il écrivit à Solms en rappelant qu'il avait « mis sur le tapis l'affaire » : « Je ne demande pour cela point de récompense, je n'ambitionne que la gloire, et je vous avoue que je me trouverais heureux de la tenir de la main de S. M. l'impératrice de Russie. Ce qui pourrait se faire si elle daignait, à l'occasion de la prise de possession, m'honorer d'une lettre ostensible pour me témoigner sa satisfaction, qui pût me servir de preuve d'avoir contribué à ce grand ouvrage. » « C'est ma commère l'empressée, et puis c'est tout », disait de lui Catherine. On ne sait si elle lui donna d'autre témoignage que celui-là; mais il est sûr que le prince continua de se vanter d'avoir noué cette trame perfide, que les philosophes ne lui en tinrent nulle rigueur et qu'il hérita près des révolutionnaires du crédit dont il jouissait auprès de leurs précurseurs. Il fit, en l'an V, présent à l'Institut de France du manuscrit de *Jacques le Fataliste;* le Directoire, en récompense lui envoya des armes d'honneur avec des exemplaires reliés de Diderot [1].

[1] Lettre du prince Henri, MARTENS, t. VI, p. 68. — Récit de Ségur, *Mémoires*, t. I, p. 145. — Procès-verbaux du Directoire, vendémiaire an V.

CHAPITRE XIX

LES CONGRÈS DE FOCKTCHANY ET DE BUCHAREST.

(Mai 1772-mars 1773.)

Les négociations qui venaient d'aboutir à Pétersbourg avaient eu leur contre-coup en Orient. Aussitôt que le principe *juste* et tutélaire de l'égalité dans le partage de la Pologne fut établi, on vit soudain la plus cordiale entente s'établir entre les représentants de la Prusse et de l'Autriche à Constantinople. Le 22 janvier, Kaunitz mandait à Thugut que, le roi de Prusse ayant pris le parti de la Russie, l'Autriche ne pouvait songer à combattre à la fois ses deux voisins; que, par conséquent, la Porte n'avait rien de mieux à faire que de signer un armistice et de négocier la paix. Le ministre prussien Zegelin tenait le même langage. Avertis par les médiateurs que la Russie renonçait à ses prétentions sur la Valachie et la Moldavie, les Turcs inclinaient à la paix : ils étaient à bout de force. Pour les décider, il ne restait plus qu'à leur déclarer, en bonne forme, que l'Autriche les abandonnait. C'est dans ces occasions scabreuses que Kaunitz déployait son génie; il avait depuis longtemps, et avec un art consommé, préparé l'évolution qui devait, sous les apparences de l'honnêteté, conduire l'Autriche de l'alliance turque à l'alliance russe. Il avait eu ses raisons pour ne point ratifier le traité du 6 juillet 1771; l'Autriche n'ayant pas envoyé les ratifications, les Turcs avaient suspendu le payement des subsides; Kaunitz n'avait pas manqué d'en prendre acte [1]. Le 8 avril 1772, il écrivit à Thugut de s'expliquer nettement avec les ministres ottomans. L'Autriche avait promis d'assister la Turquie par les négociations ou par la guerre; elle avait été fidèle à ses engagements; elle avait armé, elle avait négocié, elle avait amené la Russie à renoncer aux Principautés; elle ne pouvait faire davantage. La Prusse, en effet, s'était alliée à la Russie, et cette alliance modifiait les conditions du traité. L'Autriche avait promis de soutenir les Turcs contre la Russie; elle ne s'était nullement engagée à les soutenir contre la Prusse. Les Turcs, d'ailleurs, s'étaient placés en dehors des termes de la convention, puisqu'ils avaient cessé de fournir les subsides. Quant à la clause qui garantissait la liberté et l'indépendance de la Pologne, elle ne s'appliquait point aux conjonctures présentes : le traité de 1771 n'avait pas prévu que l'Autriche aurait, en 1772, des prétentions à faire valoir contre cette république. Dans ces conditions, Thugut devait demander aux Turcs s'ils se considéraient encore comme engagés par la convention du 6 juillet 1771; il devait déclarer que l'Autriche, « dans sa très haute magnanimité », était disposée à annuler cet acte et à en restituer l'instrument; qu'elle pousserait la grandeur d'âme jusqu'à ne pas réclamer les subsides arriérés, et qu'elle aurait été même disposée à rembourser l'argent reçu, si elle n'avait pas déjà dépensé, pour les armements, six à sept millions de florins, de sorte que, tout compte fait, elle aurait encore l'honneur de la générosité [2].

---

[1] Dépêche à Thugut, 21 janvier 1772.
[2] Arneth, t. VIII, p. 444-448. Beer, t. II, p. 250 et 252.

Thugut vit les ministres du sultan dans la nuit du 8 au 9 mai 1772. Ces infidèles eurent d'abord quelque peine à saisir les raisonnements du représentant de Marie-Thérèse et à en apprécier la délicatesse. Mais, à la réflexion, comme ils étaient trop faibles pour se fâcher, ils prirent le parti le plus sage, qui était d'accepter les déclarations de l'Autriche pour ce qu'elles valaient et d'en tirer encore tout l'avantage possible. Ils répondirent à Thugut, dans la nuit du 6 au 7 juin, qu'ils n'attendaient plus qu'une chose de la part de la cour de Vienne, c'était de les assister dans les négociations qui allaient s'ouvrir, de tâcher d'obtenir de la Russie une paix honorable, et que si l'Autriche n'y pouvait pas réussir, ils considéreraient la convention du 6 juillet comme annulée. Ils s'étaient en effet décidés à négocier. Le 10 juin, l'armistice fut signé et la réunion d'un congrès décidée. « Ces gens ont agi très sensément, très amicalement, très convenablement », écrivait Kaunitz le 7 juillet. Comme les Turcs lui laissaient le soin d'apprécier dans quelle mesure il devait les appuyer auprès des Russes, il jugea tout naturellement qu'il devait le faire dans la mesure des intérêts autrichiens, c'est-à-dire de façon à décider les Russes à souscrire, dans le partage de la Pologne, aux prétentions de la cour de Vienne.

Il aurait voulu éviter de mentionner la Turquie dans le traité de partage; mais les Russes insistèrent, et Kaunitz, pour avoir son lot, fut bien contraint de céder. Le traité du 25 juillet porta, en conséquence (article IV), que les Russes ayant communiqué les conditions de paix à l'Autriche et ayant, par considération pour l'Autriche, renoncé à toutes prétentions sur les Principautés, la cour de Vienne promettait « de continuer à s'employer sincèrement au succès du congrès et conséquemment aux *bons offices* auxquels elle s'est engagée *envers les deux parties* belligérantes ». C'était tout simplement par respect des formes diplomatiques que le traité parlait de *bons offices envers les deux parties belligérantes*. En réalité, il ne s'agissait que d'appuyer les prétentions de la Russie, et la Russie le dit à l'Autriche en termes fort explicites. Le jour même où le traité de partage fut signé, Panine remit à Lobkowitz une *Déclaration confidentielle* dans laquelle la tsarine exigeait une réponse *prompte et satisfaisante* à cette question : Le plénipotentiaire autrichien soutiendra-t-il les ministres russes au congrès de la paix, et, dans le cas où les Turcs repousseraient l'ultimatum russe, l'Autriche menacera-t-elle les Turcs de les abandonner à eux-mêmes [1] ? En attendant que Kaunitz fût en mesure de répondre, et pour le cas où sa réponse ne serait point *satisfaisante*, la Russie prit ses précautions. Elle s'arrangea de manière à faciliter singulièrement aux Autrichiens l'accomplissement de leurs promesses envers la Turquie.

Les plénipotentiaires se réunirent, le 19 avril 1772, à Focktchany. Catherine avait cru faire grand honneur aux Turcs en confiant les négociations au comte Orlof ; il était assisté d'Obreskof, que les Turcs avaient, depuis plusieurs mois, consenti à élargir. « Mes anges de paix, je pense, se trouvent maintenant face à face avec ces vilains Turcs, écrivait Catherine à madame de Bielke. Le comte Orlof, qui, sans exagération, est le plus bel homme de son temps, doit paraître réellement un ange vis-à-vis de ces rustres-là ! » Thugut et Zegelin se présentèrent pour assister aux conférences, mais les Russes

---

[1] Martens, t. II, p. 33.

s'y opposèrent; ils déclarèrent que leurs pouvoirs ne parlaient point de *médiation*, qu'il ne s'agissait que de *bons offices*, et que, dans ces conditions, l'admission des ministres de Prusse et de Russie aux conférences serait contraire au droit public. Zegelin se le tint pour dit, et n'insista pas. Quant à Thugut, qui était instruit des négociations du partage, il comprit que ce n'était pas le moment de soulever un conflit avec la Russie : il se renferma dans une extrême réserve et attendit des instructions. Les Turcs et les Russes restèrent en tête-à-tête. Ils s'entendirent assez aisément sur les conditions secondaires; mais il leur fut impossible de s'accorder sur l'indépendance des Tartares. Les Russes la voulaient absolue; les Turcs répondaient que le sultan, en qualité de chef de la religion, ne pouvait renoncer ni à la suzeraineté nominale, ni à l'investiture du khan, ni à la nomination des juges. C'était leur ultimatum. Les Russes les prirent au mot. Orlof ne désirait point la paix : il attendait de la campagne prochaine de grands avantages pour les Russes et de grands bénéfices pour sa famille. De plus, il était impatient de retourner à Pétersbourg, où il avait lieu de craindre d'être supplanté. « Le congrès est rompu uniquement par la faute d'Orlof, écrivait Joseph II[1]; son crédit baisse, et comme sa charge exigeait résidence, il est presque certain qu'un autre l'a prise en attendant. » Il répondit aux Turcs que leurs conditions étaient incompatibles avec l'indépendance des peuples tartares. « Peut-on, disait-il, regarder un peuple comme libre lorsque son chef, son prince, se trouve assujetti dans son titre, dans

---

[1] A Léopold, 8 octobre 1772. — FRÉDÉRIC, *Mémoires. Œuvres*, t. VI.

sa dignité, à la confirmation d'une autre puissance? »
Les Turcs avaient pour instructions formelles de refuser
cette concession. Ils se retirèrent, et le congrès fut
rompu. Il avait duré vingt jours. Thugut eut tout lieu
de s'applaudir de sa prudence. Kaunitz avait en effet
adressé à la Russie une réponse qu'il était impossible,
dit un historien russe, de ne pas considérer comme
entièrement satisfaisante; l'Autriche s'obligeait à
appuyer la Russie[1]. Il eût été dur pour le négociateur
de l'alliance austro-turque de 1771 d'en venir à cette
extrémité; la rupture des négociations en dispensa
Thugut.

C'était encore la Pologne qui payait les frais. Le
moment était venu d'exécuter le traité du 25 juillet. Il
s'agissait de faire ratifier le partage par la diète de
Pologne, de le justifier devant l'Europe et de délimiter
les frontières nouvelles de la façon la plus avantageuse
possible. Cette triple besogne diplomatique, juridique
et géographique absorbait toute l'attention de la cour
de Vienne. « Après l'exécution de nos arrangements,
avait dit Marie-Thérèse, on devra alléguer des raisons
au moins spécieuses pour nous justifier. » Kaunitz y
donnait tous ses soins. Dès le 12 avril 1772, il écrivait à
van Swieten : « Tâchez de tirer du roi de Prusse comment les Russes et lui comptent s'y prendre vis-à-vis du
roi et de la république de Pologne pour lui donner la
belle nouvelle du démembrement de ce royaume et pour
les y faire consentir de gré ou de force, ainsi que s'ils
comptent publier un manifeste et s'ils se proposent d'y
exposer les titres et les droits sur lesquels les prises de
possession seront établies... » Le roi de Prusse se pres-

[1] Martens, t. II, p. 34.

sait médiocrement de présenter à la Pologne et à l'Europe *une déduction de ses prétentions*. « Voyez-vous, écrivait-il le 21 avril à son agent en Pologne, *quand les droits ne sont pas trop bons, il ne faut pas les détailler.* » Le fait lui suffisait. Kaunitz trouva les diplomates russes plus disposés à le comprendre. Ce n'est pas sans raison qu'ils se disent fils des docteurs de Byzance : ils ont eu de tout temps le goût des distinctions subtiles, et ils confondent volontiers, dans leur mysticisme pratique, les principes avec les faits, la justice avec le succès, le droit avec les lois, et la jurisprudence avec la casuistique. Il fut donc décidé que l'on composerait un manifeste. Les Russes en rédigèrent un; il était assez clair : Joseph le trouva *gauche*; Kaunitz, trop *explicite*. Il en fit un qui ne laissait rien à désirer, que l'on adopta et qui fut publié en forme solennelle. C'est un chef-d'œuvre de pharisaïsme politique, qui ne trompa personne, ceux qui l'avaient signé moins encore que tous les autres. Il mérite le dédain ironique avec lequel le grand Frédéric le juge en ses Mémoires; il le signa, mais il tint à n'en point paraître dupe. « Nous ne voulons pas, dit-il, détailler ici les droits de ces trois puissances; il fallait des conjonctures singulières pour amener les esprits à ce point et les réunir pour le partage... »

Les conjonctures étaient singulières, en effet, et la plus tristement singulière de toutes, c'était l'impuissance et l'effacement de la France. L'Autriche aurait montré moins d'audace en sa logique si elle avait eu des comptes à rendre à son alliée. Elle ne se sentait malheureusement que trop indépendante. « La confection des arrangements relatifs à la Pologne devient une nouvelle mortification pour le ministère français, écrivait Mercy, le 16 septembre 1772 ; mais je crois pouvoir affirmer que le Roi Très Chrétien envisage ces mêmes arrangements avec plus de raison et de justice, et qu'ils ne porteront aucune atteinte à ses sentiments pour le système actuel. » Mercy avait accommodé la raison et la justice aux goûts du roi de France. Madame du Barry, qui ne recevait les ministres étrangers que le dimanche, avait accordé ses petites entrées à l'ambassadeur de Marie-Thérèse, et le recevait même en présence du roi. « L'accès que je me suis procuré auprès de la favorite, écrivait Mercy, me met à portée de l'éclairer sur les grandes vérités politiques[1]. » Mercy insinuait de la sorte *la vérité* à Versailles ; Kaunitz la proclamait orgueilleusement à Vienne. A mesure que l'ambassadeur d'Autriche avançait dans les bonnes grâces de la maîtresse du roi, le chancelier autrichien redoublait d'insolence envers l'ambassadeur de France. Il alla jusqu'à rejeter sur les Français la responsabilité du partage. « *C'est la France*, dit-il un jour au prince de Rohan, *qui a été la cause première de ces événements. Peut-être sommes-nous plus affligés qu'elle ; mais c'est elle qui a voulu ce qui s'est passé*[2]. »

Montés sur ce ton-là, les Autrichiens n'avaient plus d'embarras à causer avec le roi de Prusse. C'est ce qu'ils faisaient le plus librement du monde. « La Prusse et l'Autriche, dit un célèbre historien allemand, avaient été placées, à la suite de cet événement, dans des rapports de confraternité, et elles eurent avant tout à remplir une mission civilisatrice[3]. » La *mission civilisa-*

---

[1] Mercy à Marie-Thérèse, 16 octobre et 14 novembre 1772.
[2] Saint-Priest, t. I, p. 273.
[3] Ranke, *Die deutschen Mächte*, t. I, p. 21.

trice, d'accord sur ce point avec le fameux *système patriotique allemand* dont il avait été si bien parlé à Neisse, voulait que la délimitation des frontières de la Prusse et de l'Autriche en Pologne embrassât le plus possible de territoires à *civiliser*, et qu'au besoin cette grande tâche s'étendît ailleurs qu'en Pologne. Les Russes n'oubliaient pas non plus la civilisation, et Panine jugeait le moment opportun pour reparler de la *Triple Alliance*. On venait de la consacrer par de belles opérations : pourquoi n'en ferait-on pas un principe de droit public? Avant de se prononcer, la Prusse et l'Autriche voulurent savoir à quoi s'en tenir sur leurs ambitions respectives. Il y eut un point sur lequel elles s'entendirent tout de suite, l'exclusion de la France de toutes les combinaisons. « Quant à la précaution que le roi juge nécessaire de prendre, écrivait le chancelier autrichien, à savoir : que cette alliance ne s'étende pas plus loin et ne devienne jamais une *quadruple alliance*, nous sommes bien parfaitement de votre avis à cet égard[1]. »

C'est au milieu de ces négociations confuses que l'on reçut la nouvelle de la révolution de Suède. Par un coup d'État hardiment conçu et exécuté, Gustave III venait de sauver l'indépendance de sa patrie et d'arracher les Suédois au sort que les Polonais s'étaient attiré par leurs discordes civiles et par la faiblesse de leur gouvernement. C'était une déconvenue irritante et un gros échec pour la tsarine. Ce fut aussi pour le roi de Prusse un sérieux sujet d'inquiétude. Si la Russie faisait la guerre au roi de Suède, ses traités l'obligeaient à y prendre part, et il ne le désirait pas. Louis XV inter-

[1] Instruction secrète pour le baron de Swieten, 21 janvier 1773.

viendrait peut-être en faveur de Gustave III ; l'Autriche pourrait être amenée à soutenir le parti de la France, et le système combiné avec tant d'art et tant de peines serait bouleversé. Il était donc nécessaire que la Russie restât occupée avec les Turcs, et que la tsarine ne conclût pas la paix en Orient pour se jeter sur la Suède. Le grand Frédéric se tira de cette difficulté avec sa dextérité ordinaire. Il trouva moyen de retenir les Russes en Turquie tout en paraissant les aider à en sortir, et d'empêcher la tsarine de faire la guerre aux Suédois, tout en ayant l'air de l'aider à faire la paix avec les Turcs. « Les mouvements de colère et de vengeance, dit-il, l'auraient cependant emporté dans l'esprit de l'impératrice de Russie, si les Turcs n'avaient pas résisté avec beaucoup de fermeté aux conditions dures et fâcheuses qu'on voulait leur faire accepter. » Ces conditions, le roi de Prusse les jugeait *exorbitantes, onéreuses, humiliantes;* mais c'était pour lui une raison de plus de les appuyer auprès des Turcs. Il donna des instructions formelles à cet égard à son ministre Zegelin; il savait que la Porte ne céderait pas, que la France l'encourageait à résister, que plus les prétentions de la Russie seraient exagérées, plus la résistance des Turcs se montrerait tenace ; que les négociations traîneraient en longueur, que la tsarine oublierait la Suède, et qu'une fois de plus il sauverait ses États du danger de la guerre générale[1].

Les événements de Suède avaient, en effet, décidé la tsarine à renouer les négociations. Il y eut suspen-

[1] Frédéric, Œuvres, t. VI, p. 49, 50, 54. — Le prince Henri au Roi, 14 octobre 1772. — Arneth, t. VIII, p. 454, rapports de Thugut, novembre.

sion d'armes; les plénipotentiaires russes et les turcs se réuniront à Bucharest, et un armistice fut conclu jusqu'au 21 mars 1773. On reprit les choses au point où on les avait laissées à Focktchany. Cette fois, on s'accorda, tant bien que mal, sur l'indépendance des Tartares, et sur les rapports spirituels que ce peuple devait conserver avec le sultan. Mais à peine les Turcs eurent-ils cédé sur ce point que les Russes élevèrent une nouvelle prétention. Celle-là n'avait rien à démêler avec les questions religieuses, et l'on ne voit pas clairement comment elle s'accommodait avec cette indépendance absolue que le comte Orlof réclamait naguère si fièrement pour les nouveaux clients de la Russie. Les Russes voulaient garder pour eux les deux places de Kertch et de Yéni-Kalé qui commandaient l'entrée de la mer d'Azof et donnaient pied dans la Crimée. Les Turcs, à leur tour, invoquèrent le principe de l'indépendance des Tartares et demandèrent que ces deux places fussent rendues au khan. Les Russes persistèrent. Comme on ne trouvait plus, de part et d'autre, d'arguments à fournir, le congrès se sépara dans les premiers jours de janvier 1773 et se prorogea jusqu'au milieu du mois suivant. Rien ne pouvait mieux convenir aux desseins du roi de Prusse. La combinaison avait réussi, et la Russie était forcée d'ajourner l'exécution de ses projets contre la Suède.

L'Autriche, selon ses habitudes, continuait à servir, sans le vouloir et sans le savoir, les intérêts de Frédéric. Kaunitz avait mandé à Thugut, le 22 décembre 1772, de se tenir coi pendant le congrès, de rester à Constantinople et de ne se mêler de rien. Entre la Turquie et la Russie qui avaient, chacune de son côté, le droit de compter sur ses bons offices, l'Autriche jugeait prudent de s'abstenir, et préférait à une intervention qui aurait pu irriter à la fin le sultan et la Russie, une sage abstention qui permettrait d'obtenir plus tard, de l'un ou de l'autre, peut-être même de tous les deux, un nouveau bénéfice. La cour de Vienne savait de plus qu'il s'était produit un certain refroidissement entre Berlin et Pétersbourg, à la suite de l'affaire de Suède, et surtout à cause des prétentions que le roi de Prusse continuait d'élever sur Danzig. Enfin, l'opération du partage traînait. Si ingénieusement *déduits* que fussent les droits des trois cours copartageantes, les Polonais refusaient d'en apprécier la valeur et se montraient plus récalcitrants qu'on ne l'aurait attendu. « Ces têtes sans dialectique », comme les qualifie Frédéric, se flattaient que les affaires d'Orient diviseraient les trois alliés. C'était une illusion bien gratuite.

Les trois alliés pouvaient bien se quereller sur le mode d'application du principe de l'égalité des parts; ils étaient parfaitement résolus à n'y point renoncer, et loin de trouver dans leurs dissentiments et dans la résistance des Polonais un motif de restreindre leurs prétentions sur la Pologne, ils cherchaient dans un nouveau partage le moyen de concilier leurs rivalités et de contraindre les Polonais à la soumission. « Je m'imagine, écrivait Frédéric le 4 novembre 1772 [1], qu'à l'aide de quelques menaces et de quelques sommes d'argent employées à propos, on fera souscrire ces gens à nos volontés... Mais s'il fallait, contre toute attente, embrasser ce dernier parti et recourir à la force pour les mettre à la raison, le pire qui en pourra résulter, ce

---

[1] A Benoît, son agent en Pologne.

sera d'être obligé d'en venir à un nouveau partage et d'étendre davantage nos portions respectives. » C'était la pensée de Kaunitz, et il fondait sa conviction sur un raisonnement où l'on découvre la profondeur du génie artificieux qu'il avait reçu du ciel. « Il n'est, disait-il, vraisemblablement aucun seigneur polonais qui, sur les avantages que, au détriment de l'État, trouvent des particuliers à être citoyens d'un gouvernement mal réglé, n'aimât mieux rester Polonais que de devenir sujet d'une des trois puissances. Et il est probable, par conséquent, qu'il ne se trouvera peut-être aucun de ces individus qui ne préfère son intérêt particulier à son patriotisme, et qui ne s'emploie, moyennant cela, avec chaleur, à la prochaine diète, à faire accorder les cessions et renonciations demandées par les trois cours, pour ne pas se voir dans le cas de devoir passer sous une autre domination par une plus grande étendue du démembrement de la Pologne [1]. » Il proposa, en conséquence, à la Russie, de déclarer aux Polonais que si, au mois de mars 1773, ils n'avaient pas satisfait aux réclamations des trois cours, celles-ci, qui n'avaient fait valoir jusque-là qu'une partie de leurs prétentions, étaient résolues à les étendre « à toutes les autres provinces polonaises à l'égard desquelles elles avaient les droits les plus légitimes [2] ». Les Russes n'étaient point précisément de cet avis. Ils voulaient conserver à leur discrétion ce qui restait de la Pologne : il ne leur convenait ni de livrer Danzig ni d'augmenter indéfiniment la portion de l'Autriche. Il leur importait surtout de tenir la cour de Vienne en haleine aussi longtemps

[1] Kaunitz à Lobkowitz, 16 novembre 1772.
[2] *Referat* du 25 septembre 1772.

que les affaires d'Orient demeureraient en suspens. Sur l'avis de Panine, on dut se borner à manifester aux Polonais « l'étonnement et l'indignation » des trois cours alliées en présence des « séductions et des intrigues » par lesquelles le gouvernement de Pologne essayait de retarder « le terme si désirable de la paix et de la sûreté de leurs possessions ». Les trois cours ne pouvaient permettre que, « par des lenteurs insidieuses, on tâchât de commettre la légitimité de leurs droits à toutes les vicissitudes des évènements ». En conséquence, elles étaient résolues, sans s'arrêter davantage aux objections des Polonais, « à employer tel moyen qu'elles trouveront plus prompt et plus expédient pour se faire justice [1] ».

L'Autriche signa cette déclaration, le 20 janvier 1773; mais elle n'en était qu'à demi satisfaite. Ce langage lui semblait trop vague. Elle sentait de la part des Russes une sourde opposition à ses ambitions. Le roi de Prusse élevait tant sur Danzig que sur les margraviats d'Ansbach et de Bayreuth des prétentions que les Autrichiens jugeaient inacceptables. Ils convoitaient aussi la Bavière; Frédéric leur insinua de démembrer Venise [2], dont ils ne voulaient point, au moins en ce moment. — Il faut, disait Kaunitz, « arranger les choses de façon que, comme on dit, *tout le monde vive* [3] ». La cour de Vienne trouvait qu'on la rationnait trop, et que l'on exposait trop longtemps son appétit aux classiques épreuves de Tantale.

C'était surtout en ces moments de jeûne que la cou-

---

[1] Martens, t. II, p. 35.
[2] Rapports de van Swieten.
[3] Instruction à Swieten, 21 janvier 1773.

science de l'impératrice la tourmentait, et c'est sous le coup de ces irritantes incertitudes qu'elle écrivit à Mercy cette lettre inimitable du 1er février 1773 : « Les agaceries du roi de Prusse ne sont que trop claires. Il ne démordra plus de resserrer Danzig et Thorn... même la Russie, ce qui est incompréhensible, on est d'accord; il nous a fait perdre les bons moments en lanternant, nous cajolant, où l'on aurait pu y remédier; ils nous ont bien menés par le nez : j'en suis inconsolable. Si je pouvais me consoler, c'est que j'étais toujours contraire à *ce partage inique, si inégal*, et à nous lier avec ces deux monstres... » *L'iniquité* du partage, Marie-Thérèse en parlait volontiers; mais elle n'entendait pas que les autres, et surtout les Français, lui donnassent la réplique. Il s'était élevé, à Paris, un *tolle* général contre l'alliance autrichienne que tout le public accusait des humiliations subies par la France depuis 1756, et, en particulier, de ce dernier échec, moins calamiteux peut-être, mais plus offensant que les autres [1]. Il circulait à Paris une brochure sur le partage de la Pologne; cet acte était qualifié d'ouvrage de la force, d'injustice criante, d'usurpation manifeste [2]. « La brochure qui est sortie à cause du partage de la Pologne fait très mauvais effet, écrivait l'impératrice dans cette même lettre du 8 février, *et ne sera pas oubliée en son temps*; par ces petites vengeances, *la France excède tout le monde.* »

Ce qui, bien plus que cette malheureuse brochure, excédait la patience des Autrichiens, c'étaient les efforts

---

[1] Voir le *Secret du Roi*, t. II, p. 399.
[2] *Observations sur les déclarations des cours de Vienne, Berlin et Pétersbourg sur le démembrement de la Pologne*. Londres, janvier 1773.

incohérents et vains du ministère français pour ranimer les Turcs. La cour de Vienne se rendait bien compte que tant que la paix serait incertaine, les règlements du partage n'avanceraient point en Pologne. Panine n'avait point accepté le plan de Kaunitz pour réduire les Polonais. Loin de songer à un nouveau démembrement, il proposait de se concerter sur les moyens de rétablir « le gouvernement de la Pologne dans ses vrais principes », c'est-à-dire dans l'anarchie. Au lieu de conquérir, il offrait de corrompre, et le même ministre qui, dans les déclarations du 20 janvier, protestait contre « les séductions et les intrigues des Polonais dans les cours voisines », proposait, le 26 février, aux alliés, d'ajouter la corruption à la menace, *d'assurer un fonds pour la séduction*, et de « former, dès à présent, une caisse destinée au succès des opérations présentes pour lesquelles on estime que le premier fonds pour chaque cour ne pourra pas être moins de cent cinquante à deux cent mille écus [1] ». C'était là-dessus que comptaient les Russes pour persuader la diète de Pologne; mais ce n'était pas l'affaire des Autrichiens, qui cherchaient moins à séduire les gens qu'à prendre du territoire. Déboutés de ce côté, ils se retournèrent vers les Turcs. Sur la proposition de Kaunitz, l'impératrice décida de leur offrir cinq ou six millions de florins qui les aideraient à obtenir de la Russie des conditions meilleures, s'ils voulaient, en échange, céder à l'Autriche la petite Valachie, c'est-à-dire le territoire entre le Danube, l'Aluta et la frontière autrichienne, que l'Autriche s'était déjà fait promettre par la convention du 6 juillet

---

[1] *Projet d'un plan pour la conduite des trois ministres en Pologne.* BEER, *Documents*, p. 143.

1771. On espérait, à Vienne, que cette offre captieuse, présentée au moment du congrès, séduirait les Turcs. Mais lorsque, le 10 mars 1773, Thugut reçut ces nouvelles instructions, le congrès était de nouveau sur le point de se rompre, et le ministre autrichien n'avait qu'à s'abstenir.

Les négociations avaient repris à Bucharest, le 15 février 1773. Les Russes persistèrent dans leurs prétentions en les aggravant même. Ils exigeaient, outre la libre navigation de la mer Noire, la cession de Kertch, de Yéni-Kalé et de Kinburn, le démantèlement d'Otchakof, la reconnaissance de la Russie comme garante de l'indépendance des Tartares et un droit de protection sur les sujets du sultan qui professaient la religion grecque. Les Turcs se résignaient à tout, sauf à la cession de Kertch et de Yéni-Kalé, qui livrait la mer aux Russes et leur permettait de construire une flotte et de la lancer sur la capitale de l'empire. « La Porte, écrivait le ministre de Prusse, voit très clairement que la conquête de Constantinople est le dessein des Russes, et que c'est pour en préparer l'exécution qu'ils veulent Kertch et Yéni-Kalé. » Résolus à ne céder sur ce point qu'à la dernière extrémité, ils offrirent aux Russes de leur payer soixante-dix millions de piastres s'ils voulaient renoncer à ces deux places et à la navigation de la mer Noire. Obreskof répondit que loin d'accepter soixante-dix millions en compensation de Kertch et de Yéni-Kalé, la Russie les payerait pour obtenir ces deux villes, et que, d'ailleurs, la liberté de la navigation était une condition *sine quâ non* de la paix. L'accord sur ces principes fut impossible, et le congrès se rompit de nouveau le 22 mars 1773. La guerre recommença. La tsarine s'y était préparée; elle ne doutait pas du succès, ne faisant aucun état des secours que le ministère français annonçait aux Turcs, et dont l'espoir avait singulièrement soutenu leur résistance. « Si les Turcs continuent de suivre les bons conseils de leur soi-disant ami, écrivait-elle à Voltaire [1], vous pourrez être sûr que vos souhaits de nous voir sur le Bosphore seront bien près de leur accomplissement. »

[1] 8 mars 1773.

CHAPITRE XX

LE TRAITÉ DE KAÏNARDJI.

(Juin 1773-septembre 1774.)

La tsarine avait décrété la victoire; elle ordonna à Roumantsof de passer le Danube, de marcher à l'ennemi et de le battre partout où il le trouverait. Roumantsof essaya vainement de représenter à sa souveraine le danger de l'entreprise : la tsarine ne voulut rien entendre. Le 13 juin 1773, l'armée russe traversa le Danube et se porta sur Silistrie. Les Turcs attaquèrent l'arrière-garde des Russes, la battirent et occupèrent un défilé qui leur permettait de les prendre à revers et de leur couper la retraite. « Si le grand vizir avait su profiter de l'occasion, dit Frédéric, il y a toute apparence qu'il aurait détruit cette armée russienne. » Le grand vizir resta dans son camp. Le général russe Weismann attaqua les Turcs dans leur défilé, et, après de grands efforts, réussit à les déloger. Il y perdit la vie, mais l'armée russe fut sauvée. Elle put repasser le Danube, et comme le grand vizir n'eut garde de la poursuivre, elle prépara tranquillement une nouvelle campagne pour l'arrière-saison.

Le roi de Prusse tâcha de profiter de cette sorte de suspension d'armes pour renouer les négociations. Mais de part et d'autre on refusait toutes concessions. La tsarine rassemblait ses forces et comptait bien réduire les

Turcs à merci. C'était l'opinion de tous les hommes éclairés que les Turcs ne pourraient pas résister à un nouvel effort des Russes, et qu'en cas de désastre de leur armée, les causes mêmes qui avaient jusque-là soutenu leur résistance, les obligeraient à demander la paix. Favier l'indiquait dans les mémoires qu'il avait rédigés pour le comte de Broglie : « L'opposition des gens de loi, des ministres de la religion, est redoutable au sultan même, tant que la subsistance d'un peuple lâche et fanatique n'est pas absolument coupée; mais aussitôt que les convois seront interceptés, les Dardanelles bien bloquées, et les bâtiments neutres ou confisqués ou arrêtés, et forcés de rétrograder, l'uléma craindra la famine, le divan la révolte, et le sultan une révolution. La populace même viendra demander à grands cris aux portes du sérail la paix et du pain, et la tête des généraux et celle des ministres... » Le publiciste français ne se montrait pas moins clairvoyant lorsqu'il définissait la politique des trois cours du Nord à l'égard de la Porte : « La Russie l'écrase, la Prusse la trahit, et l'Autriche, après l'avoir rançonnée, guette le partage de ses dépouilles. »

« Il faut, écrivait Joseph II, le 19 juin 1773, avoir le courage de finir l'affaire sur le pied comme nous l'avons commencée. Convenance et en partie nécessité a été le seul mobile de tout ce partage; il faut le finir de même et penser à soi que, dès qu'on a tant fait et pris, on prenne aussi les autres bagatelles, mais qui sont essentielles pour que ce que l'on a pris ait un vrai prix, et que l'action au moins vaille la peine de l'avoir faite; autrement elle sera fautive, pauvre et louche dans tous les sens. » L'empereur parcourait alors ses nouveaux territoires polonais, et tout en cherchant les *bagatelles* qu'il pourrait encore arracher aux Polonais pour donner son vrai prix à l'œuvre du partage, il songeait aux territoires turcs qui pourraient être à la convenance de l'Autriche. Après avoir examiné les lieux, il jeta son dévolu sur le pays situé aux sources du Sereth et du Pruth, avec Czernovitz pour capitale, et qu'on appelle la *Bukovine*. « Je crois, écrivait-il, que militairement et politiquement cela vaudrait au moins la Valachie cisleithane. »

Ce voyage impérial en un pays que l'on avait pris, mais que l'on ne s'était pas encore fait céder; cet empressement à se montrer aux gens que l'on venait de dépouiller, cette ardeur à convoiter de nouvelles conquêtes, désolaient Marie-Thérèse. « Vous croyez que je m'arrête trop au qu'en dira-t-on? écrivait-elle à son fils, le 20 juin 1773. J'ai fait voir le contraire dans les vingt premières années de mon règne; mais vous, vous y tenez trop peu; vous ne suivez que vos idées et volontés, lesquelles n'étant pas contredites, ayant le don de la parole et d'écrire, aidées des sophismes sans fin et du persiflage, vous réussissent la plupart du temps! » Elle prévoyait qu'elle céderait encore; elle s'en lamentait; mais, comme disait l'implacable railleur de Potsdam, « *elle pleurait et prenait toujours!* » Elle moralisait l'empereur sur son insatiable ambition, mais elle se félicitait que les circonstances lui permissent de la satisfaire. Elle écrivait, le 2 août 1773, à Mercy : « Vu la situation présente des affaires, je crois qu'il est plutôt avantageux que contraire à nos intérêts que ce duc d'Aiguillon soit à son poste, du moins jusqu'au rétablissement de la paix entre la Russie et la Porte, et jusqu'à l'arrangement final des affaires de la Pologne. Doué de peu de génie et de talents, sans crédit et sans cesse harcelé par les factions, il se trouve peu en mesure de nous susciter des embarras. Notre besogne serait bien plus difficile si le duc de Choiseul, tout bien intentionné qu'il était, se trouvait encore en place, et elle pourrait le devenir de même si Broglie venait à remplacer Aiguillon, ce qui serait peut-être un grand contre-temps. » Marie-Thérèse rendait involontairement hommage au ministre déchu et au conseiller secret qui s'était efforcé de réveiller dans l'âme de Louis XV le sentiment des saines traditions de la politique française[1]. Le fait est que la Pologne et la Turquie avaient beaucoup à souffrir de cette alliance de 1756, qui semblait n'avoir plus pour objet que l'abaissement de la France et la ruine des États protégés par son roi.

Le comte de Broglie et son publiciste Favier n'avaient que trop pénétré les desseins de l'Autriche. Au moment où ils dénonçaient à Louis XV ces équivoques menées, Kaunitz n'était occupé que de justifier leurs conjectures. Le 20 août et le 6 septembre 1773, le chancelier autrichien écrivit à Thugut de préparer les Turcs, dès qu'ils auraient fait leur paix avec la Russie, à remercier l'Autriche de ses bons offices par la cession de la Bukovine. En attendant qu'elle pût forcer les Turcs à manifester ainsi leur reconnaissance, la cour de Vienne poursuivait avec les Polonais l'œuvre compliquée de la revendication de ses prétentions et de « ses droits ». L'Autriche considérait la ligne du Sbrucz comme nécessaire à son système de frontières. Il n'en était point question dans le traité de partage. L'article 1er de ce traité portait que, du côté de l'est, la frontière suivrait

---

[1] Voir les Mémoires cités plus haut, BOUTARIC, t. I et II. — *Le Secret du Roi*, t. II.

« la petite rivière nommée Podorze jusqu'à son embouchure dans le Dniester ». Il fut aisé de constater que *Podorze* était une petite ville, et non une petite rivière; mais comme le Sereth prenait non loin de là sa source pour aller se jeter dans le Dniester, l'Autriche se crut autorisée à en conclure que c'était le cours du Sereth qui avait été désigné par le traité. Kaunitz l'écrivait, le 15 septembre 1773, à Lobkowitz, ajoutant que l'Autriche avait le plus grand intérêt à ajouter à sa part le territoire compris entre le Sereth et le Sbrucz; que les Polonais ne voulaient point le donner; que l'Autriche allait, par suite, occuper un certain nombre de districts polonais qui n'étaient point dans son lot, afin de contraindre la Pologne à lui céder, *par voie d'échange*, la ligne du Sbrucz.

Cette proposition ne fut point du goût de la Russie, d'autant moins que Frédéric, instruit de ces réclamations autrichiennes, était toujours prêt à en prendre acte pour compléter son lot, et réclamait Thorn et Danzig[1]. Catherine ne voulait plus de partage; elle prétendait placer sous sa suprématie ce qui restait de la Pologne; elle entendait que cette république conservât, ainsi que le prescrivait le traité, « la consistance d'une puissance intermédiaire ». Panine répondit à Lobkovitz que si l'Autriche étendait ses frontières, le roi de Prusse en ferait autant; qu'il avait planté, lui aussi, ses poteaux bien au delà des limites de son lot; qu'on avait eu grand'peine à faire déplanter et reculer ses aigles; qu'on y était parvenu cependant, et que l'Autriche, par ses prétentions, allait tout remettre en question. « Il est sans

---

[1] Conversation de Frédéric avec Tchernichef, août 1773. Martens, t. VI, p. 98.

exemple, disait-il, que trois puissances d'un ordre supérieur aient pu s'accorder sur un point qui, relativement à chacune d'elles, offrait tant de vues et d'intérêts différents, et qu'une politique générale, qui n'a eu d'autre mobile que l'humanité et l'amour de la paix, ait triomphé de toute politique partielle et, sans coup férir, ait produit à chacune des avantages que des guerres longues et meurtrières ne donnent jamais si abondamment, quoique payés si cher. » Pourquoi compromettre de si beaux résultats? Si la rivière Podorze n'existait pas, c'était « un état physique qu'il n'était au pouvoir d'aucune des trois puissances de changer »; mais leur intention était claire : c'était de tirer une ligne de Podorze au Dniester. Le Sereth répondait à cet objet; il n'y avait aucune raison pour porter plus loin la frontière autrichienne et pour y englober le territoire compris entre le Sereth et le Sbrucz. « Il existe, disait en terminant Panine, des points non moins intéressants sur lesquels la convenance de la cour impériale et royale pourrait se tourner, et sur lesquels l'impératrice se trouverait les mains plus libres. » Pour que l'Autriche ne se méprît pas sur le sens et la portée de cette insinuation, Panine l'accompagnait d'une demande d'intervention amicale auprès des Turcs [1].

C'est que la campagne d'automne, sur laquelle la tsarine avait fondé de si grandes espérances, se présentait mal pour les Russes. Deux corps de l'armée de Roumantsof avaient passé le Danube et s'étaient avancés sur Varna. Ils se firent battre et ramener en désordre sur le Danube, qu'ils ne purent repasser qu'après avoir éprouvé de grandes pertes. Les Tartares de Crimée

[1] Rapport de Lobkowitz, 30 octobre 1773.

s'agitaient et semblaient disposés à revenir au sultan; la révolte des mameluks d'Égypte, dont les Russes attendaient une diversion, était étouffée, et la tsarine se voyait dans son propre empire menacée par une sédition qui semblait formidable. C'était la révolte des Cosaques du Don commandés par Pougatchef; cet aventurier se faisait passer pour Pierre III; soulevant les populations sur son passage, il venait de s'emparer d'Orenbourg et il menaçait de marcher sur Moscou. Les Russes faisaient naturellement appel aux bons offices de l'Autriche et se montraient disposés à payer ses complaisances par un lambeau de l'empire turc.

Kaunitz le comprit. Sans renoncer le moins du monde à ses prétentions sur la ligne du Sbrucz, il écrivit, le 7 décembre 1773, à Thugut de déclarer aux Turcs que l'Autriche ne saurait voir avec indifférence la prolongation de la guerre : elle attendait que la Porte donnerait à la Russie les garanties politiques et religieuses qu'elle était en droit d'exiger. En même temps, et comme il était dans les principes de la cour de Vienne de se nantir à tout événement, les ingénieurs autrichiens reçurent l'ordre de planter le long du Sbrucz les aigles impériales et d'étudier en Bukovine les lieux où il conviendrait, le cas échéant, d'exécuter la même opération. Kaunitz jugea prudent de s'en entendre avec le roi de Prusse. Le 22 février 1774, van Swieten eut ordre de soumettre à ce prince le système des invasions préventives destinées à faciliter, par voie d'échange, la rectification des frontières. Frédéric trouva cette théorie fort expédiente, et, au printemps de 1774, il donna à ses troupes l'ordre d'avancer ses poteaux en Cujavie : il s'empara ainsi d'environ deux cents villages. Comme les Autrichiens avaient enfreint le principe de l'égalité, dit-il en ses Mémoires, « le roi se crut autorisé à faire de même : il étendit en conséquence ses limites et enferma la vieille et la nouvelle Netze dans la partie de la Pomérellie qu'il possédait déjà ».

La Russie n'était point en mesure de s'opposer à ces manœuvres, les alliés de Vienne et de Berlin spéculaient sur ses embarras. Ils étaient graves. Forcés par la révolte de Pougatchef de diviser leurs forces, les Russes semblaient à la veille d'un désastre. Le comte de Solms écrivait au mois de mars 1774 : « Les effectifs ne sont jamais au complet, les généraux sont pour la plupart incapables, et rarement d'accord entre eux ; les officiers et les soldats sont las et dégoûtés ; le pays est épuisé par des corvées militaires et des levées qui, en cinq ans, ont dépassé trois cent mille hommes ; le gouvernement fléchit sous les charges ; tout ce monde est corrompu par la licence et l'habitude de tout obtenir par la faveur. Une défaite importante pourrait être bien dangereuse pour cet empire. » Si les Turcs avaient su profiter de leurs victoires, ils auraient pu faire payer cher aux Russes l'imprudence d'une nouvelle attaque. Mais leurs revers ne leur avaient rien appris, et leurs succès leur firent oublier les plus simples précautions.

Le sultan Moustapha était mort le 14 janvier 1774. Son successeur Abdul-Hamid ne respirait que la guerre : il la dirigea plus mal encore que son prédécesseur. Roumantsof franchit le Danube, battit les corps détachés que les Turcs lui opposèrent, défit leur avant-garde, le 16 juin 1774, à Bazardjik, les força de lever le camp qu'ils avaient formé à Kostidjé, tourna le gros de l'armée du grand vizir à Choumla, l'investit et l'affama. Les troupes turques désertaient en masse. Cette campagne ne fut qu'une longue déroute. Le grand vizir

Muhsinradé n'avait plus qu'à s'en remettre à la clémence du vainqueur. Des plénipotentiaires turcs se présentèrent, le 10 juillet, au quartier général de Roumantsof qui campait à quelques lieues de Silistrie. Ils furent reçus dans la tente de ce général, et, séance tenante, en quatre heures, la paix fut convenue. L'audace et la constance de Roumantsof, l'impéritie et la démence des Turcs avaient, en moins d'un mois, décidé, à l'avantage de la Russie, cette guerre qui durait depuis cinq ans.

Ainsi fut signé, le 21 juillet 1774, le traité de Koutschouk-Kaïnardji, la première et la plus célèbre des grandes transactions entre la Russie et la Porte. C'est le point de départ, la pièce fondamentale du long procès, coupé d'intermèdes sanglants, qui devait après un siècle d'efforts conduire les soldats du tsar aux portes de Constantinople. Le traité était conforme aux conditions posées par la Russie. La Russie prenait peu de territoires : à part les deux Kabarda, elle restituait toutes ses conquêtes; elle se faisait la protectrice des principautés du Danube et la garante de l'indépendance des Tartares; elle ouvrait, en gardant Azof, Kertch, Yéni-Kalé, Kinburn, les voies à sa domination future sur la mer Noire, où elle obtenait le droit de libre navigation. Les stipulations essentielles du traité étaient celles qui touchaient à la religion. La Porte promettait « de protéger constamment la religion chrétienne et ses églises » en général, de « n'empêcher aucunement l'exercice libre de la religion chrétienne, et de ne mettre aucun obstacle à la construction des nouvelles églises et à la réparation des anciennes », dans les principautés de Moldavie et de Valachie, dans la Grèce et les îles de l'Archipel, dans la Géorgie et dans la Mingrélie[1]. Elle s'engageait à *prendre en considération* les représentations faites par les Russes en faveur de l'Église grecque de Constantinople et de ses desservants, et à accueillir *avec les égards qui conviennent à des puissances amies et respectées* les démarches des ministres russes en faveur des principautés de Moldavie et de Valachie.

Ces stipulations, disséminées dans les divers articles du traité avec un désordre qui fait honneur à l'art des diplomates de la tsarine, constituèrent tout le fondement des obligations dont les publicistes russes ont déduit *le droit juridique* de la Russie à accomplir *sa mission civilisatrice* en Orient et à *intervenir dans les affaires intérieures de l'empire ottoman*. Ce droit, à la vérité, n'était écrit nulle part; il n'était question dans le traité que des droits religieux des chrétiens : les Turcs se croyaient autorisés à en conclure que, en dehors des principautés du Danube, où le droit de représentation des Russes était général, ce droit, pour le reste de l'empire, ne s'appliquait qu'à l'usage des églises, au maintien des hiérarchies et au libre exercice du culte. Le traité ne disait rien de plus. Restait à interpréter le sens de ces clauses; c'est ici que pouvait se déployer à l'aise cette qualité précieuse et singulière que l'on appelle en diplomatie l'esprit juridique, et ailleurs, par un euphémisme ingénieux, l'art de solliciter les textes. « Est-il possible, dit un éminent historien de la Russie, de concevoir l'exercice même de ces *droits religieux* proprement dits, sans un certain ensemble de *garanties* politiques? Et la première de ces garanties ne doit-elle pas être la liberté et la sécu-

[1] Art. 7, 16, 17 et 23.

rité des personnes et des propriétés? Est-il possible, en Orient spécialement, et dans les idées des peuples orientaux, de faire une distinction entre la religion et la politique, le droit et la morale?» De là pour la Russie *l'obligation* de s'immiscer dans les affaires intérieures de la Turquie, chaque fois que les intérêts des chrétiens l'exige. Et, « comme il est naturel que la Russie ait d'autant plus de sympathie pour ses coreligionnaires du rit grec oriental, que des liens plus forts la lient aux Slaves de l'empire ottoman », les publicistes russes en conclurent que « si vraiment, comme l'a dit Montesquieu, la loi est l'expression des rapports nécessaires qui dérivent de la nature des choses, la loi morale et juridique s'imposait à la Russie, dans tous les cas où sa dignité et ses intérêts suprêmes demandaient une intervention efficace[1] ».

Tel était, selon les Russes, le sens du traité de Kaïnardji. Ce traité réglait les rapports spirituels des Tartares avec le sultan, et ceux des chrétiens grecs avec les Turcs; il faisait de la Russie la protectrice de l'indépendance politique des musulmans de Crimée et de l'indépendance religieuse des chrétiens de Turquie. Le fait est que ces dispositions enchevêtraient d'une étrange façon le spirituel et le temporel, le sacré et le profane; elles préparaient aux politiques qui auraient l'occasion d'en profiter, une merveilleuse querelle des investitures : trésor inépuisable de négociations pendant la paix et prétexte toujours disponible pour déclarer la guerre.

La Russie poursuivait en Turquie et en Pologne le

---

[1] MARTENS, *Étude historique sur la politique russe dans la question d'Orient.* 1877.

même dessein de domination; elle en préparait le succès par les mêmes moyens. Diviser pour régner, troubler pour assujettir, se faire un parti dans l'État et se faire attribuer par l'État le droit d'intervenir en faveur de ce parti, c'était là même politique à Varsovie et à Constantinople. La Russie avait, en Turquie comme en Pologne, sa question des dissidents. Elle devenait la garante de l'indépendance des Tartares et des privilèges des Moldaves et des Valaques, comme elle avait été la garante de la constitution polonaise et du *liberum veto*. Les confédérations en Pologne, les révoltes en Turquie la servaient de la même façon et la conduisaient au même but : la dissolution de l'État qu'elle voulait dominer, en attendant qu'elle pût le conquérir ou qu'elle fût contrainte de le partager avec des puissances rivales. « On peut faire toute espèce de reproches à la Russie, a dit un Russe, sauf le reproche de manquer de suite dans sa politique [1]. » La politique orientale de la Russie s'enchaînait merveilleusement avec sa politique européenne, et les contemporains ne s'y méprirent pas. « Tout l'échafaudage des stipulations du traité de Kaïnardji est un modèle d'habileté de la part des diplomates russes et un rare exemple d'imbécillité de la part des négociateurs turcs, écrivait Thugut. Par l'adroite combinaison des articles de ce traité, l'empire ottoman devient dès aujourd'hui une sorte de province russe. Comme à l'avenir la Russie est à même de lui dicter des lois, elle se contentera peut-être, pendant quelques années encore, de régner au nom du Grand Seigneur, jusqu'à ce qu'elle juge le moment favorable d'en prendre possession définiti-

---

[1] Martens, *op. cit.*

vement... Jamais, concluait-il, une nation prête à disparaître de la scène politique n'aura moins que les Ottomans mérité la compassion des autres peuples ; malheureusement, les événements qui se passent en ce moment dans cet empire exerceront à l'avenir la plus grande influence sur la politique de tous les autres États, et feront naître des maux et des troubles sans fin [1]. »

[1] Rapports de Thugut, 17 août et 3 septembre 1774.

CHAPITRE XXI

L'ANNEXION DE LA BUKOVINE.

(Septembre 1774-juillet 1776.)

Le traité de Kaïnardji était à peine signé qu'on le vit produire toutes ses conséquences : conflit nouveau entre les Turcs et les Russes, et, par contre-coup, crise nouvelle des intérêts et des ambitions en Europe. Dès que les Turcs eurent conclu la paix, ils pensèrent à s'affranchir d'une partie des clauses qui leur avaient été imposées. Dès que les Autrichiens et les Prussiens connurent le traité, ils y cherchèrent un prétexte à de nouvelles compensations et à de nouvelles conquêtes. « Il est aisé, disait le reïs-effendi au ministre du roi de Prusse[1], il est aisé de juger si des engagements pareils peuvent être stables; mais les circonstances peuvent et doivent changer. Si donc les Russes veulent une paix durable et établir une amitié sincère, il faut adoucir leurs conditions et les rendre supportables. » C'étaient surtout les clauses relatives à l'indépendance des Tartares et à l'ingérence des Russes dans les rapports de la Porte avec les Principautés, qui semblaient onéreuses au Divan. Ces stipulations, qui devaient entraîner plus d'une guerre, furent

[1] Note du 3 septembre 1774.

ainsi contestées dès le principe. Les Turcs ne perdaient point de temps pour interrompre la prescription. Ils n'avaient pas ratifié le traité; ils retardèrent le départ de l'ambassade extraordinaire qui devait porter les ratifications à Pétersbourg, et ils demandèrent au roi de Prusse d'intervenir.

Frédéric fit porter leurs réclamations à Pétersbourg, mais il se garda bien de compromettre, en les appuyant, son amitié avec la Russie. Sa conduite dans les affaires de Suède, et surtout ses prétentions sur Danzig, avaient légèrement altéré cette liaison. Quant à l'Autriche, les Turcs n'avaient plus rien à en attendre. Kaunitz ne les honora même pas de sa pitié : du même ton d'impertinence avec lequel il rejetait sur les Français la responsabilité du partage de la Pologne, il reprochait aux Turcs leur méfiance à l'égard de l'Autriche. « Les Turcs, disait-il au ministre d'Angleterre, ont mérité leur sort, tant pour la mollesse et la sottise avec lesquelles ils ont mené la guerre, que par leur manque de confiance envers des puissances qui, comme l'Autriche, étaient disposées à les tirer d'embarras. Pourquoi n'ont-ils pas réclamé la médiation de l'Autriche, de l'Angleterre et de la Hollande?... Ce peuple est condamné à périr, et une bonne petite armée suffirait à les chasser de l'Europe. » Les Turcs auraient eu de quoi répondre : depuis les deux millions de florins qu'ils avaient payés au mois d'août 1771 jusqu'à la singulière réserve de Thugut pendant les deux congrès, ils avaient plus d'un argument sérieux à fournir pour expliquer leur manque de confiance envers l'Autriche.

Kaunitz ne s'en embarrassait point. Il était tout entier à ses transactions avec la Russie. L'empereur considérait que la partie de la Podolie jusqu'au Sbrucz lui « était essentiellement nécessaire[1] ». L'Autriche avait occupé ce territoire et expliqué, tant bien que mal, à Pétersbourg, que « la rivière Podorze s'étant trouvée ne pas exister, il avait fallu, par conséquent, en trouver une autre », et que les ingénieurs autrichiens avaient planté les aigles le long du Sbrucz[2]. La cour de Vienne comptait, pour convaincre la tsarine, sur la parfaite conformité de vues qui tendait à s'établir entre les deux empires au sujet de l'Orient. Joseph, toujours porté aux grandes entreprises, inclinait vers l'alliance russe; il brûlait de s'associer à la tsarine dans la tâche féconde en gloire et en bénéfices qu'elle poursuivait en Orient : la mission historique de l'Autriche s'accommodait, selon lui, à merveille avec la mission civilisatrice de la Russie. La tsarine inclinait vers cette alliance. Elle savait Frédéric trop prudent et trop avisé pour seconder d'aussi vastes desseins; elle se rappelait que, dans l'hiver de 1772, le très sagace chancelier de la cour impériale avait jugé dignes d'une discussion approfondie les propositions du comte Massin. Les deux États s'acheminaient ainsi vers l'alliance qu'ils devaient conclure quelques années après. « La Russie, écrivait Thugut, le 3 septembre 1774, doit s'attendre à ce que, lors du renversement de l'empire ottoman, les provinces situées aux frontières des États héréditaires deviennent le partage de la cour impériale. Le cabinet russe songera d'autant moins à s'élever contre cette prise de possession qu'il ne pourra l'empêcher... et que les acquisitions que l'Autriche ferait de la Bosnie, de la Serbie, etc... bien que d'une grande importance dans d'autres circon-

---

[1] Joseph à Léopold, 3 octobre 1774.
[2] Dépêche à Lobkowitz, 16 juillet 1774.

stances, ne peuvent être d'aucune utilité pour la Russie... »

C'était l'avis de Kaunitz. Il travaillait à assurer aux armées impériales une position militaire qui leur permettrait aussi bien de seconder les Russes dans une campagne commune que de les menacer dans le cas où l'accord ne se ferait point. Le 6 septembre 1774, il écrivit à Thugut qu'aussitôt après le départ des Russes, les aigles impériales seraient plantées dans la Bukovine. L'ordre d'occupation fut donné le 20 septembre. Les Russes s'y prêtèrent le plus amicalement du monde. L'ambassadeur vénitien Contarini écrivait, le 10 décembre 1774 : « S. M. l'empereur a envoyé au général comte Roumantsof une très belle tabatière, enrichie de beaucoup de brillants, avec son portrait et une bourse de six mille ducats. »

Cette nouvelle annexion souleva quelques clameurs.

« L'on crie beaucoup contre cette opération, écrivait l'empereur[1]; mais comme nous nous chargeons seuls de vider à l'amiable ce différend avec la Porte, je ne comprends pas comment d'autres auraient à le trouver mauvais. » Le fait est que personne n'avait sérieusement envie de contrarier l'Autriche. Panine dit à Lobkowitz que sa cour ne s'opposerait pas plus à l'annexion de la Bukovine qu'elle ne s'était opposée à l'annexion du territoire entre le Sereth et le Sbrucz, mais qu'il fallait prévoir que le roi de Prusse réclamerait une compensation et n'attendrait point, pour se nantir, qu'on lui en donnât la permission[2]. On voit que les froissements qui avaient un moment troublé l'amitié du roi de Prusse et

[1] A Léopold, 23 novembre 1774.
[2] Rapport de Lobkowitz, 13 décembre 1774.

de la tsarine avaient été tout passagers. L'annexion de la Bukovine fournit à Frédéric un prétexte pour garder ce qu'il avait occupé au delà de sa ligne de démarcation. La Russie ferma les yeux, et pour lui en témoigner sa reconnaissance, le roi de Prusse se chargea de déterminer les Turcs à ratifier le traité de paix. Ils protestaient et ajournaient toujours. Le ministre de Prusse, Zegelin, se démena si bien, que les ratifications furent échangées le 24 janvier 1775, et que le 2 février une ambassade partit pour les porter à Pétersbourg. Les Turcs, n'ayant plus rien à espérer, se résignèrent alors à céder la Bukovine aux Autrichiens. Le traité fut signé le 7 mai 1775.

La joie fut grande à Vienne de ce nouveau succès. Aussi longtemps que l'affaire avait été en suspens, l'impératrice n'avait pas laissé d'être agitée de quelques scrupules tant sur la justice de l'entreprise que sur les chances de réussite. Elle écrivait à Mercy le 4 février : « Kaunitz me paraît très prévenu contre Breteuil[1] et compte se tenir roide vis-à-vis de lui, surtout s'il débutait sur les affaires de la Moldavie où nous avons entièrement tort... J'avoue, je ne sais comme nous en sortirons encore, difficilement honorablement; cela me chagrine au delà de toute expression... » Marie-Thérèse trouva, paraît-il, que le traité, si difficile qu'il eût été à conclure, avait une fin honorable, car elle écrivait à Kaunitz, après en avoir reçu la nouvelle : « Je prends un vrai intérêt à votre satisfaction, et vous rendez bien justice à mes sentiments pour vous qui ne finiront qu'avec mes jours; ma reconnaissance vous est entière-

[1] Ambassadeur de Louis XVI et successeur du cardinal de Rohan depuis 1774.

ment due, et mon amitié et estime de même. » Quant à l'empereur, il triomphait. On lui avait signalé un nouveau libelle contre sa politique. « Tout cela ne me fait guère d'impression, écrivait-il à son frère, le 6 mars 1775, et je suis de l'avis qu'il faut laisser dire tranquillement tout le monde ce qu'ils veulent, pourvu qu'ils nous laissent faire ce que nous voulons. »

Les Polonais avaient fait comme les Turcs : ils s'étaient soumis. Les traités de cession avaient été signés au mois de mars 1775. En 1776, les trois copartageants se garantirent leurs nouvelles frontières polonaises. La démarcation de la Bukovine fut réglée en même temps. « Le prince de Kaunitz vient d'avoir la satisfaction d'avoir fini glorieusement l'affaire des limites avec les Turcs », écrivait l'impératrice, le 16 juillet 1776. La grande querelle commencée en 1768 était terminée; il n'y avait, pour le moment, plus rien à faire avec les Turcs. Aussi le grand Frédéric, qui n'aimait point à perdre ses écus en vaines ostentations, rappela-t-il le ministre qu'il avait à Constantinople; il n'y laissa qu'un chargé d'affaires, le sieur de Gaffron, et le réduisit à la portion congrue. « Ne suis-je pas à plaindre, disait, en arrivant à son poste, ce malheureux diplomate[1], dans un pays où je ne souhaiterais pas mon ennemi, si par-dessus les ennuis du séjour je me vois même forcé de m'endetter? » — « Le ministre de Russie, écrivait-il un an après[2], m'a offert sa bourse, pour prévenir la publicité de ma détresse, qui n'en perce pas moins par la manière dont je vis. »

Thugut, au contraire, grandissait en fortune et en

[1] 18 mai 1774.
[2] 18 février 1777.

dignités. Il s'était joué une étrange comédie entre lui et l'ambassadeur de France. Ils se trouvaient, sans le savoir, collaborateurs et confrères. « Une dépêche de M. le duc de Choiseul me dessilla les yeux, rapporte Saint-Priest, et nous nous expliquâmes. » Saint-Priest n'était que trompé. Il devint dupe. Thugut l'enguirlanda et le persuada que, grâce à lui, le roi voyait « comme dans un miroir » la politique des cours du Nord. Ce que le roi vit de plus clair, en ce miroir, c'était la figure déplorable qu'il faisait dans le monde, et en particulier dans ses années, où les trois cours s'accordèrent constamment à le surprendre et à le jouer. Des deux maîtres que Thugut prétendait servir, le plus trahi ne fut pas le chancelier de cour et d'État. Thugut reçut le titre d'internonce et fut nommé baron en 1774. On était également content de lui à Vienne et à Versailles. Mais le jeu était dangereux, et l'internonce trembla quand la mort de Louis XV vint anéantir ce qui restait de la diplomatie secrète. Saint-Priest fit un beau mémoire apologétique de la conduite de Thugut et demanda pour lui une place à la cour. Louis XVI ne s'y prêta point. Il n'avait le goût ni de ce genre d'hommes ni de ce genre de services. Il refusa de recevoir Thugut, mais il continua de le payer. Thugut resta à Constantinople. L'Autriche s'en trouva bien, et le ministère français persista à se féliciter « du zèle, de la fidélité et de la supériorité de vues qui éclataient en Thugut et dont la France avait si utilement profité depuis tant d'années [1] ».

[1] Note de mars 1777. *Revue historique*, loc. cit., p. 41-42.

CHAPITRE XXII

LA TRIPLE ALLIANCE.

Ainsi se termina le premier épisode de l'histoire moderne de la question d'Orient. Cette question avait déjà pris le caractère qu'elle devait conserver : elle était, en réalité, une question européenne. Elle n'avait pu trouver sa solution que dans un bouleversement du système européen; cette solution contenait le germe de crises nouvelles pour l'Orient et de nouvelles révolutions dans le système de l'Europe. Le traité de Kaïnardji n'était qu'une étape pour la Russie; l'indépendance des Tartares n'était qu'un acheminement à leur annexion à l'empire russe; le droit de représentation en faveur des chrétiens, qu'un instrument de propagande et de domination, et les clauses mêmes du contrat de 1774 contenaient tous les motifs de la guerre nouvelle que la tsarine se préparait déjà à entreprendre. La fatalité voulait que la *mission civilisatrice* de la Russie en Orient ne pût s'accomplir qu'aux dépens de la civilisation européenne; que chaque pas fait par la Russie du côté de la Turquie provoquât une crise générale des affaires en Europe; que l'établissement du *droit juridique* des Russes eût pour première conséquence le renversement du droit public des Européens, et que le progrès dans l'affranchissement des chrétiens de Turquie ne pût s'accomplir que par l'assujettissement d'une des plus valeureuses nations de l'Europe chrétienne. Le partage de la Pologne fut le corollaire nécessaire du traité de Kaïnardji, et ces deux actes, pour la leçon et l'avertissement du monde européen, demeurent solidaires dans l'histoire.

Le partage de la Pologne ne constituait point par soi-même une innovation dans les rapports des États tels qu'on les comprenait, au dix-huitième siècle, dans les chancelleries. L'idée en était fort ancienne et conforme à la conception que l'on se faisait de ces rapports. C'était une conséquence parfaitement logique du système de l'équilibre que de chercher dans le démembrement d'un État impuissant à se soutenir et à se défendre, un moyen de conciliation entre des ambitions dont la rivalité menaçait d'ébranler l'Europe. Amis ou ennemis de la Pologne, tous trafiquaient de la nation polonaise. Cette république était, en quelque sorte, à l'encan, et nul ne se faisait scrupule d'en arracher un morceau pour payer la complicité d'un allié ou la complaisance d'un adversaire [1].

C'est ce qui explique comment le partage put être si aisément et si tranquillement négocié, et comment, lorsqu'il fut consommé, il souleva si peu de protestations, bien que, en réalité, il blessât tant d'intérêts.

Mais si cet acte dérivait des coutumes diplomatiques de l'ancien régime, il faut reconnaître que jamais ces coutumes n'avaient été interprétées avec ce cynisme de logique et poussées dans l'application jusqu'à ces conséquences excessives. Résultant d'une application rigoureuse des usages politiques du temps, motivé par des

[1] Voir *l'Europe et la Révolution française*, t. I, p. 35-42, les *Démembrements*.

intérêts de convenance, fondé sur des titres tirés des archives, expliqué par une déclaration revêtue de toutes les formes de la diplomatie classique, consacré par des traités solennels, le démembrement de la Pologne était, au point de vue des chancelleries, un acte parfaitement *juridique*. Ce fut le *summum jus* des coutumes de l'ancien régime; ce fut aussi l'injustice suprême et l'irréparable ruine du « droit » sur lequel reposaient ces coutumes.

En signant ce partage, les monarchies de droit divin ébranlèrent elles-mêmes l'édifice de leur puissance. L'exemple des siècles précédents, leurs propres antécédents, tout les avait préparées à cet acte et acheminées insensiblement vers cet abus de leurs principes. Marie-Thérèse, la seule qui eût des scrupules, n'eut que des scrupules de femme; elle n'eut point, à vrai dire, de scrupules de souveraine; elle répugnait à prendre le bien d'autrui sous quelque forme que ce fût, mais elle crut qu'en prenant beaucoup elle se rendrait moins coupable, et que la grandeur de l'opération en couvrirait l'iniquité. Les auteurs du partage furent, sans s'en douter, les précurseurs d'une révolution, et cette révolution, pour renverser leurs trônes et bouleverser leurs empires, n'eut qu'à retourner contre eux leur propre conduite et à imiter leurs exemples.

Le partage, qui fut une œuvre inique, fut en même temps une œuvre impolitique. L'historien le doit juger aussi sévèrement que le philosophe. Cet acte n'avait, pour ceux qui l'accomplissaient, qu'une seule raison d'être : la nécessité de maintenir la paix entre trois grands empires. C'est l'excuse alléguée par le grand Frédéric en ses Mémoires; il en a démontré lui-même, à la fin de son récit, la vanité et le sophisme. « Il résulte, dit-il en concluant sur l'histoire de ces années d'intrigue et de négociations, il résulte de tout ce que nous venons d'exposer que l'Europe n'était pas dans une situation stable et ne jouissait pas d'une paix assurée; partout le feu couvait sous la cendre. » C'est que le trouble de l'Europe et les révolutions dont elle était menacée avaient des causes anciennes et profondes. Le partage de la Pologne, loin de les détruire, en avait été l'effet. Ces causes, c'étaient le conflit des prétentions de la Russie, de la Prusse et de l'Autriche; les intérêts qui portaient la Russie à s'avancer vers l'Europe et vers la mer Noire, la Prusse à s'étendre et à se concentrer en même temps, l'Autriche à s'enfler indéfiniment pour n'être point étouffée. Mission civilisatrice pour les Russes, historique pour les Prussiens, politique pour les Autrichiens, de quelque nom que l'on décorât ces ambitions rivales, elles commandaient aux trois cours du Nord l'annexion et la conquête. La décadence de la Turquie et l'anarchie de la Pologne leur ouvraient un champ indéfini. Elles aimèrent mieux s'accorder que de se combattre, partager les territoires convoités que de se les disputer. Leur rivalité fit leur alliance, mais l'alliance ne fit point disparaître les causes de la rivalité; elle y donna, au contraire, un nouvel aliment, et tout l'effet des traités de Pétersbourg et de Varsovie fut d'ajouter à la question d'Orient une question plus urgente, plus grave et plus menaçante encore : la question polonaise. S'il avait été possible de s'arrêter aux traités de 1772, l'opération du partage aurait pu passer non seulement pour lucrative, mais pour habile et politique; mais l'histoire ne s'arrête point; les faits, une fois posés, portent inévitablement leurs conséquences, et, pour l'éternelle revanche du droit contre la force, les entreprises mal conçues et les traités abusifs trouvent leur sanction dans les inextricables embarras qui en sont le résultat.

L'objet que poursuivaient, en réalité, la Prusse et l'Autriche, c'était la domination de l'Allemagne. C'était pour disputer l'Empire aux Habsbourg que la Prusse s'efforçait d'augmenter sa consistance territoriale et d'accroître ses forces. C'était pour balancer le pouvoir croissant des Hohenzollern que l'Autriche était incessamment entraînée à des conquêtes nouvelles. Cet effort qui avait l'Allemagne pour but poussait fatalement la Prusse et l'Autriche hors de l'Allemagne. Comme elles se tenaient en échec dans l'Empire, elles cherchaient ailleurs l'instrument de domination qui leur manquait; elles cherchaient hors de l'Allemagne les forces qui devaient leur donner la suprématie en Allemagne. A mesure que ces forces augmentaient, elles s'équilibraient davantage. L'antagonisme des deux cours n'avait d'égal que leur impuissance à se dominer l'une l'autre. La Prusse poursuivait l'Autriche en Pologne, l'Autriche poursuivait la Prusse en Orient. Un nouveau partage de la Pologne, un nouveau plan de conquête de l'empire turc étaient la suite certaine des traités de Pétersbourg et de Kaïnardji. Et tandis que les deux puissances allemandes, emportées ainsi par l'impulsion qu'elles s'étaient donnée l'une à l'autre, se laissaient dériver, la Prusse vers la Vistule, l'Autriche vers le bas Danube, elles ne comprenaient pas qu'elles se dissolvaient toutes deux au milieu des Slaves, et que l'Allemagne leur échappait au moment où elles se préparaient à se retourner contre elle pour l'assujettir.

C'est ainsi qu'en Prusse les inhabiles successeurs du grand Frédéric, héritiers de ses vastes ambitions sans l'être de son génie, faussèrent peu à peu son œuvre, dévoyèrent la Prusse, en firent, en moins de dix ans, un État plus slave qu'allemand, et préparèrent l'effroyable chute de 1806. C'est ainsi que l'Autriche, perdant le renom d'honnêteté qu'elle s'était gratuitement attribué, mais qu'elle aurait eu tant d'intérêt à mériter, faillit au rôle de puissance conservatrice et modératrice auquel l'histoire la conviait. Ayant voulu jouer tout le monde, elle se fit jouer par tout le monde, et finit par s'oublier elle-même dans la multiplicité de ses entreprises. Elle se perdit dans les vagues et vastes desseins qu'elle poursuivait partout à la fois; portant sans cesse l'effort de sa puissance aux extrémités de son empire, elle en affaiblit le centre et en ébranla le fondement. C'est ainsi enfin que lorsqu'un danger commun les menaça et menaça l'Allemagne, la Prusse et l'Autriche ne surent que s'empêcher et se trahir l'une l'autre. L'Allemagne, abandonnée par elles, les abandonna. Quand Napoléon marcha sur Vienne et sur Berlin, à travers l'Allemagne soumise et fascinée, la Prusse et l'Autriche, vaincues, n'eurent plus à opposer au conquérant français que l'inutile secours des armées russes.

La Prusse et l'Autriche avaient un égal intérêt à tenir la Russie éloignée de l'Europe; elles l'y appelèrent. En l'appelant, elles se donnaient une rivale. Les nécessités de leur politique voulaient que cette rivale devînt leur alliée, que la Prusse ouvrît aux Russes le chemin de l'Europe, et que l'Autriche leur préparât le chemin de Constantinople. La Russie seule, au premier abord, semblait avoir tout gagné à cette partie. Que l'on considère cependant les terribles embarras où l'ont jetée les partages de la Pologne. Elle s'est rapprochée de l'Europe sans doute; elle a atteint la mer Noire; mais au lieu d'un État faible et assujetti, elle voit s'étendre, sur ses frontières, un formidable empire; elle a été forcée de contribuer à créer, auprès d'elle, en Allemagne, une puissance, sa rivale par les origines, par la civilisation, par les traditions, par les intérêts, et qui lui soulève, dans ses entreprises turques et asiatiques, de terribles et incessantes difficultés. Ce n'est pas tout; et, au moment où elle se faisait gloire de la mission d'humanité qu'elle accomplissait en Orient, elle se condamnait elle-même en Pologne à la plus sanglante des contradictions : pour relever en Turquie la civilisation byzantine, elle était forcée d'asservir, en pleine Europe, la civilisation européenne.

C'est ainsi que, dès l'origine, les crises orientales sont devenues des crises vitales pour toute l'Europe, et que la *triple alliance*, née en 1772 de la question d'Orient, et fondée sur le partage de la Pologne, a formé pendant plus d'un siècle le nœud de la politique européenne. Cette alliance résultait, non de la communauté des intérêts, mais de l'opposition des convoitises. Les intérêts bien entendu la condamnaient; elle se dénoua souvent, elle se renoua de même; la jalousie la dissolvait, l'avidité la reformait aussitôt; elle dura parce que la convoitise est infinie et qu'elle s'irrite sans cesse en se satisfaisant. Les augures de chancellerie se sont toujours plu à en prédire la fin. Elle n'était encore qu'une hypothèse, et le duc de Praslin assurait qu'elle ne se réaliserait jamais ou qu'elle ne prendrait corps que pour s'évanouir. Il en déduisait les motifs dans un mémoire qui est un monument de niaiserie officielle. « Chacune des puissances limitrophes de la Pologne, disait ce ministre trop spirituel, a un intérêt direct et essentiel à la protéger, parce qu'elle aurait tout à craindre de celle qui serait agrandie à ses dépens… Le concert établi entre le roi de Prusse et la Russie pour leur agrandissement ne pourrait être de longue durée. Cet agrandissement même, en les rendant plus voisines, les rendrait aussi plus redoutables l'une à l'autre. Il sèmerait la jalousie entre elles, et la jalousie dégénère bientôt en inimitié. » Rien de plus correct, dans la logique pure; mais les événements, pendant plus de cent ans, ont tourné tout à l'inverse. Ils avaient commencé en 1774. La doctrine n'en fut point confondue, et Vergennes, qui avait pourtant un sens juste et élevé des choses, se consolait, au moins par habitude, du partage accompli par les arguments qui faisaient prétendre à M. de Praslin qu'il ne s'accomplirait pas. « Le partage de la Pologne, écrivait-il, pouvait d'ailleurs intéresser l'humanité des princes de l'Europe et le respect dû aux droits des nations… » Mais « en augmentant les sujets de jalousie et de discussion entre les trois puissances qui y ont participé, les suites de ce partage les occuperont et les diviseront vraisemblablement lorsque leur union éphémère aura atteint son but ». Ce but, Favier l'avait discerné du premier coup d'œil. Cet aventurier de la politique vit plus loin en cette affaire que les philosophes de profession, les historiographes royaux et les diplomates de carrière. « L'étendue des objets que peut embrasser cette triple alliance, écrivait-il en 1773, mettra les alliés dans le cas de se réserver ou de s'abandonner tour à tour plus d'une victime [1]. » Dès 1795, il n'y avait plus de Pologne à partager; ce fut le tour de

---

[1] *Le Secret du Roi*, t. II, p. 82. — Instructions de Breteuil, 1774, *Autriche*, p. 487. — *Conjectures raisonnées* de FAVIER, 1773.

la Turquie et de l'Allemagne. On peut, dès à présent, prévoir le moment où l'alliance, ayant tout absorbé autour d'elle, se retournera contre soi-même plutôt que de se dissoudre, et, subissant jusqu'au bout les conséquences des causes qui l'ont fondée, trouvera dans son propre sein les éléments de nouveaux partages. Soulevée par la question d'Orient, la question polonaise semble résolue depuis 1815. Voilà un siècle que l'on travaille à résoudre la question d'Orient. Le jour où l'on croira l'avoir résolue, l'Europe verra se poser inévitablement la question d'Autriche.

FIN.

TABLE DES MATIÈRES

Avant-propos . . . . ı

CHAPITRE PREMIER
L'ALLIANCE DE LA PRUSSE ET DE LA RUSSIE.
(1756-1764.)

Alliance de la France et de l'Autriche; guerre de Sept ans; coalition contre la Prusse, 1. — Défection de la Russie; alliance de Pierre III et de Frédéric II, 3. — Avènement de Catherine II; alliance avec la Prusse, 3. — L'Europe après la guerre de Sept ans : la France, 4. — L'Autriche, 6. — La Prusse, 6. — La Russie; projets de Catherine II, 7. — Relations entre la Russie et les Grecs d'Orient; projets du maréchal Munich, 10. — Émissaires de Catherine II en Orient, 11. — Intérêts communs de la Prusse et de la Russie, 12. — Leur traité de 1764 pour l'élection de Pologne, 14. — Politique commune à Constantinople, 16.

CHAPITRE II
LA RÉVOLUTION DE POLOGNE ET LA GUERRE D'ORIENT.
(1764-1768.)

Projets de partage de la Pologne avant Frédéric II, 17. — Projet de Frédéric en 1731, 19. — Essai de diversion de la France en Turquie, 21. — Ambassade de Vergennes, 22. — Anarchie en Pologne; domination de la Russie, 23. — Confédération de Bar, 25. — Agents russes en Turquie; révoltes, 26. — La Turquie déclare la guerre à la Russie, 6 octobre 1768, 28.

CHAPITRE III
RAPPROCHEMENT ENTRE LA PRUSSE ET L'AUTRICHE.
(Octobre 1768-janvier 1769.)

Effet de la déclaration de guerre, 29. — La Russie se prépare à soulever la Grèce, 30. — Les desseins de Frédéric, son testament politique, 31. — L'Autriche se rapproche de lui, 33. — La question des bénéfices à Berlin et à Vienne, 36. — Rappel de Vergennes; effacement de la France, 38. — Essai de rapprochement avec la Prusse, 39.

CHAPITRE IV

LES DESSEINS DU GRAND FRÉDÉRIC ET LES PROJETS DE TRIPLE ALLIANCE.

(Février-mai 1769.)

Frédéric cherche à tirer parti des événements; craintes que lui inspire la Russie, 42. — Solution de la question d'Orient par le partage de la Pologne, 44. — Le projet Lynar, 45. — Panine y répond par une offre de triple alliance, 46. — Négociations dilatoires de Frédéric avec la France, 47. — Sentiment de Frédéric sur la triple alliance et la question d'Orient; le fond de réserve de la diplomatie prussienne, 49.

CHAPITRE V

LA GUERRE D'ORIENT ET LES PRÉCAUTIONS MILITAIRES DE L'AUTRICHE.

(Janvier-août 1769.)

La politique des envahissements pacifiques : affaire du Zips, 51. — Comment l'Autriche commence l'exécution du partage de la Pologne au moment même où la Prusse le propose, 53. — L'Autriche et la Porte : la paix de Belgrade est déclarée perpétuelle, 53. — L'Autriche et la Russie : déclarations de neutralité, 55. — La guerre d'Orient : succès des Russes. Voltaire pousse au partage de la Turquie, 56. — Investissement diplomatique de la Pologne; insinuations de Choiseul à Mercy, 58.

CHAPITRE VI

L'ENTREVUE DE FRÉDÉRIC ET DE JOSEPH II A NEISSE.

(Août 1769.)

Instructions de Kaunitz à Joseph, 60. — Arrivée des souverains à Neisse, 61. — Les propos de table du grand Frédéric, 61. — Conversations politiques; *le système patriotique allemand*, 64. — L'alliance française et l'alliance russe, 66. — Les affaires d'Orient et de Pologne, 68. — Convention secrète de neutralité entre l'Autriche et la Prusse, 69. — Échange des lettres, 71. — Jugement des Autrichiens sur l'entrevue, 72. — Jugement de Frédéric, 73.

CHAPITRE VII

LA DIPLOMATIE DU GRAND FRÉDÉRIC ET SA PHILOSOPHIE DE L'HISTOIRE.

(Octobre 1769-janvier 1770.)

Renouvellement et affermissement de l'alliance entre la Prusse et la Russie, 74. — Réflexions du roi de Prusse sur ses affaires et sur l'histoire, 76. — Il pousse l'Autriche à poser sa médiation, 78. — Divergences entre l'Autriche et la France sur la question d'Orient, 78. — L'Autriche se laisse entraîner par la Prusse, 80.

CHAPITRE VIII

L'ANGLETERRE ET LA QUESTION D'ORIENT.

(1769-1770.)

Comment l'Angleterre était restée étrangère aux affaires de Turquie et de Pologne; motifs de ses sympathies pour la Russie, 80. — Les flottes russes dans les ports anglais; Choiseul projette de les anéantir; l'Angleterre s'y oppose, 84. — Crises intérieures de l'Angleterre, 85. — Jugements de Frédéric, de Joseph et de Catherine sur le gouvernement anglais, 83. — Jugements de Choiseul et de Kaunitz, 88. — En quoi ils se trompaient; Montesquieu, 80.

CHAPITRE IX

LES VICTOIRES DE LA RUSSIE ET LA DEMANDE DE MÉDIATION.

(Février-août 1770.)

Expédition russe en Grèce; elle échoue, 90. — Les Turcs proposent à l'Autriche une alliance aux dépens de la Pologne, 91. — Voltaire pousse à la guerre générale. Louis XV y est opposé, 92. — Entretien de Frédéric et du ministre d'Autriche; il tente l'Autriche : la Bavière, l'Alsace et la Lorraine; il engage l'Autriche à poser sa médiation, 93. — Comment il effraye l'une par l'autre l'Autriche et la Russie, 96. — Le prince

Henri de Prusse invité par la tsarine à venir en Russie, 97.
— Les Turcs et les Anglais, 99. — La Turquie demande la médiation de l'Autriche et de la Prusse, 99. — Suite de l'affaire du Zips, 100.

CHAPITRE X

L'ENTREVUE DE NEUSTADT.

(Septembre 1770.)

Effacement de Joseph devant Kaunitz, 102. — Arrivée de la demande de médiation, 103. — Entretien de Frédéric et de Kaunitz; *le catéchisme politique*, 103. — Comment Kaunitz parle de la France et Frédéric de la Russie, 105. — Résultat de l'entretien, 107. — Répugnance de Marie-Thérèse pour l'alliance prussienne, 108.

CHAPITRE XI

LA MÉDIATION.

(Septembre 1770-janvier 1771.)

Frédéric propose la médiation à Catherine, 110. — Elle ordonne une négociation directe et n'accepte que de bons offices, 111 — Frédéric tire un cordon sanitaire sur les frontières de Pologne, 112. — Le prince Henri de Prusse en Russie; les soirées de Saint-Pétersbourg; les projets de *triple alliance* et d'agrandissements respectifs, 113. — Efforts de Frédéric pour éviter la guerre, 130. — Différend entre la France et l'Autriche au sujet de la médiation, 116. — Succès des Russes, fin de la campagne; la tsarine découvre ses conditions, 120. — Irritation et inquiétude de Frédéric, 122.

CHAPITRE XII

LES PRÉLIMINAIRES DU PARTAGE DE LA POLOGNE.

(Novembre 1770-janvier 1771.)

Délibérations de la cour de Vienne; mission de van Swieten à Berlin, plans de conquêtes en Turquie, 125. — Occupation des staroties en Pologne, 127. — Chute de Choiseul; jugement des Autrichiens, 128. — Jugement de Catherine, 131. —

Conséquences de l'effacement de la France : conversations de Catherine et du prince Henri ; ouvertures du partage de la Pologne, 132. — Impatience de Frédéric ; la tsarine modère ses conditions de paix avec les Turcs, 134. — Comment tous les événements concourent au partage de la Pologne, 136.

CHAPITRE XIII

LES OUVERTURES OFFICIELLES DE PAIX ET DE PARTAGE.

(Janvier-juin 1771.)

Sentiments du roi de Prusse sur les propositions de partage de la Pologne, 139. — Ses principes et ses projets, 140. — Nouvelles délibérations à Vienne ; politique compliquée et contradictoire que l'on adopte ; instructions à Berlin et à Constantinople, 142. — Frédéric arbitre de la paix et de la guerre, 146. — Il propose formellement à la Russie le partage de la Pologne, 147. — Ouvertures à l'Autriche, 149. — Comment elles sont déclinées, 150. — Négociations à Pétersbourg, 151 ; — à Vienne, 155.

CHAPITRE XIV

L'ALLIANCE AUSTRO-TURQUE ET LES PROJETS DE DÉMEMBREMENT.

(Janvier-octobre 1771.)

La diplomatie autrichienne à Constantinople ; Thugut ; il travaille contre Choiseul, 156. — Les Turcs se décident à accepter les propositions d'alliance de l'Autriche ; traité du 6 juillet, 159. — Négociations de partage entre la Prusse et la Russie, 161. — Plan de Kaunitz, 162. — Réponse des Russes ; les six propositions du comte Massin pour le partage de la Turquie, 164. — Craintes de Frédéric, 166. — Comment Marie-Thérèse le rassure, 167. — Comment Frédéric renverse le plan de Kaunitz, 169.

CHAPITRE XV

LES EMBARRAS DE L'AUTRICHE.

(Octobre 1771-janvier 1772.)

Situation réelle de l'Autriche, 171. — Délibération à Vienne, 173. — Difficultés avec les Turcs au sujet de l'alliance, 175. — Entretiens de Kaunitz et de Galytzine, 176. — Frédéric découvre le traité du 6 juillet, parti qu'il en tire, 180. — Embarras de la Russie, 182. — Politique de Catherine à Berlin et à Vienne, 184. — Kaunitz et le chargé d'affaires de France, 186. — L'Autriche se décide au partage : les propositions graduées, 188. — Comment Kaunitz abandonne à la fois la Pologne et la Turquie, 192.

CHAPITRE XVI

LE PRINCIPE DE LA TRIPLE ALLIANCE : L'ÉGALITÉ DES PARTS.

(Janvier-février 1772.)

Conversation entre Frédéric et Swieten sur la part de l'Autriche, 194. — Frédéric veut obliger l'Autriche à prendre sa part en Pologne, 196. — Anxiété de Marie-Thérèse : les *Jérémiades*, 198. — Comment elle se décide à partager la Pologne, 200. — Le principe de l'égalité des parts, 203. — Les partageants se nantissent; conduite des trois armées en Pologne, 204. — Occupations des trois souverains au moment du partage; le *Dialogue des morts*, 207.

CHAPITRE XVII

LA RÉPARTITION DES LOTS.

(Janvier-mai 1772.)

La Russie insinue à l'Autriche de prendre du territoire en Turquie, 211. — L'Autriche refuse; ce qu'elle veut, 212. — Frédéric révèle le partage à Versailles; comment l'Autriche reçoit les observations de la France, 213. — Discussions sur l'étendue et la *valeur politique* des parts, 218. — Occupations préventives par l'Autriche, 220.

CHAPITRE XVIII

LA CONSÉCRATION DE L'ALLIANCE : LE TRAITÉ DE PARTAGE.

(Mai-août 1772.)

Comment l'Autriche explique le partage à Versailles; Marie-Thérèse et madame du Barry, 224. — Politique de Kaunitz pour augmenter la part de l'Autriche, 225. — Signature des traités de partage, 227. — Ce qu'en dit Marie-Thérèse, 228. — Ce qu'en dit Catherine, 229. — Ce qu'en dit Frédéric, 230.

CHAPITRE XIX

LES CONGRÈS DE FOCKTCHANY ET DE BUCHAREST.

(Mai 1772-mars 1773.)

Comment Kaunitz explique aux Turcs la rupture du traité du 6 juillet, 234. — Les Turcs se résignent à la paix, 236. — Congrès de Focktchany, 237. — Délimitation des frontières en Pologne et justification du partage, 239. — Madame du Barry et Mercy, 240. — Projets de triple alliance, 241. — Révolution de Suède, 242. — Congrès de Bucharest, 243. — Nouvelles difficultés entre les partageants et nouvel accord aux dépens de la Pologne, 245. — Les scrupules de Marie-Thérèse et le *fond de séduction*, 247. — Rupture du congrès de Bucharest, 250.

CHAPITRE XX

LE TRAITÉ DE KAÏNARDJI.

(Juin 1773-septembre 1774.)

Campagne de 1772, 252. — Voyage de Joseph II en Galicie; projets d'annexion de la Bukovine, 253. — Jugement de Marie-Thérèse sur le ministère français, 254. — La délimitation des frontières autrichiennes en Pologne, 255. — Échec des Russes; révolte de Pougatchef, 257. — Les invasions préventives de l'Autriche et de la Prusse en Pologne, 257. — Mort de Moustapha; victoires de Roumantsof, 258. — Traité de Kaïnardji, 259. — Les *droits juridiques* de la Russie, 261. — Politique de la Russie en Orient et en Pologne, 262.

CHAPITRE XXI

L'ANNEXION DE LA BUKOVINE.

(Septembre 1774-juillet 1776.)

Les Turcs essayent d'éluder le traité, 265. — L'Autriche les abandonne et occupe la Bukovine, 266. — Les Turcs la cèdent, 268. — Les Polonais ratifient le traité de partage, 270. — Fin du premier épisode de la question d'Orient au dix-huitième siècle, 271.

CHAPITRE XXII

LA TRIPLE ALLIANCE.

Caractère européen de la question d'Orient; le traité de Kaïnardji et le partage de la Pologne, 272. — Le partage de la Pologne et le droit public de l'Europe, 273. — Le *summum jus* des monarchies de droit divin; comment le partage de la Pologne prépare l'œuvre de la révolution française en Europe, 274. — Conséquences du partage de la Pologne pour la Prusse et l'Autriche, 274. — Pour la Russie, 277. — La triple alliance, son avenir; la question d'Autriche, 278.

www.ingramcontent.com/pod-product-compliance
Lightning Source LLC
Chambersburg PA
CBHW070536160426
43199CB00014B/2269